本著作受国家自然科学基金面上项目（71572053）资助

中国民营企业集团金字塔结构债务融资优势研究

——基于内外部资本市场的视角

韩忠雪　著

中国财经出版传媒集团

经济科学出版社

Economic Science Press

图书在版编目（CIP）数据

中国民营企业集团金字塔结构债务融资优势研究：
基于内外部资本市场的视角/韩忠雪著 . —北京：经济
科学出版社，2019.9
ISBN 978 - 7 - 5218 - 0141 - 5

Ⅰ.①中… Ⅱ.①韩… Ⅲ.①民营企业 - 企业集团 -
企业债务 - 企业融资 - 研究 - 中国 Ⅳ.①F279.245

中国版本图书馆 CIP 数据核字（2019）第 011845 号

责任编辑：刘 莎
责任校对：隗立娜
责任印制：邱 天

中国民营企业集团金字塔结构债务融资优势研究
——基于内外部资本市场的视角
韩忠雪 著
经济科学出版社出版、发行 新华书店经销
社址：北京市海淀区阜成路甲 28 号 邮编：100142
总编部电话：010 - 88191217 发行部电话：010 - 88191522
网址：www. esp. com. cn
电子邮件：esp@ esp. com. cn
天猫网店：经济科学出版社旗舰店
网址：http：//jjkxcbs. tmall. com
北京时捷印刷有限公司印装
710×1000 16 开 15 印张 240000 字
2019 年 9 月第 1 版 2019 年 9 月第 1 次印刷
ISBN 978 - 7 - 5218 - 0141 - 5 定价：52.00 元
（图书出现印装问题，本社负责调换。电话：010 - 88191510）
（版权所有 侵权必究 打击盗版 举报热线：010 - 88191661
QQ：2242791300 营销中心电话：010 - 88191537
电子邮箱：dbts@ esp. com. cn）

前　　言

金字塔结构企业在世界各国普遍存在，国内外家族控股的企业集团纷纷采取金字塔结构来实现集团控制。已有理论研究更多地将其归结为控股股东的利益攫取行为使然，按照该理论逻辑，资本市场中的金字塔结构企业应该呈现持续折价、甚至消亡的现象，然而，金字塔结构企业并没有随着这种认知而消亡，反而呈现出愈演愈烈的发展势头，大多数国家的企业集团均呈现这种金字塔股权结构的现象，尤其在我国更是如此，这种理论和实践的悖论不仅给我们提出一个亟待解决的现实问题，而且也给公司金融领域的理论研究提出了一个很好的命题。因此，深刻剖析该悖论现象下的深层次根源，全面了解民营企业集团的投融资行为，对于丰富和完善现有金字塔结构形成理论，规范和指导我国民营企业集团健康发展，有着极其重要的现实和理论意义。

本书结合公司财务、公司治理和公司战略等多种理论知识，紧紧围绕金字塔结构债务融资放大效应展开研究，从企业是否受到融资约束，金字塔结构是否缓解融资约束，缓解融资约束的资金来源，以致追溯到影响金字塔结构债务融资放大效应的内外部因素和过度投资行为，在展示金字塔结构与众多内外部公司特性和市场环境的关系时，有力地证明了金字塔结构债务融资放大效应的存在。本书采用我国民营制造业上市公司 2004～2016 年共 280 家公司的非平衡面板数据，利用金字塔结构层级、复杂度及两权偏离度来衡量金字塔结构程度，实证分析了我国民营企业集团金字塔结构是否存在显著的债务融资放大效应。结果显示，由于金字塔结构明显的债务融资放大效应，确实起到了有效缓解公司融资约束的作用。并且，在对债务结构细分的基础上，发现债务融资放大效应主要体现在非银行债务和长期银行债务方面。这说明，金字塔结构的融资放大效应不仅来自于金字塔结构的外部资本市场杠杆效应，还来自于金字塔结构形成的内部资本市场资源配置效应。书中进一步通过公司内部资本市场和外部资本市场环境影响因素的分析，证明了金字塔结构融资优势效应的存在。最后，通过考察金字塔结构对公司过度投资的抑制作用，从企业过度投资行为角度对金字塔结构的债务融资放大效应进行了佐证分析。

本书为民营企业建立金字塔提供了除攫取动机以外合理的利益支持学说和现实悖论的解释，并通过系统分析企业融资和投资行为来阐释和佐证这种学说存在的合理性和必然性。在补充金字塔结构相关理论空白的同时，也为我国民营经济实体企业实施金字塔股权结构和健康发展提供了有益的理论指导和实践支持。

在本书的写作过程中，参阅了大量的中外经典文献，以尽可能地把握该课题研究的理论前沿并丰富整个知识体系，但由于时间和能力有限，书中难免会有疏漏甚至失误之处，恳请读者谅解，并欢迎批评指正。

作者

2018 年 10 月

目录

第 1 章

绪　　论

1.1　研究背景和意义

已有文献表明，国外家族控股的企业集团纷纷采取金字塔结构实现集团控制。而我国近年来快速发展的民营企业集团（如德隆系、格林柯尔系、鸿仪系等）也纷纷采取相似的手段控制和发展企业。按照已有的理论研究，在较弱的投资者保护环境下，控股股东通常都通过金字塔结构来分离所有权与控制权，继而产生利益攫取动机和地下渠道攫取行为。而按照现今这一普遍的控制动机理论，市场上的中小股东则会给予金字塔结构企业以较高的折价，从而抑制金字塔结构的产生和发展，但事实情况并非如此，不仅我国民营企业集团普遍采用较高层次的金字塔结构，国外很多国家家族企业也同样采用并发展这种金字塔结构。这种事实和理论悖论不仅给我们提出一个亟待解决的现实问题，也给公司金融领域的理论研究提出了一个很好的命题。因此，深刻剖析该悖论现象下的深层次根源，全面了解民营企业集团的投融资行为，对于丰富和完善现有金字塔结构形成理论，规范和指导我国民营企业集团健康发展，有着极其重要的现实和理论意义。

首先，本书的研究基于中国作为新兴市场的实际情况，大量的民营企业集团快速产生和迅速发展，尤其是普遍以金字塔结构作为实施控制的主要方式。这段时期，深入理解现实中金字塔结构发生发展的主要根源、存在理由和动态调整，对于我国日渐壮大的民营企业集团的健康发展和市场经济的繁荣活跃有着极其重要的现实指导意义。而关于金字塔结构理论的研究，国内外大多关注攫取利益动机的解释，对于其他诸如融资优势等新的理论则更多地基于发达国家成熟的市场经济条件。应该说，发达国家成熟的市场环境和金字塔结构的契合与投资者保护较弱的发展中国家的实际状况是有着很大差别的，尤其是对于我国法律环境相对欠缺、投资者保护相应较弱、资本市场信息并不发达的状况下，其对快速发展的民营企业集团金字塔结构的研究则更显得重要和特色鲜明。本书将以发达国家家族企业金字塔结构研究的理论核心作为基础，结合中国这个新兴市场国家特有的产业组织特色，拓展和构建出基于融资优势和特定投资行为的理论结构体系，这既可以对我国的民营企业集团发展提供现实理论指导，也可为新兴市场国家金字塔结构的发展提供理论借鉴。

其次，国内外对金字塔结构的研究，多关注金字塔层级带来的控制权与现金流分离所致的利益攫取动机，且对融资优势作为根源之一的探究也仅仅是初窥门径，鲜少有较为全面的分析理论体系。而本书的研究将基于我国转轨经济条件下民营企业集团普遍存在融资约束的实际情况，从金字塔结构的债务融资和权益融资放大效应来解释融资约束得到缓解的问题，并结合外部宏观经济状况、地区市场发展程度、行业竞争程度和外部金融危机冲击，以及内部行业多元化程度、行业性质等影响因素，综合考虑金字塔结构的融资放大效应。该理论体系的建立不仅有助于解决长期困扰理论学界的金字塔结构悖论问题，而且通过梳理和分析金字塔结构存在的内部资本市场和影响因素，进一步丰富和拓展不同组织结构下的公司金融的理论研究。

再其次，国内外对于金字塔结构企业集团中投资行为的研究，主要关注控股股东的投资控制权收益问题，而较少从金字塔结构和多元化行业所形成的内部资本市场内部考察控股股东的投资行为，尤其是金字塔结构债务融资放大效应带来的公司治理机制作用对公司过度投资行为的影响的研究。本书将研究在金字塔结构债务融资优势的基础上，控股股东利用债务融资资源如何在内部资本市场中进行支持和攫取双重行为的投资模式研究。该研究理论体系的构建将单纯研究金字塔结构与集团多元化内部资本市场的投资模式结合在一起，使我们可以系统的从企业集团内部来探究控股股东的投资行为，也为我国企业集团投资行为的研究提供了全方位的研究范式。

最后，世界经济危机的产生，以及稀缺资本的更加贫乏，不仅影响到全球公司组织的分裂和演化，也对金字塔结构的民营企业集团的投融资模式产生极大的影响，尤其对于发展中国家民营企业集团蓬勃发展的情况来说，更是如此。因此，通过金融危机前后金字塔结构的集团公司投融资运作状况的对比，可以提供给我们从纵向的角度来验证和考察融资放大效应理论正确性的实践支持，从而更有利于发掘民营企业集团公司金字塔结构产生的内在根源和独具特色的投资行为模式。

基于这一前提，结合我国转轨经济的实际情况，研究我国企业集团金字塔结构的融资优势也将有着十分重要的理论意义和实践作用。考虑到我国民营企业受到政策歧视和激烈市场竞争的双重威胁，面临比国有企业更为严峻的融资环境，且其融资行为较少受到政府的直接干预，更多地来自于企业自主选择行为，对于民营企业的研究更能揭示金字塔结构的内在规律和动机。因此，本书以我国民营企业集团作为分析样本，探究我国民营企业集团是否存在严重的融资约束问题，其所建立的金字塔结构是否真正起到了缓解融资约束的作用，是如何缓解融资约束的，以及哪些内外部因素影响到金字塔结构缓解融资约束。通过这一系列的实践验证，我们试图揭示出我国民营企业集团建立金字塔结构的根源、机制和运作过程，从而在完善我国企业集团理论研究的同时，为企业集团的健康发展和政府部门有效监管提供有益的建议。

1.2 研究思路和方法

1.2.1 研究思路

本书遵循理论构建、实证分析的规范研究模式，通过文献梳理和现实考证，提出该领域存在的突出问题和外在表象，继而根据问题考察产生问题的根源，构建解释存在问题的理论分析框架，并结合产生问题的理论基础进行问题解决的理论推演，最终通过实证分析、案例研究和国际比较佐证理论分析的正确性，并提出合理有效的对策措施。本书研究的基本思路见图1-1。

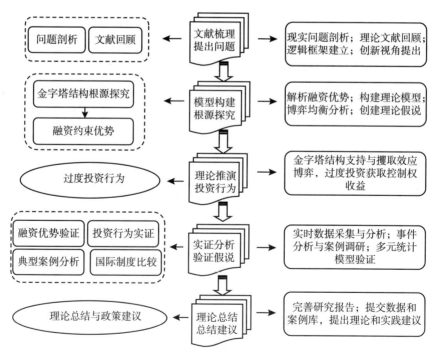

图1-1 本书研究的基本思路

1.2.2 研究方法

本书的研究方法主要采用规范分析和实证分析相结合、案例分析和计量分析相结合、比较制度分析和我国实际相结合等多种研究方法的综合应用。

首先，本书采用了规范分析和实证分析相结合的理论研究方法。本书运用微观均衡分析、最优化和博弈论等数学方法，构建融资优势解释民营企业集团金字塔结构以及公司投资行为的数理模型，以公司价值作为基本的判断依据，以代理问题诸变量作为内外生因素，通过单一公司向多元化公司的组织演化来获得公司多元化折价及优化结果。根据模型的经验性结论，利用我国上市公司多年度、大样本面板数据，来佐证公司多元化折价的产生根源及优化的路径依赖。两种方法的有效结合、相辅相成，为公司多元化折价的研究提供了理论和实证两方面的证据和结论。

其次，本书采用了金融计量分析和案例分析相结合的经验研究方法。利用 Stata 14.0、EViews 9.0 和 Excel 等统计分析工具，运用实证金融学的计量方法，包括单变量检验、因子分析、广义最小二乘法回归等，对多年度面板数据进行消除内生性的科学分析，以客观、全面展示金字塔结构对缓解民营集团企业融资约束的影响及资源灵活配置条件下的公司投资行为的影响。同时，本书注重事前选点与诊断，以抽样和典型案例分析为主，通过个案的长期观察、深度访谈与动态追踪，揭示中国民营集团企业建立金字塔结构的内在机理，并实时进行理论提炼与验证。

最后，本书运用比较制度分析和我国实际相结合的制度研究方法。通过分析发达国家、发展中国家不同市场经济条件下金字塔结构产生的不同背景，结合有别于其他各国的我国特有的制度条件，从制度多样性、互补性和路径的依赖性等方面，围绕金字塔机构融资优势和投资行为，得出了适合我国制度背景的理论结果和政策建议。

1.3 研究内容和创新

1.3.1 研究内容

本书的研究主要基于公司金融、公司治理理论，结合产业组织学、新制度经济学、博弈论等学科理论，通过探究长期以来困扰学术界的"金字塔结构之谜"，摒弃原有控股股东控制攫取私人收益的动机学说，在考虑外部宏观机制和内部行业机制等诸多因素的基础上，全面展示了民营企业金字塔结构固有的债务和权益融资放大效应，从理论和实证两方面得出我国民营企业金字塔结构的产生源于融资优势的结论。继而，结合金字塔结构较强的内部资本市场融资能力，从更有效的把握市场投资机会和利于控股股东的投资偏好两方面分析了民营企业集团的投资行为，最终得出在控股股东支持与攫取效应的博弈中，过度投资成为金字塔结构企业的主导投资行为的结论。

本书不仅从理论模型上构建了金字塔结构企业缓解融资约束和过度投资行为的理论分析框架，而且利用我国多年度大样本的民营企业集团进行了全面的实证分析，并通过典型案例分析和国内外不同制度条件下控股股东投融资行为对比，展示了我国作为新兴市场国家特有的金字塔结构融资优势和过度投资行为，并从政府规制和企业运作两方面给出了相应的政策措施和运作建议（见图1-2）。

具体包括：

1. 构建民营企业集团金字塔结构的建立源于内部融资优势的理论框架

在对企业金字塔结构概念、内涵以及理论研究成果做出分析和总结的基础上，基于已有的金字塔所有权和家族企业集团的研究模型，结合我国民营金字塔结构企业集团的现实状况并逐步加入其他宏观机制与行

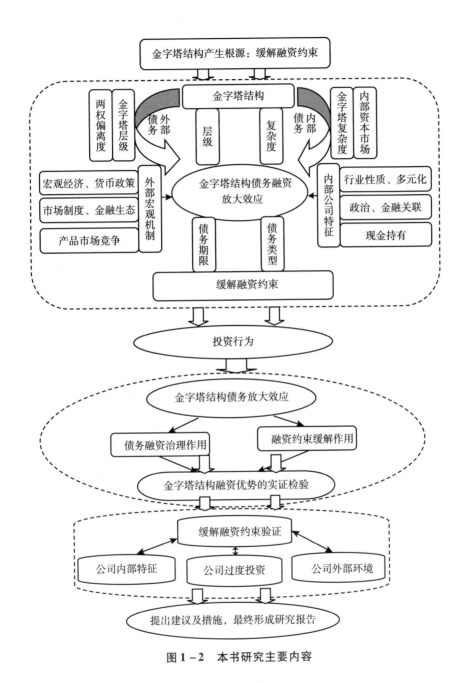

图1-2 本书研究主要内容

业机制等外生变量因素的前提下,通过对比金字塔结构与水平持股结构
在融资方面的优劣势,逐步得出金字塔结构的建立源于较强内部融资优

势的经验含义。模型采用最优化和博弈均衡分析方法，系统地构建了内部融资优势解释民营企业集团金字塔结构建立的理论分析框架。

2. 基于内部融资优势的民营企业集团金字塔结构的实证分析

本书金字塔结构缓解融资约束的实证分析采取发现现实问题、解决现实问题、探究解决根源和相关因素考察等逐步递进的步骤实施。通过利用 2004～2016 年 280 家公司的非平衡面板数据，在充分考虑诸多变量的多重共线、异方差、时间序列、内生性等多方面的统计问题基础上，分析我国民营集团企业金字塔结构是否缓解了自身的融资约束问题，以及其缓解的程度、路径和影响因素。具体分为以下几步：

（1）首先采用国际通用的投资现金流敏感性的测度方法来探究我国民营企业集团是否存在融资约束问题，其融资约束程度究竟有多大。

（2）在确证存在较强融资约束的前提下，进一步通过金字塔结构的层级、层级和链条之乘积等度量指标来探究金字塔结构是否缓解了融资约束，是否随着金字塔结构层级和复杂程度的增加，其缓解融资约束的程度也随之增加。

（3）继而，我们考察何种原因导致缓解融资约束的现象发生，具体的来源考察关注在债务和权益融资的放大效应，通过债务期限、债务类型、权益融资数量、权益融资类型等方面的度量和考察，最终我们获得这些融资效应的放大导致了缓解融资约束的发生。

（4）进一步通过考察外部宏观融资约束状况、产品市场竞争程度和金融危机冲击以及内部多元化行业程度和行业性质，进一步佐证金字塔结构是否缓解外部资本短缺和提高了内部资金融通能力。

3. 基于金字塔结构及内部资本市场相结合的企业集团投资行为实证分析

基于金字塔结构带来的融资便利和债务融资治理机制作用，本书从控股股东支持与攫取两个角度来进行投资行为的实证分析。在考虑金字塔结构层级、链条复杂度的基础上，通过对比金字塔结构债务融资形成的融资缓解和治理机制作用，揭示金字塔企业集团普遍的投资行为模式和最终的公司价值影响。

1.3.2　研究创新

1. 基于融资优势的视角研究民营集团企业金字塔结构的成因

已有研究民营集团企业金字塔结构的文献主要关注控股股东的控制权攫取动机，而较少考虑金字塔结构的融资优势，现有的考察融资优势的金字塔结构文献也较为少见，且研究较为粗糙，鲜见有综合、系统的对金字塔结构融资效应的研究。本书综合考虑内外部宏观机制和行业机制因素的影响，从债务融资放大效应和权益融资放大效应两个角度进行扩展分析，构建了金字塔结构源于融资优势的理论模型，而且通过大样本多年度的统计分析方法进行全方位的佐证分析，较为全面、系统地对民营企业集团的金字塔结构融资优势进行了理论分析和实践验证。

2. 我国大样本、多年度上市民营集团企业融资优势的考证以及投资行为指标测度、衡量和统计分析

现有我国分析金字塔结构融资优势的实证文献较为稀少，大多基于单一年度或上市 IPO 的数据分析，而且，通常采取截面回归、最小二乘回归等方法，很少采用多年度面板数据分析，也并没有考虑内生性等现实问题，很难科学真实地反映我国民营企业集团金字塔结构的融资优势。本书通过采用 2004～2016 年多年度上市公司面板数据，利用面板数据的固定效应模型，并采取 White 异方差修正等计量技术，避免计量分析中内生性、多重共线性等噪音的干扰，考证我国民营上市企业集团金字塔结构的缓解融资约束问题。并在此基础上，利用金字塔结构的资源获取便利和债务融资的治理机制作用，来验证民营金字塔结构企业集团的投资偏好和价值取向。

第 2 章

理论回顾与总结

作为转轨经济国家，我国企业发展不可避免的兼有政府政策导向和市场竞争机制的双重色彩，而发展大规模企业集团和提高产业集中度不仅是我国产业政策、企业发展的重要指导方向，也是企业抵御不完美市场竞争下的合理选择和必然产物。这就造成了我国企业集团数量众多，且以金字塔股权结构形式为主的企业集团占据了较大的比重。早期，自 LLSV 范式提出以来，人们更多地关注企业集团中的控股股东与小股东之间的代理问题，尤其是以金字塔股权结构为主的"地下隧道"攫取行为。但令人不解的是，尽管企业集团的金字塔结构加剧了控股股东的利益攫取行为，导致了企业集团并没有达到人们预期的溢价产生，但是，这种形式的企业集团的形成和发展依然不断涌现，丝毫没有削减的势头。这种事实和理论的悖论使得人们去重新审视企业集团，尤其是以金字塔股权结构为主的企业集团到底还存在哪些鲜为人知的价值创造因素，而不是单单表现为严重的控股股东利益攫取行为。

自 Almeida 和 Wolfenzon（2006）研究认为在投资者保护较弱的地区金字塔结构具有融资优势以来，金字塔结构的融资缓解效应受到极大的关注，之后一些学者开始从金字塔结构的融资优势入手来研究企业集团设立金字塔结构的初衷（Jan and Hernan，2011；Chong，2010；Almeida et al.，2011；Masulis et al.，2011）。结果发现无论是发达国家还是发展中国家，金字塔结构对于缓解企业集团内部财务约束起着极其重要的作用。我国也有零星的文献研究民营企业集团金字塔结构的内部融资优势，其结果也大致支持这一结果（李增泉，2008；韩亮亮，2009）。但是，现有的研究大多从某一个视角进行融资优势的研究，且衡量指标与实证数据较为单一和短暂，对于金字塔结构缓解融资约束缺乏全面的考证和度量。

2.1 金字塔结构的概念、内涵

金字塔股权结构是指最终控股股东持有一定股权直接控制或成立一家上市公司，再由这家上市公司控制第二层的其他上市公司，再由第二层的上市公司控制第三层的上市公司，以此类推，建立起由最终控制人控制的复杂庞大的企业集团。金字塔股权结构表现为控制层级、控制链条数、控制权和现金流权等结构特征。

现阶段对金字塔股权结构的研究主要集中在三个方面：（1）金字塔股权结构导致控股股东对上市公司的控制权和现金流权的分离，激励其侵占中小股东利益，表现出控股股东的"掏空"行为。这被学术界定义为第二类代理问题，即控股股东通过关联交易，非法担保、资金占用等方式损害公司价值，侵占中小股东的利益。（2）金字塔结构下的控股股东的"支持"行为。（3）金字塔结构的融资优势理论。对内部资本市场在缓解融资约束研究主要从信息优势、降低融资成本、内部资本市场有效配置资源方面展开，认为内部市场是外部市场的有效补充，通过建立内部资本市场，利用集团内部公司聚集更多的资金，形成"多钱效应"，为投资需求大，资金不足的公司融资，以低成本缓解其融资约束，同时，因为信息优势，能够有效配置资源，提高资金利用效率。目前，对该理论的研究主要集中在金字塔结构的新建企业融资优势，对于金字塔结构层级和内部资本市场带来的债务融资优势并没有涉及。

金字塔结构重要的特征是控股股东可以利用较小的现金流控制较大的公司资产，即通过金字塔结构，控股股东能够使现金流权和控制权出现较大程度的偏离，利于以较小的现金代价获取较大私人控制权收益，他们主要通过关联方担保、关联方资金占用和上市公司与关联方的商品购销活动来侵占小股东的利益，实现自身利益的最大化，获得超额控制权收益，我们以下面的示意图（见图2－1）来简单介绍金字塔结构。

图2－1　金字塔结构

图2－1所示的控股股东以51%的股份获得了对公司A的绝对控制，并通过A公司获得了对公司B的30%的相对控制权，而实现这30%的相对控制权，控股股东只拥有其51%×30%＝15.3%的现金流权，即实现了控制权与现金流权的分离，其所获得的超过在"一股一权"的原则下的超额控制权为30%－15.3%＝14.7%，两权分离的程度用分离系数来度量，即为30%÷15.3%＝1.96。

当控股股东继续通过公司B实现对公司C的30%的相对控制权（如图2－2所示），那么对于公司C，控股股东拥有更少的现金流权（51%×30%×30%＝4.59%），获得了更高的超额控制权（30%－4.59%＝25.41%），分离系数更高（30%÷4.59%＝6.4）。

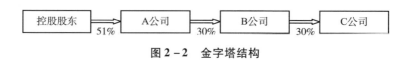

图2－2　金字塔结构

基于以上分析，根据金字塔结构本身的特点，控制层级越多，控制链条越多，两权分离程度越大，金字塔结构越复杂，控股股东掠夺中小股东的收益也就越大。

在我国，金字塔结构往往发展为较大的规模，成为系族金字塔结构企业，他们往往由控股股东控制较多层次，较多链条，多家上市公司和非上市公司，构成一个庞大的家族企业帝国，我们以鸿仪系作为例子加以分析。鸿仪系控制诸多的上市公司采用的是典型的集团式金字塔结构，这种结构不仅可以以较少的现金流控制较大规模的上市公司资产，弥补控股股东资金短缺的现状，而且，可以有效地隐匿身份，获取市场信任和逃避市场监管。

如图 2 - 3 所示，鸿仪系第二号人物候军在控制嘉瑞新材公司时，只用 13.08% （85.72% × 73% × 70% × 29.85% = 13.08%） 的现金流权就获得了 29.85% 的公司控制权。对于国光瓷业，鸿仪系也只用了 11.64%

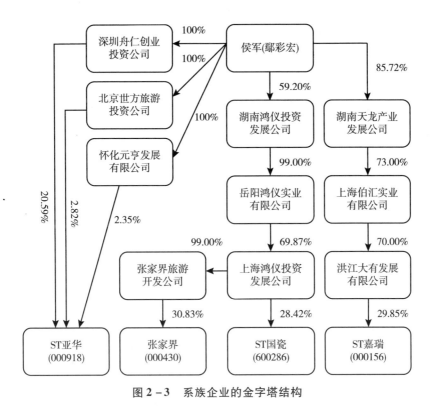

图 2 - 3　系族企业的金字塔结构

的现金流权获得了 28.42% 的公司控制权，两者偏差平均达到 16.78%。同时，鸿仪集团还通过所属子公司相互持股、交叉持股等方式，构建出复杂的以金字塔持股结构为主的集团控股方式。这种复杂的金字塔结构，一方面可以通过多级、多阶层形成较大的现金流权和控制权的偏离，激发控股股东产生强烈的利益攫取欲望；另一方面，其形成的庞大内部资本市场也提供了外部融资优势和内部资源的最优配置。

2.2　金字塔结构产生根源

　　除英美等国家和地区主要存在股权分散的现象之外，世界上的国家和地区广泛存在的是股权集中，当持股比例达到或超过 51%，就能够绝对左右股东会和董事会的决议，控制公司局面，这就形成了绝对控股股东。另外，还存在即使持股比例较小，但也能够通过各种方式实现左右公司运营，这就是相对控股股东。控股股东以较少的股权，即现金流权，获得了相对较多的控制权，而这部分超额控制权产生的原因，一部分是因为中小股东因为其自身所持股份份额太小，考虑到监管成本，而自愿放弃的投票权，另一部分则是由于控股股东有攫取控制权私利的动机。

　　对于金字塔结构形成的原因，目前学界还没有达到共识。有学者提出金字塔结构是在法律保护不完善的情况下形成的，有利于控股股东攫取超额控制权收益。Denis 和 Mcconnell（2003）研究认为在法律体系不尽完善的国家中，终极控股股东不仅可以向公司委派管理人员，还可以采用关联交易掏空公司，但这种观点遭到驳斥的理由是为何在法律保护非常完善的英美等国家依然存在金字塔结构。有学者提出由于控股股东有追求控制权与现金流权分离的动机，而金字塔结构恰恰为其实现两权分离提供便利，这就促使了金字塔结构的广泛存在，并且构建复杂的金字塔结构有利于控股股东隐藏其掏空行为。这种理论遭到驳斥的理由在于存在相同分离度却形式不同的其他股权结构形式的存在，而且有的金字塔结构控制权和现金流权并不发生分离。也有学者提出是由于存在母公司对子公司的支持行为，而其他中小股东以容忍控股股东对他们利益的攫取来换取发生危机时的保险。同时有学者提出金字塔结构具有融资优势，有利于公司缓解融资约束。基于各种理论和实践结论并不完全一致的研究结果，也有学者提出金字塔结构是一种中性的结构，既可能侵害外部股东的权益，也可能在特定情况下保护其权益。

当然，任何一种股权结构形式的存在，绝不可能仅仅受到一种外在因素和内在公司特质的影响，它们更多是对所处外部制度文化环境和内部公司特制的综合影响的一种最优化反应。因此，这就意味着金字塔结构产生的根源可能有着众多的内外部因素影响。

2.2.1　金字塔结构与利益攫取

传统的代理理论认为，股权集中有利于加强股东对管理层的监督，避免了小股东"搭便车"行为，从而提升公司的价值，但股权集中也相应地增加了控股股东的持股风险，并且监督的成本也由控股股东承担，而提升公司价值后的收益却要与中小股东一同分享，那么作为经济理性人的控股股东为何自愿承担风险并进行监督呢？为何在世界范围内，公司采用集中式的股权结构较分散的股权结构更为普遍呢？根据理性经济人的观点，国内外学者普遍认为控股股东追求控制权的根本原因在于存在超额控制权收益。

最近的研究显示大多数国家的上市公司都不是股权分散持有，而是存在着控股股东（La Porta et al.，1999）。控股股东不仅广泛存在于小股东保护较弱的发展中国家，如东亚国家（Claessens et al.，2000）、新兴市场（Khanna，2000）、印度（Jameson，2014），而且也同样存在于发达国家，如西欧（Faccio and Lang，2002；Barca and Becht，2001）、加拿大（Morck et al.，2000）、德国（Franks and Mayer，2001）、日本（Prowse，1992）、意大利（Barca，1995）等。国际治理文献大部分集中在集团企业的控制动机方面，尤其集团经常使用的金字塔结构被看作是保持最终控股股东获取私人收益的有效机制。大多数学者都认为现金流权和控制权的偏离能够激发和便利的为控股股东通过各种地下渠道掠夺小股东利益（Johnson et al.，2000；Bae et al.，2002；Bertrand et al.，2002；Joh，2003；Baek et al.，2006）。

自 Johnson 等（2000）明确提出终极控制人通过金字塔控制链条获取控制权私利而损害中小股东利益的"隧道"行为以来，大量的国内外文献从不同的公司金融角度展示了金字塔结构企业的利益攫取动机和行为，诸如兼并重组（Bae et al.，2002；Cheung，Rau and Stouraitis，2006）、再融资（Baek et al.，2006；Atanasov et al.，2010）、私有化（Atanasov，2005）、现金股利（Faccio et al.，2002；Lee and Xiao，2002）、盈余管理（Haw et al.，2004）、信息披露（Dyck and ingales，2004；Francisa et al.，2005）、过度负债（Bany et al.，2010；Paligorova and Xu，2012；Tian and Liu，2012；Kim，2016）、激励措施（Zhang et al.，2014）、现金持有（韩忠雪和崔建伟，2014）、产品市场竞争（李维安和韩忠雪，2013）等。甚至，Morck 等（2005）、Stulz（2005）和 Fogel（2006）认为，这些金字塔集团企业能够通过杠杆融资控制大量资产，从而使它们拥有较大的政治影响力，并能在不完善的制度和资本市场条件下摆脱外部市场的约束而寻求经济独立。

Johnson 等（2000）论述了终极控制人通过金字塔控制链条，以资产出售、转移定价、资金占用等内部交易方式转移公司资源、获取控制权私利而损害中小股东利益的"隧道"行为。Bertrand 等（2002）使用1989～1999 年共 18 600 个印度公司年数据，考察了集团企业金字塔结构的利益攫取行为，他们发现金字塔结构的最终所有者有较强的激励把资源从金字塔底部转移到顶部。Bae 等（2002）发现，当实施兼并的韩国企业集团附属公司的小股东利益受到损害时，公司控股股东则因为兼并增加了集团内其他企业的价值而获得收益，这是与企业集团公司小股东往往受到掠夺的理论相一致的。Baek 等（2006）通过研究韩国集团所属企业发行私募股份来考察控股股东的攫取行为，发现陷于集团内部交易的集团发行者通过设定发行价格使集团控股股东获得净收益。Tian和Liu（2012）发现金字塔结构企业集团拥有较多的负债，控股股东通过过度负债来攫取小股东利益。Holod（2012）利用银行企业的数据，发现内部资本市场低效源于代理问题的证据。由于高管与股东的利益偏差导致上市银行持有公司的内部资本市场效率远远低于非上市公司，而且，金字塔层级的组织结构的低效率更加明显。Kim（2016）利用韩国企业集团数据发现企业集团财务杠杆对集团所属企业有着较高的负面效应，尤其是对于财务紧张和快速发展行业的成员企业而言。

1. 两权偏离与金字塔结构利益攫取

已有理论和实证发现，控股股东利用金字塔结构获取控制权私人收益的方式主要是采取将现金流权和控制权偏离，从而以付出较少的现金代价获取较高的收益。Bubchuk，Kraakman和Triantis（2000）分析了在金字塔结构导致的控制权和现金流权分离的情况下，终极控制人在投资项目选择、公司规模扩张和控制权转移过程中的非效率行为。Lins（2002）以18个国家1 433个公司为样本，发现当终极股东控制权超过现金流权时，公司市场价值下降；Cleassens等（2002）研究认为终极控制权与现金流权的偏离导致公司代理成本上升，公司绩效下降。Yeh（2005）以我国台湾上市公司为样本，研究发现终极股东现金流权越大，公司价值越高。Marchica等（2005）以英国非金融类上市公司为样本，研究发现控制权与现金流偏离对公司价值产生负面影响。Boubaker等（2014）利用来自18个西欧国家的314个GPT（进行中的私人交易）数据，发现GPT的公告产生了大约22%的累积平均异常收益，而交易前控股股东平均得到大约36%的原始溢价，这些股东财富收益随着交易前最终所有者现金流与控制权分离的程度而增加，随着其所有权利益和第二大股东的存在而减少。

国内学者叶勇等（2007）使用市价净值比和托宾Q值来共同度量企业价值，得出结论：上市公司终极控制股东的隐性终极控制权和现金流量权偏离越大，中小投资者对上市公司的权益值评价就越低，也就是说终极控制股东对中小股东的侵害也越大。相对而言，终极控制股东为家族企业的上市公司的两权分离与度量企业价值的市价净值比和托宾 Q 值的负相关程度最高。韩志丽等（2006）对民营金字塔结构下控股股东掏空行为的影响因素进行了实证研究，认为在保证控制权的情况下，终极所有者所持有的现金流权越小，其对企业的掏空行为越严重；处于金字塔底层的公司资产利润率越低，终极所有者越倾向于对其进行掏空；投资者保护越差，越有利于终极所有者的掏空行为。相反，在投资者保护较好的企业，即使终极所有者的现金流权较小，即使其资产收益率较低，也不会发生严重的掏空行为。陈晓红等（2007）的实证研究表明家族企业终极控制人在一定程度上有侵害其他股东的动机和具体行为。宋小保等（2009）通过实物期权模型也得出了类似的结论，随着控股股东现金流权的增加，企业价值也随之增加，说明控股股东存在正向的激励效应；随着控股股东控制权和现金流权分离程度的加大，企业价值迅速降低，投资提前，说明控股股东具有负的侵占效应。Tian 和 Liu（2012）利用中国股权分置改革以后的非国有企业样本发现，存在过度控制权的上市公司往往存在着过度杠杆以便攫取私人收益。Zhang 等（2014）提出了控股股东与经理人合谋的利益攫取行为理论，他们发现具有超额控制权的控股股东通过降低以绩效为基础的激励措施以便与经理人合谋，并获得两者初步的寻租共享行为的证据。

2. 资金占用与金字塔结构利益攫取

控股股东攫取中小股东利益的一个重要方式是采取直接占用上市公司资金。控股股东通过利用控制权随意或者直接调用上市公司资金用于获取控制权私人收益。游家兴和罗胜强（2007）从控股股东无偿占用上市公司资金的视角研究金字塔股权结构下的控股股东的行为，发现消极的壕沟防御效应随着控股股东控制权提高而增加，积极的利益协同效应随着控股股东现金流量权提高而增加，控制权和现金流量权的分离将使控股股东掏空意愿受其持有的现金流量利益的约束变小，加剧了其为谋取私利而对中小投资者的利益侵害行为。刘运国和吴小云（2009）使用资金占用来衡量控股股东的掏空行为，从终极控制人的股权属性、金字塔控制结构、控制权和现金流权的分离三个维度对上市公司纵向股权结构与控股股东的"掏空"行为进行了实证研究，发现中央政府控制的公司被"掏空"的总程度最小，地方政府和自然人控制的上市公司被控股股东"掏空"的总程度没有显著差异，自然人对上市公司的金字塔控制层级越多，控制权和现金流权的分离程度越大，控股股东对上市公司的"掏空"行为越严重。蔡安辉（2011）发现，在市场化程度较高地区且实际控制人为资本家时，现金流权与控制权偏离度增加，民营企业被实际控制人占用资金程度较为严重。

3. 关联交易与金字塔结构利益攫取

该方面的研究认为，关联交易作为控股股东掠取私人收益的重要手段被广泛使用，往往关联交易越频繁、交易规模越大的公司，其金字塔结构越复杂，控股股东的利益攫取越严重。Hwang 和 Kim（2016）发现在韩国继承人成为公司大股东的企业集团中，普遍存在着通过关联交易来获得资助并利用金字塔结构来加强对公司的控制。Tian 和 Liu（2012）利用中国股权分置改革以后的非国有企业样本发现，股权分置改革后，存在过度控制权的非国有企业的关联交易公告出现明显的积极市场反应，表明这种控股股东利益掠夺行为明显减少。孟祥展等（2015）发现，上市公司提供关联担保与公司的控制权、现金流权负相关，与两权分离度正相关。并且在金字塔股权结构的公司样本中，投资者保护对两权分离度和关联担保的调节作用并不显著。

4. 现金股利分配与金字塔结构利益攫取

已有理论和实证结果表明，当控股股东存在利益攫取动机时，会倾向于尽可能少的派发现金股利，因为，派发现金股利将直接使得中小股东获益，控股股东因为持有较少的现金流权，势必获得相对较少的现金股利，同时，由于自由现金流的减少也使得控股股东控制的资源大为减少，相应降低了控股股东获取私人收益的机会。Faecio 等（2002）认为，投资者能够预测到大股东的利益攫取行为，所以，他们会要求那些利益攫取行为可能性更大的公司发放较高的股利，比如西欧和东亚国家中隶属于商业集团且存在控制权和所有权分离的公司。Lee 和 Xiao（2002）研究发现，当上市公司股权集中度较高时，控股股东会利用上市公司的派现行为进行利益抽取。国内有学者通过实证研究支持了以上理论分析，柳建华（2007）通过实证研究发现上市公司现金股利与资金占用之间存在显著的负相关关系。王化成等（2007）的研究表明，股东具有集团控制性质的上市公司其分配倾向和分配力度均显著低于没有集团控制性质的上市公司；所有权和控制权的分离程度越高，股利分配倾向和分配力度则越低。

5. 盈余管理与金字塔结构利益攫取

控股股东为了获得较高的控制权收益，也会采取盈余操纵行为来掩盖财务漏洞，欺骗中小股东，向资本市场传递虚假信息。Haw 等（2004）检验了 22 个国家和地区 25 210 家公司，发现终极股东控制权与现金流权偏离度越大，越可能产生盈余管理问题。Bertrand 等（2002）通过研究集团内较高现金流权公司至较低现金流权的公司间盈余的传播过程，间接测度了印度集团内控股股东的掏空行为。国内学者戴亦一和潘越（2009）的研究发现，金字塔股权结构引发的两权分离加剧了上市公司盈余操纵行为，并且这种现象在非国有上市公司中表现得更加突出。

6. 信息披露透明度与金字塔结构利益攫取

该方面研究认为，当控股股东在获取超额控制权收益的过程中，为尽可能避免其行为暴露，招致成本发生，控股股东有动机对财务信息进行操纵，并对公司其他相关信息进行隐瞒。国内外已有众多文献研究了自愿性信息披露的动机，如降低融资成本（Chen，Chen and Wei，2003；Collett and Hrasky，2005）、降低诉讼成本（Skinner，1994；Suijs，2005）等。Leung 和 Horwitz（2004）的研究表明大股东的所有权越集中，上市公司的自愿性信息披露程度越低。当出现两权分离时，增加了终极控制人取得控制权私利可能性（Dyck and Zingales，2004），加剧管理层与其他股东之间的信息不对称，从而增加了终极控制人对上市公司信息披露实施影响的可能性。Francisa 等（2005）研究结果表明在对股东权益保护和财务报告状况较好的美国，两权分离同样会降低上市公司的会计信息含量。Najah（2006）以加拿大1 031家上市公司为样本，发现终极股东控制往往导致被控制公司的信息披露质量较差。

国内学者的研究也揭示了控股股东的信息披露现象。李丹蒙（2008）运用深圳证券交易所公布的上市公司信息披露考评结果作为衡量公司透明度的指标，在对金字塔控股模式下控制权和现金流权的分离对公司透明度的影响进行实证研究发现，总体来说，控制权和现金流权的分离程度越大，公司的透明度越低；相对于国有控股公司，控制权和现金流权的分离对于民营上市公司的信息披露影响更为明显。马忠和吴翔宇（2007）研究发现终极控制人为了获取私人利益而倾向于抑制对外披露私人信息，即终极控制人的控制权和现金流权分离度越大，终极控制权比例越高，上市公司自愿性信息披露程度越低。刘启亮等（2008）研究认为，为了隐藏获取的控制权私利，强势的控股股东会利用金字塔结构的复杂性、对剩余公司治理的控制等有利条件，通过盈余管理等手段操纵会计信息，降低财务信息的透明度。

7. 现金持有与金字塔结构利益攫取

该方面的理论分析表明，金字塔结构企业集团往往拥有较高的现金持有水平，尤其对于有着较高的代理问题和融资宽松的企业，这源于金字塔结构企业普遍存在较为严重的代理问题。韩忠雪和崔建伟（2014）利用我国2004~2010年共7年的上市民营制造业公司数据，分析了民营企业金字塔结构与企业流动性之间的相关关系，并通过融资约束与代理问题分类和持有现金价值的考察揭示了这种关系产生的内在根源。实证结果发现，我国民营企业金字塔结构层级和复杂度与现金持有水平呈显著正相关关系，且这种关系主要存在于代理问题较为严重的融资非约束和高利益攫取公司中，同时，这两类公司持有现金的市场价值也较低。这些结论均揭示了金字塔结构构建的控股股东利益攫取特性与现金持有两者关系的代理问题根源。

8. 产品市场竞争与金字塔结构利益攫取

该方面的研究认为，产品市场竞争作为一种有效的公司治理机制，可以有效抑制金字塔结构的利益攫取行为，尤其对于代理问题较为严重和融资较为宽松的企业而言，这种抑制作用表现得尤为明显。李维安和韩忠雪（2013）采用中国民营制造业上市公司2004～2010年共7年的非平衡面板数据，发现对于中国民营制造业上市公司来说，产品市场竞争程度与金字塔结构层级和复杂度呈显著的负相关关系，表明金字塔结构的建立更偏好于控股股东利益攫取行为。在进一步考虑公司利益攫取和融资约束分类的情况下，高利益攫取公司和低融资约束的金字塔企业表现为显著的利益攫取动机。

2.2.2 金字塔结构与融资优势

但是，随着理论研究的不断深入，金字塔结构表现出来的利益攫取特性并不能完全解释其成立的基础本源，尤其是攫取理论和金字塔结构依然大量存在的悖论更促使大量学者对金字塔结构的利益支持行为做出解释，更多的学者在提出相反意见的同时，也辩证地分析和开辟了金字塔结构建立的不同理论视角，为金字塔结构的大量繁衍提供了许多具有一定说服力的理论阐释。

1. 金字塔结构的其他利益支持理论

但是，随着理论研究的不断深入，金字塔结构表现出来的利益攫取特性并不能完全解释其成立的基础本源，更多的学者在提出相反意见的同时，也辩证地分析和开辟了金字塔结构建立的不同理论视角。一些学者认为金字塔结构并非造成企业集团折价的主要原因，金字塔结构存在的根源不仅来自于控股股东的利益攫取，也同样来自于控股股东的利益支持，他们一方面在证明金字塔结构没有市场折价交易，或者这种折价来自于其他影响因素的同时，另一方面，也从诸多方面证实了金字塔结构具有许多其他利益支持行为，这种折价可能源于过度投资（Holmen and ogfeldt，2009）；兼并低收益企业的选择效应（Almeida et al.，2011）等，而且，金字塔结构能够有效提高企业集团声誉（Gomes，2000；Khanna and Palepu，2000）、避免破产（Riyanto and Toolsema，2008）、税负（刘行和李小荣，2012）和摆脱政治因素干扰（Fan et al.，2013）。

Gomes（2000）通过构建多期模型，指出家族企业为了获得持久的市场资金支持，需要树立良好的保护小股东的集团声誉，两权分离越大，其声誉效应越显著。Friedman，Johnson 和 Mitton（2003）提出了基于金字塔股权结构的"支持与掏空"理论，他们指出，当企业的外部环境不利时，控股股东会通过向上市公司转移资源以支持上市公司。另外，还有研究指出企业可以利用集团的资源作为在产品市场上竞争的战略手段（Cestone and Fumagalli，2001）。Cheung 等（2006）利用香港上市公司作为样本，发现发生关联交易的上市公司并没有折价交易。这说明，在发生实际掠夺行为之前，投资者并没有预期控股股东存在这种行为。Riyanto 和 Toolsema（2008）通过建立数理模型分析了金字塔结构的成因，发现金字塔结构既存在从较低层次向较高层次转移资源的攫取行为，也存在反向的支持行为，而这种支持行为提供了企业避免破产的保证。Holmen 和 Hogfeldt（2009）以瑞典企业集团金字塔结构作为研究对象，发现企业集团折价源于过度投资，而不是控股股东的利益攫取。Liu 和 Tian（2012）利用中国股权分置改革以后的非国有企业样本发现，存在过度控制权的上市公司往往存在着过度杠杆以便攫取私人收益，但分置改革后，这种控股股东利益掠夺行为明显减少。Fan 等（2013）从中国国有企业集团金字塔结构研究入手，发现金字塔结构与公司决策的政治干预有着显著的负相关关系，说明这些企业集团的金字塔结构建立源于摆脱政治因素的干扰，而不是传统的利益攫取目的。Kang 等（2017）利用控制股东价值（CSV），即控制股东在子公司的股权价值除以他们在所有子公司的股权，发现韩国家族控股企业集团 CSV 对公司绩效的解释力大于传统现金流权（CFR），且在非家族式 CEO 的附属公司中，较高的 CSV 与较高的托宾 Q 和较低的 EBITDA 相关，表明控股股东和非家族式 CEO 已经成功地解决了他们的委托代理问题。

国内的很多研究也提供了金字塔结构支撑效应的证据。王明琳和周生春（2006）讨论了我国两种类型的家族企业，对于创业型家族企业只存在业主和经理人之间的代理问题，没有控制性家族系统性侵占社会股东的情况；而对于非创业型家族企业则存在较为严重的控制性家族与社会股东之间的代理冲突，他们认为，金字塔结构可能更多的是一种中性的股权控制方式。程仲鸣等（2008）从过度投资角度出发，发现金字塔结构作为法律保护的替代机制可以保护地方国有企业免受政府干预的影响。甄红线（2015）发现，对于金字塔结构企业，民营企业集团比国有企业集团具有更强的支撑效应，大公司的盈余公告具有显著的支撑效应。刘行和李小荣（2012）发现，地方国有企业的金字塔结构可以降低其税负，表现为金字塔层级与实际所得税率的显著负相关；进一步发现，地方国有企业税负的降低显著提升了其市场价值，也带来了显著为正的累积超额回报。研究结论表明，企业的税收负担是影响地方国有企业金字塔结构与运营效率之间关系的重要路径。

2. 金字塔结构融资优势理论

尽管很多学者从不同的角度去探究金字塔结构的利益支持行为，但最受关注的要数最近学者对金字塔结构融资优势的研究和证实，他们认为，金字塔结构之所以存在，是因为它可以为整个集团带来较高的融资优势，甚至可以为企业集团新建企业提供必要的融资需求。

近年来，缓解融资约束成为学者研究金字塔结构的新的着眼点，大量文献发现，金字塔结构企业集团拥有较强的融资优势（Chong，2010；Masulis et al.，2011；Bradford et al.，2013），尤其是具有较高的债务容量和较低的债务融资成本（Hoshi et al.，1991；Khanna and Yafeh，2005；Gopalan et al.，2007；Byun et al.，2013）。Masulis 等（2011）采用 45 个国家的公司数据进行实证分析，他们认为，金字塔结构企业集团的建立不仅是为了保持对公司持续的控制，也是为了在国家和公司两个层面缓解公司面临的融资约束问题。

随着金字塔结构的下降，其公司业绩、资本需求和增长需求也随之增加。具体可以归纳为以下三种研究假说：

（1）新建企业优势假说。金字塔结构企业集团往往能够利用企业内部资本市场优势，对集团内建立新企业提供足够的资金支持（Almeida and Wolfenzon，2006；Bena and Molina，2013）。Almeida 和 Wolfenzon（2006）讨论了企业集团，尤其是金字塔结构为主的企业集团，通过内部资本市场创造的融资优势，使他们能够在不完善资本市场上更好的支持新建立公司的资本需求。Bena 和 Molina（2013）利用欧洲制造业面板数据研究了金字塔结构的产生原因，发现金字塔结构的产生源于当企业面临外部融资约束和内部现金流无法保证的情况下，建立新企业所具有的融资优势。

（2）外部债务融资优势假说。金字塔结构企业集团往往具有较强的外部债务融资优势，金字塔层级越高，偏离度越大，银行债务融资优势越突出，尤其对于小股东保护较弱的资本市场更是如此（Chong，2010；Manosa et al.，2007）。Chong（2010）通过考察东亚国家集团企业发现，在较弱的投资者保护国家中，两权偏离的公司使用更多的银行债务，这说明金字塔结构在投资者保护较弱的国家中有着较强的融资优势。Manosa 等（2007）通过研究 1 652 个印度集团企业发现，集团公司有着较高的资产负债比率，更容易获取政府和外部贷款，且创造了有效地内部资本市场和提高了外部资本市场融资能力。Byun 等（2013）发现韩国企业集团所属企业有着较低的公共债务融资成本和较高的债务融资空间。

（3）内部资本市场假说。由于企业集团存在的内部资本市场，使得企业集团内部成员企业可以通过内部资本市场的平滑收入波动（Lewellen，1971）和资源有效配置（Williamson，1970；Stein，1997）提高融资能力，降低融资成本（Ferris et al.，2003；Khanna and Yafeh，2005；

2007）。而且，由于内部资本市场的双重保险效应，扩大了集团企业的债务容量，提高了债务价值（Galai and Masulis，1976；Higgins and Schall，1975；Kimand McConnell，1977；Lee，1977；Billett et al.，2004）。而且，不同国家和地域的实证分析了也证明了内部资本市场融资优势的存在，诸如新兴市场（Khanna and Palepu，2000）、印度（Gopalan et al.，2007）、日本（Hoshi et al.，1991；Sandra and Jean，2009）、中国（He et al.，2013；Bradford et al.，2013）、智利（Buchuk et al.，2014）等。Hoshi 等（1991），Khanna 和 Yafeh（2005）和 Gopalan 等（2007）都认为，作为克服外部资本约束和相关财务失败风险的特殊内在机制，内部资本市场提供了集团公司风险共享和内部融资支持的便利条件。Khanna 和 Palepu（2000）在更广泛的基础上，强调了企业集团在信息不对称条件下，利用内部资本市场对稀缺资源再配置扮演着重要的作用。Gopalan 等（2007）通过考察印度集团企业内部资本市场功能，发现集团内贷款在集团企业内转移资金和支持财务紧张企业中扮演着重要的作用。Sandra 和 Jean（2009）以日本企业为研究样本，发现 1991 年以后日本企业集团从属关系的加强主要是利用集团企业的内部资本市场来缓解企业面临的融资约束。He 等（2013）考察了中国的集团企业，发现通过利用内部资本市场帮助所属企业克服了外部融资约束，尤其是对于私有企业、地方所属国企和欠发达地区企业。Boutin 等（2013）发现，由于公司集团的内部资本市场缓解了从属企业的融资约束，从而影响其在产品市场上的势力和行为。Gopalan，Nanda 和 Seru（2014）也发现，公司集团内所属企业的投资资金依赖于其他企业的红利所得。Wang 和 Lin（2013）研究了内部资本市场在降低集团公司盈余管理中的作用。他们发现台湾集团公司内部资本市场的融资优势掩盖了由集团内单个公司较高的杠杆率导致的偿付能力问题，也同时降低了集团内成员公司对盈余管理的偏好。并且，他们发现较高的集团盈利能力降低了其成员公司盈余管理对债务水平的敏感性。在企业集团中，金字塔集团的盈余管理对债务水平的敏感性降低，当考虑企业杠杆与盈余管理的非单调关系时，随着集团盈利能力的增加，负债－异常应计曲线变得更加平滑。Almeida等（2015）发现韩国企业集团通过利用内部资本市场中跨公司股权投资的现金转移，实现有更多投资机会的公司投资规模更大，以实现金融危机对投资和绩效的负面影响。

纵观已有的文献研究，无论在发达国家，还是在发展中国家，企业集团建立金字塔结构的初衷除了攫取动机以外更可能是为了有效地实现内外部融资和财务风险共担效应，但现有的融资优势研究显然更多的局限在新建企业的融资优势上面，而对金字塔结构的融资放大效应和资金来源缺乏足够的分析和论证。

2.2.3 金字塔结构与过度投资

1. 过度投资与金字塔结构

自 Jensen（1986）提出自由现金流理论以来，过度投资行为就成为衡量企业治理问题大小的一个标志。众多理论研究都认为，由于普遍存在的一、二类代理问题，大多数企业都存在过度投资的事实。Richardson（2002）通过实证分析后发现，美国企业普遍存在过度投资行为，企业每拥有 1 美元自由现金流量，将在过度投资中花掉其中 43 美分，且往往现金流水平较高的公司更可能发生过度投资（Richardson，2006）。其他国家和地区的企业也普遍存在过度投资现象，如英国（Pawlina and Renneboog，2005）和东亚新兴市场（Wei and Zhang，2008）等。

金字塔结构与过度投资之间关系的研究主要集中在控股股东的利益攫取行为上面，许多学者认为，过度投资作为控股股东利益攫取的一种重要方式，控股股东往往通过过度投资来获取有利于自身的控制权收益。Holmen 和 Hogfeldt（2005）的研究发现，金字塔结构企业存在控股股东以过度投资的方式损害外部股东利益的行为。他对瑞典的封闭式投资基金和金字塔企业的研究表明，金字塔企业内部的杠杆控制不仅为终极所有者提供了隧道挖掘的激励，而且也为其进行过度投资创造了条件。然而不足之处在于 Holmen 和 Hogfeldt（2005）对终极所有者的过度投资与隧道挖掘之间的关系以及过度投资的影响因素没有做进一步地研究。Chen 等（2009）发现中国上市公司两权偏离程度越高，控股股东过度投资问题越严重。Paligorova 和 Xu（2012）以 G7 国家公司作为样本，发现金字塔结构企业提高债务水平是为了更好地进行控制权利益攫取。

国内学者彭文伟等（2009）对最终控制权、现金流权与过度投资的关系进行了实证分析，结果表明，现金流权和最终控制权均对过度投资有抑制作用，最终控制权与现金流权分离时，最终控制人倾向于过度投资以实现隧道效应。韩志丽等（2006）运用我国民营上市公司的非平衡面板数据，考察了民营金字塔企业终极所有者的非效率投资问题。研究发现，在受到融资约束的情况下，终极所有者会发生投资不足的行为；在不受融资约束的情况下，终极所有者出于最大化自身利益的考虑会进行过度投资，而在确保控制权的情况下，终极所有者所持有的现金流权越小，其过度投资越严重，投资者保护环境越差，越有利于终极所有者的过度投资行为。俞红海等（2010）发现中国上市公司两权偏离程度越高，控股股东过度投资问题就越严重。罗琦和王寅（2010）则认为，控股股东因偏好流动性资产而往往投资不足。窦欢等（2014）发现，集团所属上市公司过度投资较为严重，但随着控股股东监督能力的增强，可以有效抑制下属公司的过度投资行为。但是，程仲鸣等（2008）发现，金字塔结果作为一种防止政治干预的保护机制，有效抑制了国有企业的过度投资程度。

2. 债务治理机制与金字塔结构企业的过度投资

早在自由现金流理论产生之前，债务的治理约束作用就被提及（Jensen and Meckling，1976），其后，很多研究从不同角度对债务的治理机制作了分析。诸如，债务从公司现金流中获取固定的本息偿付来限制管理层攫取（Jensen，1986；1989）；债务迫使管理者对外部资本市场负责（Easterbrook，1984）；债务削减了低质量的公司投资机会（Lang、

Ofek and Stulz，1996）；债务促进了管理层对关键问题（如兼并）的决策制定（Maloney McCormick and Mitchell，1993）。由于过度投资主要源于代理问题使然，债务的治理作用也同样在一定程度上能够抑制过度投资。Ferdinand（2001）发现，债务监督能抑制企业自由现金流量的过度投资，从而导致较低的审计溢价和更为稳健的会计政策。McConnell 和 Servaes（1995），Lang 等（1996），Ahn 等（2006）等都实证检验了负债的这一相机治理作用，证实债务融资能有效约束管理层滥用自由现金流的过度投资行为，且这种抑制作用在低成长部门或非核心部门更显著。其中，针对债务期限，部分研究者发现短期债务在某种程度上更能体现约束的能力。Myers（1977）提出企业可以通过缩短负债期限来制造短期负债的流动性压力和再融资困境以减少过度投资。Stulz（2000）也认为短期债务是监督内部人机会主义行为的一种极有力的工具。

迄今为止，金字塔结构与过度投资之间关系的研究还较为肤浅，仅仅关注金字塔结构对企业过度投资的促进上面，缺乏更深刻的揭示金字塔结构对过度投资的抑制作用的考察。

2.3 已有金字塔结构研究的不足和发展方向

2.3.1 已有金字塔结构研究的不足

已有金字塔结构领域的研究主要关注金字塔结构作为控股股东侵害小股东利益的便捷方式和控股股东的最大化控制，也更多关注发展中国家的实际情况。随着对金字塔结构的研究逐步深入，金字塔结构的其他自适应机制也逐步得到揭示。但是，迄今为止，对于金字塔股权结构之所以作为世界国家普遍存在的一种现象，依然存在不足的地方。具体表现在：

1. 过度关注金字塔结构的利益攫取行为

自 Shelfer 和 Vishy（1997）提出第二类代理问题以来，绝大多数学者都从控股股东私人利益攫取来探究控股股东如何利用金字塔结构来掠夺中小股东财富，将金字塔结构作为掠夺中小股东的重要方式之一，尤其对于发展中国家控股股东与小股东代理问题较为严重的公司来说，更是如此。而在许多理论模型构建中，直接将控股股东利益攫取作为假设变量纳入分析中，导致模型理论结果更多地倾向于是利益攫取造成的各种财务风险和价值贬损，这种模型分析是存在问题的，且与现实中大量的金字塔结构持续存在和大量繁衍也是不相符的。但是，近年来，随着金字塔结构的企业集团在资本市场上的依然大量存在和明显的非折价交易（Cheung et al.，2006）。使得学者对于单纯将金字塔结构作为利益攫取行为的重要实施途径产生了一定的质疑，也促使更多的学者从多角度来进行研究以试图解释这种资本市场的理论和现实的悖论。有一些学者开始从多角度来研究金字塔结构存在的合理性和自适应性。诸如，金字塔结构企业折价可能源于过度投资（Holmen and Hogfeldt，2009）、兼并低收益企业的选择效应（Almeida et al.，2011）等等，而且，金字塔结构能够有效提高企业集团声誉（Gomes，2000）、避免破产（Riyanto and Toolsema，2008）、摆脱政治因素干扰（Fan et al.，2013）和满足集团新建企业的融资需求（Almeida and Wolfenzon，2006；Bena and Ortiz - Molina，2013）。因此，辩证地分析看待金字塔结构这种股权结构形式将是该领域研究的未来方向，尤其对于我国来说，金字塔结构的优势理论研究亟须重点发展，包括声誉效应（Gomes，2000）、支持行为（Riyanto and Toolsema，2008）和融资优势（Almeida and Wolfenzon，2006）等。

2. 缺乏不同制度路径的根源探究

由于不同的国家有着不同的历史文化和制度差异，因而，金字塔结构的产生必然有着制度路径的依赖和文化成因的影响。诸如 Fan 等（2010）对于中国国有企业集团的研究，则发现金字塔结构的形成源于摆脱政治因素的干扰，而不是传统的利益攫取目的。这就给我们继后的研究提供了研究思路，即尽管金字塔结构形式有着相似的呈现（当然也有着显著的不同，如国有企业集团的金字塔结构很多有着100%的持股结构，与其他国家有着很大的差别），但究其根源，也必然存在着不同制度路径依赖和文化烙印。

3. 对金字塔结构的融资优势研究力度不够

近年来的理论和实证研究发现，金字塔结构的融资优势逐步成为校正已有单纯利益攫取行为看法的主要支持原因。作为新兴市场国家，不仅有着更为普遍的金字塔股权结构，而且也最可能产生融资优势的资本市场，但是，现有对于金字塔结构融资优势的研究还十分不足，更多的只是揭示出金字塔结构存在融资优势（Chong，2010；Masulis et al.，2013），或者是可以满足集团新建企业的融资需求（Almeida and Wolfenzon，2006；Bena and Ortiz - Molina，2013）。对于融资优势产生动因、来源和影响缺乏足够的理论剖析，对其存在的合理性缺乏足够的实证考量，尤其是忽略了集团金字塔结构所存在的庞大内部资本市场作用。因此，将金字塔结构的层级与内部资本市场结合起来将是今后研究的方向和重点。

4. 综合考虑金字塔结构成因的研究不足

已有金字塔结构的研究，要么失之偏颇，过度关注某一方面，如利益攫取；要么浅尝辄止，如融资优势。缺乏对金字塔结构这种股权结构的辩证分析和看待、优劣分析和论证，尤其是对多种作用机制的综合考量和论证，诸如综合考虑金字塔结构融资优势和利益攫取的博弈均衡和理论框架；考虑金字塔结构融资约束缓解和债务相机治理作用下的均衡博弈投资模式；等等。

5. 金字塔结构集团投资行为研究欠缺

作为特殊的金字塔股权结构，其产生根源往往归结于典型的二类代理问题，由此产生二类代理问题也必然产生投资行为偏差，即过度投资。但现有研究存在两个问题，首先，在已有代理问题的基础上来研究金字塔集团企业的投资行为，则必然产生过度投资行为，但并不能说明只是这种代理问题才会造成过度投资行为，从而掩盖了金字塔结构产生的其他根源的探究和解释；其次，投资行为的研究可以反过来佐证该类企业金字塔结构产生的根源，而仅基于代理问题的研究限制了更多产生根源的探究。

2.3.2 金字塔结构研究的发展方向

1. 从公司代理问题、财务优化和组织结构等方面综合考察金字塔结构产生根源

囿于早期研究基于代理问题的考察，学者将更多地金字塔结构归因于控股股东的利益攫取动机，而随着金字塔结构研究的逐步深入以及现实资本市场中大量金字塔结构企业集团的存在及繁衍，已有的攫取行为理论逐步受到挑战，更多学者开始更加客观的关注金字塔结构的产生根源及对外部资本市场和公司本身的影响。今后的金字塔结构研究将从已有的代理问题角度逐步拓展到结合公司财务、组织结构等公司最优行为的综合影响分析中，从而也将对金字塔结构做出全面、客观的描述。

2. 从不同国家、制度文化方面考察金字塔结构根源

鉴于世界不同国家体制、文化的显著差异，企业金字塔结构的形成有着共同的内在根源，也同样有着迥异的形成背景。而针对各具特色的制度、文化和市场的金字塔结构研究，则最终将展示出各具特色的形成机制和演变过程。发达国家的金字塔结构更多地源于代理问题、财务最优和组织高效的综合影响；而新兴市场国家则更多地源于严重的代理问题和不完善的市场制度环境。

3. 金字塔结构的融资优势将成为重要的形成根源之一

从20世纪60~80年代混合多元化企业集团的大量兴起到企业专业化、归核化的演变过程中，很多学者在得出非相关多元化缺乏足够的产品协作、战略协同的结论外，更多地认可在不完善的资本市场条件下，多元化企业集团的诞生能更好地发挥内部资本市场的融资优势，避免资

本市场上融资较高的成本和更大的风险，这种情况在发展中国家更为普遍。而作为金字塔结构的企业集团，也同样有着相似的内部资本市场和杠杆放大效应，从而可以有效规避不完善资本市场中资金成本过高，融资风险过高的不利影响。因此，金字塔结构作为一种兼具内部资本市场灵活的资源配置和外部债务融资放大效应的双重益处，显然将成为新兴市场国家中企业集团首选的控股股东持股结构。

第 3 章

金字塔结构融资优势的理论研究

通常来说，金字塔结构是由一定的层级和控制链条组合而成，这些组合在具有了层级融资优势的基础上，也同样存在相应的内部资本市场融资优势，这些融资优势共同构成了金字塔结构的整体融资优势。而金字塔结构融资优势的存在，势必会因为内外部影响因素的变化而导致金字塔结构的变化，也就是说，由于公司内外部影响融资约束因素的存在，而使建立金字塔结构的动机和欲望也会发生变化。本部分主要着重阐述金字塔结构债务融资优势存在的主要原因，并通过考察公司内外部影响因素，甚或是公司过度投资，来验证金字塔结构是否确实存在债务融资优势。本部分的具体思路（见图 3 - 1）。

3.1 公司融资理论

按照经典的 MM 理论，在缺少融资摩擦的状况下，公司的投资决策是独立于融资决策的，由于所有的投资机会所需的资金都可以在资本市场上获得，所以公司内部不需要储备现金来预防将来的投资机会。但是，事实上，信息不对称（Myers and Majluf, 1984）和委托代理问题

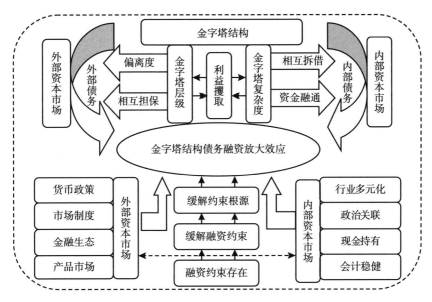

图3-1 金字塔结构融资优势理论示意

（Donaldson，1963）的存在使现实中的资本市场并不像预想中的完美，这就导致了公司内外部资金在成本上的差异，导致公司需要考虑不同融资政策的相机使用和财务最优。通常来说，公司基本融资理论包括已有的静态权衡理论和优序融资理论。近些年，多元化公司的理论和实践悖论又诞生了内部资本市场理论。下面我们对这两种理论进行深入阐述，以进一步加深对金字塔结构融资优势理论的基础理论研究。

3.1.1 公司基本融资理论

1. 静态权衡理论

权衡理论形成于20世纪70年代中期，分为静态权衡理论和后权衡理论。静态权衡理论的代表人物是Robiche和Myers，他们在1966年首先指出增加融资的成本与破产可能性之间存在一种系统性关系，并认为负债的最优水平处在税收利益现值和边际成本现值相等的点上。

　　静态权衡理论的基本观点是，负债增加带来的风险是制约企业无限提高负债比例、追求免税因素的关键。企业负债比率增加，企业陷入财务危机的概率也会随之增加，而财务危机一旦发生，无论破产与否，都将给企业带来额外的损失和费用。这些损失、费用可以分为直接破产费用和财务危机间接成本两类。直接破产费用是指企业清算或重组时发生的法律成本和管理成本，包括支付给律师、会计、资产评估机构及拍卖商等的费用。财务危机的间接成本是指企业的经理和职员为了挽救企业危机而采取一些次优决策从而损害企业的长期利益所产生的成本，例如当大量债务到期时企业不得不以高利率借款以清偿到期债务，当客户和供应商发现企业出现问题时往往不再购买其产品或供应原材料，当破产案件发生时所有者和债权人长期争执会导致存货和固定资产损坏或过时所造成的成本，还有变卖资产以获取现金、降低产品质量以节省成本、推迟机器大修等。企业的财务危机不仅会降低企业市场价值，而且会降低企业债券购买者的收入预期，从而导致企业发行债券困难。因此企业会抑制对免税优惠的无限追求，在债务带来的免税优惠利益与由债务上升带来的财务危机成本之间进行权衡，以寻找最优的融资结构。

　　从静态权衡理论得到的结论是：（1）经营风险大、资产的回报率变动性大的企业应少负债。因为变动性大，在给定的负债水平上发生财务危机的概率就大，财务危机成本的期望值就大，在同等条件下，公司的价值就低，所以企业应该选择少负债。（2）税率高的企业应多负债，税率低的企业应少负债。这是因为所得税税率高，则税收利益现值就大，给企业增加的价值就多。静态权衡理论还成功地解释了不同类型的企业在融资结构上的区别，拥有较多低风险有形资产的企业通常会选择较高的负债比率，而高科技成长性公司通常倾向于拥有大量的高风险无形资产，其负债率较低。这是因为有形资产在破产时的价值损失有限，因此大量拥有有形资产的企业破产成本低；而大量拥有无形资产的增长型企业的主要资产是技术和人力资本，这样的资产在破产后难以转卖，因此破产成本较大。

静态权衡理论带来的启示是，任何规模的企业进行融资结构决策时都应该考虑到企业存在的财务风险和破产风险。具体到民营企业，由于相对于其他类型的企业，其经营风险更大、资产的回报率变动性更大，也存在着更大的破产可能性，因此应该比其他类型的企业较少使用负债进行融资。

2. 优序融资理论

MM 理论认为资本市场是完善的，市场不存在交易成本和代理成本，资源在市场中自由分配。但在实践中其适用性受到了诸多限制，优序融资理论放宽 MM 理论完全信息的假定，以信息不对称理论为基础，并考虑交易成本的存在，认为权益融资会传递企业经营的负面信息，而且外部融资要多支付各种成本，因而企业融资一般会遵循内源融资、债务融资、权益融资这样的先后顺序。Myers 和 Majluf（1984）的研究表明，当股票价格高估时，企业管理者会利用其内部信息发行新股，投资者会意识到信息不对称的问题，因此当企业宣布发行股票时，投资者会调低对现有股票和新发股票的估价，导致股票价格下降、企业市场价值降低。内源融资主要来源于企业内部自然形成的现金流，其等于净利润加上折旧减去股利。由于内源融资不需要与投资者签订契约，也无须支付各种费用，所受限制少，因而是首选的融资方式，其次是低风险债券，其信息不对称的成本可以忽略，再其次是高风险债券，最后在不得已的情况下才发行股票。

3.1.2　内部资本市场融资理论

金融市场，简而言之就是资金融通和资产交易的场所和机制的总和。金融市场的功能主要包括以下三个方面：（1）融通资金功能；（2）宏观调控功能；（3）优化资源配置功能。内部资本市场属于金融市场的范畴，集团企业内部资本市场是集团内部资源配置的场所，它的主要职能是集团企业内部资金的筹集和分配，其目的在于提高企业集团的配置效率。目前对内部资本市场还没有统一的定义。通常意义上来讲，内部资本市场被理解为存在于业务经营多元化、组织结构多层级的企业或企业集团内的资本配置机制。

1. 内部资本市场的融资优势理论

公司内部资本市场之所以会取代外部资本市场，是因为公司内部资本市场具有信息和激励优势。按照新制度经济学派的理论，非多元化公司由于缺少内部资本市场的调节，必须通过外部资本市场来进行投融资。由于公司不了解外部资本市场，因此在外部资本市场上进行投融资必须承担较高的交易成本，并面临较大的投资风险。而多元化公司通过内部资本市场来进行投融资，既能节省信息搜索成本，又在一定程度上规避了投资风险。早期的新制度经济学家，如威廉姆森、阿尔钦等人一致认为，公司在外部资本市场上投融资会遇到信息的不对称问题，因此必须承担较高的交易成本，通过并购来对外部市场进行内部化，可以避免过高的外部交易成本。阿尔钦（1969）指出："通用电气公司的内部资本市场比外部资本市场竞争更为激烈，允许内部市场主体以更快的速度和根据更可靠的信息来判别内部资本市场上的资金使用者和借贷者。实际上，通用电气公司的财富增加，直接来源于内部交易市场的存在和资源再配置的优势。这种优势具体表现为，公司经理和部门经理之间可以获得较为对称或廉价的信息。"威廉姆森（1975）也认为，公司在外部资本市场上投融资会遇到信息不对称问题。当信息不对称问题达到一定的严重程度时，公司就必须通过并购来解决问题，否则将支付高昂的置换成本。

在内部资本市场上，可以采用统一的绩效衡量标准来对各部门员工进行相应的物质奖励和工作调动，从而达到激励员工的目的。更重要的是，内部资本市场的现金流不是随意地分配给各个投资项目，而是在公司内部进行统一调配，根据各投资项目的投资收益率来优化现金配置。这种做法将激励各部门有效地使用资金。威廉姆森（1975）认为："内部资本市场对 M 型公司产生的作用不是资源的回报，而是能产出较高的现金流配置效益。"Donaldson（1984）也提出了同样的观点："对于高层经理来说，最重要的决策就是利用竞争性战略投资机会配置。"

从内部资本市场的产生来看，Williamson（1975）认为内部资本市场之所以会产生并取代外部资本市场，是因为企业与外部资本市场的矛盾与摩擦，主要表现在信息的严重不对称和外部资本市场的交易费用过高，内部资本市场可以通过减少矛盾与摩擦来降低交易费用。具体原因有三个：第一，在外部资本市场中，由于在获取企业内部信息时存在障碍或成本过高，不可能根据市场状况对企业经营进行连续的微调，而内部资本市场在信息的真实性、及时性、准确性等方面均占有优势，对市场环境的适应性也相应加强。第二，在内部资本市场中，企业能更迅速转移、配置资源，通过削减对某些业务的资金配置，将其重新分配到更有前途的业务中。第三，内部资本市场增强了企业避开法规限制及避税等方面的能力，从而提高了企业的适应性。另外，从内部资本市场的具体运作过程而言，企业集团凭借其声誉优势、整体优势，可以比单个企业从外部资本市场以更低的成本融得更多资金，所以从资金融通机制来看，企业总部的集中融资节约了交易费用。相对外部投资者而言，企业总部凭借剩余控制权，以及对分部的了解，根据分部项目投资回报率进行内部资金分配，而且企业总部可以对分部进行有效的监督，从而保证了内部资本配置的效率，从资本分配的角度而言，内部资本市场的存在节约了交易成本。Akhigbe和Whyte（2015）揭示了高效率的内部资本市场资金配置缓解了资产价值的不确定性风险，降低了增发股票负面效应。

2. 内部资本市场资源低效配置理论

尽管内部资本市场的效率性被给予肯定，但具有内部资本市场功能的多元化企业集团却普遍存在着折价交易现象，尤其是20世纪80年代美国出现的多元化集团解体成独立公司的浪潮，使学者再次关注存在于这些企业的内部资本市场是否确实存在高效率资源配置。

通常认为，大企业的组织结构可能会因为代理问题而导致投资的无效率，进而导致内部资本市场的失效。一种情况是经理人有对剩余现金流进行过度投资的倾向（Jensen，1983，1993），而大企业的组织形式为经理人提供了更多的现金流，从而容易导致过度投资。另一种情况是大企业内并没有太多的现金流，但由于内部资本市场在资金分配方面的效率比外部资本市场更低，出现诸如交叉补贴的问题使在不该投的项目上投资过多，而在该投的项目上投资不足。Shlarfstein 和 Stein（1996）用双层代理模型分析了大企业内部存在着一种"社会主义"的现象，即对于相对好的投资项目投资不足，而对于差的投资项目却投资过度。他们研究发现在集团内那些具有良好投资机会的部门获得的投资要少于同行业内同类独立公司的投资量；相反那些具有较差投资机会的部门却获得了相对多的投资量。Scharfstein 和 Stein（2000）认为"公司社会主义"现象产生的原因，是由于部门经理人的寻租行为。这种不正常的行为一般发生在不具有发展前景的部门，公司最好的决策是将其出售，但通过部门经理的寻租或一些影响活动，而使其继续保留下来并获得更多的融资，就会造成内部资本市场资本配置的扭曲。Beyer 等（2017）从企业集团内部资本市场中现金与红利支付的关系中探究内部资本市场的低效行为，他们发现，美国企业集团中较多海外成员企业现金持有的越多，公司红利支付水平越低，尤其是对于财务状况不佳的企业更是如此，但是当海外资本市场融资成本较低时，海外企业现金持有与公司红利支付则呈现正相关关系，这源于海外公司通过发行超额债券以用于公司红利支付。

因此，内部资本市场低效也常常由这层代理问题所造成的，尤其是随着产业部门的增加，其代理问题会变得越来越严重。具体而言，主要表现为以下几方面：

首先，内部资本市场的资源调配造成了部门经理的激励缺失。内部资本市场虽然具有灵活调配资源的优势，但这种调配会影响对部门经理的激励（Brusco and Panunzi，2002）。公司经理在进行资源调配之前，必须集中各部门的稀缺资源，然后把它们投向高收益的项目，这样做虽然增加了公司的整体收益，但从低收益部门调出资源，必然会影响这些部门的经理增效动力。因而会恶化低收益部门的盈利状况，最终会影响公司价值的增值。

其次，寻租行为会削弱内部资本市场的资源配置功能。这不仅打击了资源转出部门经理的工作积极性，而且有可能导致部门经理的寻租行为。后者往往表现为部门经理通过建立各种外部关系来获取更大的自身利益。例如，花费更多的时间和精力去进行外部公关活动，提高自己的声誉或者为自己寻找"退路"。这些权力寻租行为必然导致资源配置的扭曲，以致不能在内部资本市场上实现最优的资源配置（Schfatein and Stein，2000；Shleifer and Vishny，1989）。

最后，信息不对称也同样加剧了公司内部资源配置的扭曲。公司内部代理链的延长和层级的增多会导致公司内部信息传递不畅、信息失真，从而导致道德风险。层级的增多会加大公司经理准确了解部门投资项目具体运作情况的难度。而部门经理出于个人私利和目的，会努力争取更多的内部资金供给或"补贴"。有些部门经理为了达到这个目的，不惜虚报项目收益提供虚假信息，从而影响公司经理配置资源的决策质量。Cheng 和 Wu（2016）发现财务报表的可比性通过提高信息透明度，提高了内部资本市场的效率和降低了多元化折价，尤其对于信息不对称程度高或经营环境波动性大的公司，财务报表可比性效应更为显著。这从反面也证明了信息不对成可能导致公司内部资源配置的扭曲。

3.2　金字塔结构的内外部债务融资放大效应理论

众所周知，金字塔结构更多的是伴随着控股股东利益攫取而来，但如果仅仅金字塔结构利益攫取是其主要的产生根源，那么市场投资者就应该因为企业存在金字塔结构而对其相应折价，或者远离这种企业，但事实上，这样的企业在市场中并没有产生相应的折价，而且成为资本市场中普遍存在股权结构形式，尤其是对于发展中国家，更是如此。这就意味着，金字塔结构的产生远非仅仅是控股股东获取控制权收益那么简单，一定是还存在有益于企业发展的其他有益根源。因此，我们认为，金字塔结构除了源于控股股东获取私人收益的原因以外，其复杂的股权结构构建的内部资本市场则更可能是其产生的另一个主要根源。由于企业面临着并不十分完善的制度环境，企业与投资者之间存在较大程度的信息不对称，通过建立内部复杂的金字塔结构，利用金字塔结构层级和链条构成的内部资本市场可以有效地放大企业融资能力，降低企业融资成本。

由于控股股东能够通过金字塔结构便利的使用其下属企业的留存收益和举借债务，使得其具有显著的融资优势，尤其对于投资者保护较差地区的公司更是如此。相对于双层持股而言，金字塔结构可以利用已有企业的全部留存收益用于新企业建立或者为新企业项目融资，越是高资本需求、低收益企业越倾向于使用金字塔结构（Almeida and Wolfenzon，2006；Jan and Hernan，2011），甚至越是高资本需求、低收益的企业越可能成为金字塔结构的最底层企业（Masulis et al.，2009）。其中，金字塔结构较高的债务融资优势和债务融资空间，成为缓解投资者保护较差地区企业融资的重要途径（Chong，2010；李增泉等，2008）。我们通过一个简单的模型可以看出金字塔结构具有较强的债务融资优势。

假设某控股股东拥有财富 a，该控股股东要将财富 a 全部进行投资，它分别以平行结构和金字塔结构两种形式进行投资，分别投资和控股两个公司 A 和 B，投资控股比例分别为 α 和 β，且 $\alpha \leq 1$，$\beta \leq 1$，假设资产负债比率控制在企业总资产的 100%，企业投资比例控制在企业总资产的 50%。则有以下两种情况：

1. 控股股东通过平行持股进行投资的情况

假设控股股东的财富 a 均匀投资于 A 和 B 两个公司，则控股股东控制的 A 公司净资产为 $\frac{0.5a}{\alpha}$，总负债为 $\frac{0.5a}{\alpha}$，控制的 B 公司净资产为 $\frac{0.5a}{\beta}$，总负债为 $\frac{0.5a}{\beta}$，整体来说，控股股东控制 A 和 B 两个公司的总资产和总负债分别为

$$T_1 = \frac{0.5a}{\alpha} + \frac{0.5a}{\alpha} + \frac{0.5a}{\beta} + \frac{0.5a}{\beta} = \frac{(a(\alpha+\beta))}{\alpha\beta} \qquad (3-1)$$

$$D_1 = \frac{0.5a}{\alpha} + \frac{0.5a}{\beta} = \frac{(a(\alpha+\beta))}{2\alpha\beta} \qquad (3-2)$$

2. 控股股东通过金字塔持股进行投资的情况

假设控股股东将全部财富 a 均注入 A 公司，则控股股东控制的 A 公司净资产为 $\frac{a}{\alpha}$，总负债为 $\frac{a}{\alpha}$，然后控股股东以 A 公司总资产的50%投资于 B 公司，则控股股东控制的 B 公司的净资产为 $\frac{a}{\alpha\beta}$，总负债为 $\frac{a}{\alpha\beta}$，整体来说，控股股东控制 A 和 B 两个公司的总资产和总负债分别为

$$T_2 = \frac{a}{\alpha} + \frac{a}{\alpha} + \frac{a}{\alpha\beta} + \frac{a}{\alpha\beta} = \frac{2a(\beta+1)}{\alpha\beta} \qquad (3-3)$$

$$D_2 = \frac{a}{\alpha} + \frac{a}{\alpha\beta} = \frac{(a(\beta+1))}{\alpha\beta} \qquad (3-4)$$

综合以上式（3-1）和式（3-2）两种情况来看，控股股东在两种持股结构情况下，控制的总资产、总负债和 B 公司负债的差值为

$$\begin{aligned} \Delta T &= T_2 - T_1 \\ &= \frac{(2a(1+\beta))}{\alpha\beta} - \frac{(a(\alpha+\beta))}{\alpha\beta} \qquad (3-5) \\ &= \frac{(2a+a(\beta-\alpha))}{\alpha\beta} \end{aligned}$$

$$\begin{aligned} \Delta D &= D_2 - D_1 s \\ &= \left(\frac{a}{\alpha} + \frac{a}{\alpha\beta}\right) - \left(\frac{0.5a}{\alpha} + \frac{0.5a}{\beta}\right) \qquad (3-6) \\ &= \frac{(2a+a(\beta-\alpha))}{2\alpha\beta} \end{aligned}$$

$$\Delta D_B = \frac{a}{\alpha\beta} - \frac{0.5a}{\beta} = \frac{(a(2-\alpha))}{2\alpha\beta} \qquad (3-7)$$

由式（3-1）、式（3-2）和式（3-3）来看，显然 $\Delta T > 0$，$\Delta D > 0$，$\Delta D_B > 0$，对于控股股东而言，不论控制的总资产规模还是债务融资

优势，金字塔持股结构都显著优于平行持股结构。而且，这种资产控制和债务融资优势即便在完全控股的情况下依然存在，且随着控股比例的下降而更加突出。证明如下：

假设当 $\alpha = \beta = 1$ 时，控股股东控制的总资产差值为 $2a$，债务融资差值为 a，B 公司债务融资差值为 $0.5a$。显然，金字塔结构的资产和债务融资优势依然存在。当 $\alpha < 1$，$\beta < 1$ 时，α 和 β 越小，即控制权和现金流权偏离程度越大，控股股东的金字塔结构优势就越突出。

接着对比较优势做静态分析，我们先考虑影响控股股东控制资产规模的影响因素。

$$\frac{\partial \Delta T}{\partial \beta} = \frac{a(\alpha - 2)}{\alpha \beta^2} < 0 \qquad (3-8)$$

$$\frac{\partial \Delta T}{\partial \alpha} = \frac{-a(\beta + 2)}{\alpha \beta^2} < 0 \qquad (3-9)$$

$$\frac{\partial \Delta T}{\partial a} = \frac{(2 + \beta - \alpha)}{\alpha \beta} > 0 \qquad (3-10)$$

由式（3-8）、式（3-9）和式（3-10）三式，说明控股股东控股 A 和 B 公司的持股比例 α 和 β 越低，金字塔结构的资产规模优势越大，控股股东最初财富资产规模越大，金字塔结构的资产规模优势越突出。

同样，由于资产规模优势和融资债务优势只有数量上的差异，则我们也可以得出，控股股东持股比例越小，金字塔结构的债务融资规模优势也就越大。控股股东最初财富资产规模越大，金字塔结构的债务融资规模优势越突出。具体如下三式：

$$\frac{\partial \Delta D}{\partial \beta} = \frac{a(\alpha - 2)}{2\alpha \beta^2} < 0 \qquad (3-11)$$

$$\frac{\partial \Delta D}{\partial \alpha} = \frac{-a(\beta + 2)}{2\alpha \beta^2} < 0 \qquad (3-12)$$

$$\frac{\partial \Delta D}{\partial a} = \frac{(2 + \beta - \alpha)}{2\alpha \beta} > 0 \qquad (3-13)$$

当然，该模型只考虑了控股股东投资两个公司的情况，如果将投资两个公司的条件放松，在控股股东投资 N 个公司，拥有多层金字塔层级且有多条控制链的情况下，其金字塔层级和复杂度带来的资产规模和债务融资优势将更加突出。

显然，控股股东采取金字塔结构的控股方式可以获得更高的资本控制和债务融资优势。归结起来，其提高资本获取能力和扩大债务规模主要基于以下两种路径和机制：

其一，金字塔结构层级导致的外部债务融资放大效应。正如以上模型所示，民营企业集团通过建立金字塔结构，可以利用金字塔结构的层级和链条获得远比平行结构高得多的外部银行债务融贷规模，尤其是金字塔结构往往伴随着现金流权与控制权的偏离，这更促使控股股东能够以较小的权益比重获得较大乘数效应的债务贷款规模，往往金字塔结构层级越多，两权偏离程度越高，金字塔企业的债务容量和偿付能力就越大，债务融资规模也就越大，从而形成理论上所说的外部债务融资放大效应。Chong（2010）通过考察东亚国家集团企业发现，在较弱的投资者保护国家中，控制权与现金流权偏离度越大的公司，其使用的银行债务就越多[①]，这说明金字塔结构在投资者保护较弱的国家中有着较强的融资优势。李增泉等（2008）以在我国证券市场公开发行股票的 88 家民营企业集团为样本，从缓解融资约束的角度分析了金字塔结构的成因，认为金字塔结构的杠杆效应能够放大企业集团的外部债务融资规模，从而更能适应存在融资约束的金融市场环境[②]。

其二，金字塔结构形成的内部资本市场导致的内部债务融资放大效应。民营企业集团在建立金字塔结构的同时，也通过金字塔层级和链条构建了复杂的内部资本市场，而这样庞大的内部资本市场体系为集团提

---

①　尽管在 Chong（2010）一文中主要阐述银行债务相比公共债务而言，但随着公司两权分离度增加，其银行债务显著增加的实证结果也可以说明本书的观点。

②　李增泉等（2008）对于企业集团金字塔结构的杠杆效应作了详细的解释，但他的论述主要阐明金字塔结构企业的外部融资效应，对于金字塔企业集团内部资本市场的内部融资效应扩大并没有涉及。

供了内部资金融通、资源有效配置和自由流动的资金运作平台，诸如集团公司与从属公司之间、从属公司与从属公司之间通过相互拆借、相互担保等资金融通方式，形成金字塔结构中内部资本市场带来的内部债务融资放大效应。从理论上来说，金字塔结构层级和复杂度越高，其内部资本市场的公司规模和数量就越大，其内部进行债务融资的规模也就更加庞大。国内外已有的研究并没有直接针对内部资本市场债务融资规模效应的研究，但许多研究可以间接为我们的理论提供佐证。Desai 等（2004）的研究结果揭示出，美国跨国公司的外国子公司往往使用母公司债务来替代外部债务，尤其在外部融资受到限制或者成本高昂的国家，更是如此。Verschueren 和 Deloof（2006）发现在较大的比利时集团企业中，内部债务通常用来替代外部债务。Gopalan 等（2007）通过考察印度集团企业内部资本市场功能，发现集团内贷款在集团企业内转移资金和支持财务紧张企业中扮演着重要的角色。Dewaelheyns 和 Cynthia（2010）利用比利时国家的集团企业作为分析样本，发现集团所属公司有着较低的银行债务集中程度，且集团存在内部债务优于银行债务的融资次序。李焰等（2007）基于中国复兴集团的案例研究，发现在我国既定的制度背景下，集团化运作在短期内可以有效地放大企业融资能力，缓解融资约束。之所以集团化运作具有这种债务融资优势，是源于集团公司内部资本市场具有信息优势和交易成本优势，以及金字塔结构带来的内部资本市场的灵活有效的资源配置。这一结果与我们的债务融资优势理论基本一致。Beyer 等（2017）发现当海外资本市场融资成本较低时，海外企业现金持有与公司红利支付则呈现正相关关系，这源于海外公司通过发行超额债券以用于公司红利支付。

3.3 公司内部特征与金字塔结构债务融资放大效应

公司内部特征对公司资本需求和融资状况往往有着显著的影响，通过研究金字塔结构企业的内部特征，诸如行业性质、多元化程度、政治关联、金融关联和现金持有等，可以探究金字塔结构企业融资优势的存在及融资缓解程度。

3.3.1　行业性质、行业多元化与金字塔结构融资优势

1. 行业性质与金字塔结构融资优势

就行业性质来说，按照使用要素的密集程度，通常可以分为劳动密集型、资本密集型和技术密集型三类企业。劳动密集型主要包括一些日常用品、服装鞋帽、机械加工等轻工业范畴，这些公司的行业技术壁垒较低，资金设备要求有限，更多地需要熟练地操作工人，当然，其利润获取主要来自于劳动数量的增加；资本密集型主要包括资源采掘、石油化工、重型机械等重化工业行业，这些行业资金设备需求较大，资金沉淀较高，需要大量的资金投入和相对较高技能的技术工人，其利润获取主要来自于资金设备的投入；技术密集型主要包括通讯电子、生物医药等高科技企业，这些企业资金需求偏大，精密仪器、实验设备是必需的资本投入，高技术人才聚集是该行业的主要特色，其利润获取主要来自于高技术人才的投入。总结以上行业性质，我们可以知道，通常劳动密集型企业需求资金量相对较小，需要熟练工人的劳动投入较大，而资本密集型和技术密集型的企业需求资金较大，同时需要一定数量的高科技人才。也就是说，劳动密集型企业通常资金需求没有资金密集型和技术密集型企业大，越是劳动密集型企业，越是劳动资产比率低的企业，其资金需求就会越小。而且，作为资金密集型和技术密集型企业，其企业运作规模一般也比较大，使用各种资源也较多，为有效的利用企业内部、企业之间的各种资源，通过建立金字塔结构，可以有效规避外部较高的交易成本，提高内部资源配置效率。

因此，结合企业金字塔结构的特点，如果金字塔结构的产生源于融资和其他资源约束的缓解，那么对于资金需求和其他资源利用规模较大

的企业则更偏向于使用金字塔股权结构，更趋于复杂的金字塔结构。

2. 行业多元化与金字塔结构融资优势

自 20 世纪六七十年代欧美各国开始大规模的混合多元化企业并购以来，多元化并购的进程一直没有停止，其结果形成了世界上众多的多元化集团企业。这也使得他们在促进各国经济的快速发展中起了极其重要的作用，大量的理论和实践研究者通过对多元化公司中内部资本市场的研究来探索多元化公司的发生机制、存续理由和价值影响。由于多元化购并活动异常活跃，大量的新制度经济学者从内部资本市场入手，阐明多元化公司中存在的内部资本市场相对于外部市场具有众多的内部化优势，因而具有较高的运作效率，现有的多元化企业的兼并和剥离被认为是多元化企业通过调整内部资本市场的大小来适应外界环境和内部机制的变化，从而达到一种动态的最优。多元化企业往往被认为主要是得益于财务效应的协同，其财务效应主要来自于融资和资源配置两个方面。

首先，相对于单一企业来说，这种多元化企业的整合能够带来更多的外部融资，包括债务融资和股权融资，而且，由于内部资本市场的建立，企业可以凭借内部资本市场获取较低成本的项目融资，既避免了外部募集资金市场中过多的交易成本和潜在的风险，也避免了由于过多的股东和债权人的加入而导致的代理成本增加，我们称其为"内部资本市场的融资效应"。关于内部资本市场"融资效应"的解释主要集中在三个方面：（1）内部资本市场中不完全相关的现金流整合提高了公司整体的财务保险效应，降低了公司陷入财务危机的可能性，而且来自于多元化的未来现金流使得企业内部现金流的方差趋于减少，从而抬高了债务融资的容量（Lewellen，1971）。大量的学者经过实证后发现，大多数公司经过多元化并购后其债务杠杆明显得到了增加。（2）由于内部资本市场规避了市场风险，降低了经理们内部信息的方差，从而缓解了在外部证券市场上存在的 Muers - Majluf（1984）的反向选择问题（Hadlock et al.，1998）。通过实证他们发现多元化企业的证券发行比单一企业的证券发行有较小的价格影响。（3）大规模的集团企业由于有较稳定的现金流保障、较强规模的经济实力和较好的信用，因而也可能有较多的市场融资机会。

其次，内部资本市场能够灵活地实现内部资源的跨项目或部门移动，从而可以按照项目的投入产出比大小来分配稀缺资源，最终实现高效配置，我们称其为"内部资本市场的配置效应"。关于内部资本市场的配置效应的研究，自从内部资本市场被提出以来，人们就开始关注它的资源配置功能，如 Alchian（1969）、Weston（1970）、Williamson（1975）和 Diamond（1984），他们认为内部资本市场的资源再配置效应主要来自于内部资本市场比外部资本市场有较好的信息获得，从而导致内部资本市场交易成本降低。但仅有这一优势并不能完全体现内部资本市场的优势所在，概括地说，内部资本市场配置效应的优越性主要体现在三个方面：（1）内部资本市场优于外部资本市场的根本原因是由于公司经理掌握公司的剩余控制权，因而有权力去调控公司资源，从而获得更多的收益。（2）相对于外部资本市场来说，内部资本市场有相对较高的信息获得，即公司经理与项目投资者对于投资项目的信息有良好的沟通，这使多元化公司的 CEO 对于公司部门的前景有很好的信息掌握。（3）多元化公司的 CEO 能利用较高质量的信息来跨部门的做出增加价值的资源再配置，即在内部资本市场上做出积极的优胜选拔（Winner picking）（Stein，1997）。

大量的实证分析也证明了多元化企业的内部资本市场由于具有的融资和资源配置效应而导致多元化并购不断产生，尤其在不发达的外部资本市场条件下，这一情况更加普遍。Hubbard 和 Palia（1999）通过考察20 世纪 60 年代的集团化兼并后认为，由于当时外部资本市场并不发达，在信息产品和分配不完善、风险债务处于非流动状态和具有较少的机构股东的状况下，公司实行多元化兼并以便利用内部资本市场是公司对外部市场的最优反应。Fluck 和 Lynch（1996）提出集团企业之所以产生，是因为单一企业的短期收益项目难以获得必要的融资和渡过难关，因而，可以通过多元化兼并来获得必要的融资。Matsusaka 和 Nanda（1996）认为，多元化企业是价值增长的，因为这种战略使企业在许多方面可以回避外部融资。Bhide（1990）甚至指出，由于 80 年代存在着较为发达的外部资本市场，因而减少了公司为了达到更好的资本配置而进行多元化的需求。所以，60 年代的经理们希望通过在不相关的项目上用比外部资本市场更有效的分配资源来采取公司多元化战略。Agrawal 等（1992）考察了 1955 ~ 1987 年的并购事件，结果显示并购发生后 1 ~ 5 年内，多元化并购和同业并购都具有负的长期超额累积收益，但是多元化并购的收益损失显著小于同业并购公司的长期超额累积收益。Matsusaka（1993）发现，20 世纪六七十年代发生的多元化并购公告后产生正的超额累积收益，而同业并购公告后则导致负的超额累积收益。

我国正处于经济转轨过程中，其市场体系还未完全建立，资本市场还存在许多类似美国 20 世纪 60 ~ 70 年代的现象，诸如，信息流通不畅、市场投机行为普遍、监管体系缺乏有效运作等。对于普遍受到融资约束的企业，尤其是民营企业，其为了解决企业遇到的融资困境和规避外部较高的融资成本，最好的办法是通过改变企业内部组织结构和股权结构，通过建立有效地内部资本市场，获得较高的外部融资和内部资源的有效配置。而公司多元化便是建立内部资本市场、缓解公司融资约束的最好办法，因此，如果金字塔结构也承担着企业缓解融资约束的重任，那么公司多元化的内部资本市场也会影响到金字塔结构的复杂程度。

3.3.2 政治关联、金融关联与金字塔结构融资优势

1. 政治关联与金字塔结构融资优势

政治关联的产生作为获取资源重要的渠道与机制也被理论和实践界广为认可。尤其是作为转型经济和发展中的国家，相应的市场体系不尽完善，制度环境差强人意，非正式的制度替代机制就成为劣势中的民营企业最重要的生存方式。通常来说，企业建立广泛的政治联系是基于所

处的不完善的市场制度环境所决定的，市场制度环境越恶劣，企业建立政治联系的欲望越强烈。Faccio（2006）的研究表明，在腐败程度较高、外资进入较难、法律体系较弱的国家，企业的政治关系更为普遍。Chen等（2011）及 Li 等（2006）通过对中国民营企业研究表明，在市场化程度越低、金融发展越落后、非正式的税收负担越严重、法律体系越不完善的地区，民营企业越可能参与政治。已有研究发现，政治关联能为企业带来更多的资源，包括更多的政府援助（Faccio et al.，2006）、更低的税率（Adhikari et al.，2006），以及更多的银行贷款（Fan et al.，2008；Claessens et al.，2008）等。

通常来说，政治关联背景的高管往往利用自身的关系、资源优势，能够给企业带来更多的金融资源和政治优惠。大量研究认为，在市场不完善的新兴市场国家中，拥有政治联系的企业更容易获得银行信贷资源。例如，Johnson 和 Mitton（2003）、Fraser 等（2006）、Kwahja 和 Mian（2005）、Bai 等（2006）、Charumilind 等（2006）及 Claessens 等（2007）分别对马来西亚、巴基斯坦、中国和巴西的研究发现，有政治关系的企业更易于获得银行贷款。在巴基斯坦，存在政治关联的企业往往能获得更多银行贷款，且违约程度也很高（Khwaja and Mian，2005）；在巴西，那些曾为国会议员选举提供资金支持的企业能获得更多的银行贷款（Claessens et al.，2008）。在印度尼西亚，有政治关联的企业更偏好在国内融资，因为它们在国内通过政治关联更容易获得资金（Leuz and Gee，2006）。（Faccio et al.，2006）研究了 35 个国家存在政治关系的企业，发现有政治关联的企业比没有政治关联的企业获得更多的信贷资源和政府补贴。而且，政治关联企业也更容易获得国际货币基金组织或世界银行的援助。另外，有政治关联的企业的实际税率显著低于其他企业，因而其承担的税负较轻（Adhikari et al.，2006）。在企业上市过程中，当企业的承销商具有政治关联时，承销费用显著要高（Butler et al.，2009）。政治关联企业有着更高的财务杠杆，更多的是在管制行业内经营，而且有着更高比例的国有股权（Boubakri et al.，2008）。

2. 金融关联与金字塔结构融资优势

金融关联作为企业改善外部关系、获取相应资源的一种渠道，与政治关联一样，也同样有着诸多的益处。首先，通过金融关联可以维系与掌握金融资源的部门和企业良好的社会关系，直接获取企业稀缺的金融资源。在我国，这种关系不仅仅是加强企业与企业之间、企业与社会之间的联系纽带，获得相应信息的一种渠道，还是直接获取相应资源的一种便捷通道。通过聘用具有相关金融背景的企业家或者高管，诸如银行、证券、信托、保险、基金等，可以有助于企业与金融部门、金融监管部门和外部投资者建立良好的关系网络，这种关系网络可以影响金融部门和企业的资源处置决策，一方面，可以直接获得企业本身相应稀缺的金融资源；另一方面，也通过改善企业所处的金融环境，为企业在融资决策、融资方式等方面提供相应的便利条件，从而改善企业的融资约束状况。

其次，金融关联不仅具有相应的信息、资源获取功能，同时，它也具有信号传递功能。资本市场获取资源最重要的是声誉和信用，而较好的金融关联可以创造一种良好的市场声誉和市场担保信用。也就是说，如果对于有着良好声誉和信用的企业，其银行提供资金的动力和意愿也就越强，企业融资契约成本也就越低。金融关联不仅能通过已有金融关系获得一种潜在的担保信用和声誉，而且，也可以通过这种关联关系直接获得相应的担保和信用。La Porta 等（1997）从信任的角度分析了关系和声誉机制的重要性，他们认为在亲戚、朋友、生意伙伴之间，关系和声誉机制对于维系合作起到了重要作用。金融关联有利于缓解民营企业与外界存在的信息不对称问题，通过建立良好的声誉和信用机制，来获得金融机构与相关部门的支持，从而缓解企业的融资约束。

最后，拥有金融关联的高管不仅可以直接获取相应的金融资源，而且可以间接向市场传递一种良好声誉和信用的信号，且更直接的是，这些金融关联的高管还是获取金融资源重要的技术载体，利用他们已有的金融服务经验，不仅可以提供获取金融资源所需构建的渠道和方式，还可以为在市场融资提供具体的技术指导和方案设计，以更便捷、有效地获得资本市场认可，降低融资交易成本。

3.3.3　现金持有与金字塔结构融资优势

公司现金持有水平高低是反映公司财务和经营战略的一项重要的理财行为。随着世界经济发展的放缓和经济不确定性增加，其越来越成为公司抵御外部风险、把握投资机会的重要财务工具。Dittmar 和 Mahrt（2007）指出，在 1990～2003 年间美国公司的平均现金持有占总资产的22%。Opler 等（1999）也指出美国最大的一些公司，比如福特、通用汽车、IBM 在 1999 年的资产负债表上都持有超过 100 亿美元的现金。

关于现金持有动机的最早论述可以追溯到 Keynes（1936）提出的货币需求理论。Keynes 在《就业、利息与货币通论》中提出了公司保持流动性主要有两种动机——交易动机和预防动机。对于现金的预防动机，他认为，由于外部不确定的存在，企业或个人为了规避现金短缺的风险而储备现金。现金持有的预防动机较多地关注放弃投资机会的成本，并考虑应对可能出现的突发的或有成本。随后一些学者也对这种现金的预防动机展开了相应的探讨。Leand（1968）主要从收益的不确定角度研究了保持现金持有的必要性，他认为不仅未来不确定性风险是决定现金预防动机的主要原因，而且，机构或个体的效用函数性质也扮演了重要的角色。Frenkel 和 Jovanovic（1980）基于 Baumol（1952）研究现金交易动机的现金库存模型，通过发展随机过程模型将其延展到现金的预防动机上来，较为全面地展示了现金的预防动机以及强调了现金库存的投资成本。他们认为最优现金持有依赖于利率，净支出的均值和方差以及投资组合调整的成本，最优解决方法是通过最小化成本的净现值来获得。Barr（1992）利用一个"一般到特殊"的系统方法考察了现金效用函数如何影响公司现金持有行为，他们发现，公司现金持有的预防行为主要依赖市场产品价格的变动。

53

公司持有现金主要具有两种功能和动机，其一就是以上提到的公司持有现金的预防功能和动机。由于公司外部宏观经济、外部市场竞争的不确定性和内部现金流供给的不足，使企业随时面临来自外部市场的掠夺、控制权收购风险，以及相应产生的内部融资需求不足而造成的投资机会损失风险，这就要求企业一般保持一定规模的流动性资产，以应付这些可能的内外部风险。其二就是持有现金的融资需求功能和动机。由于外部资本市场融资往往有着较高的信息不对称和代理成本，企业往往保持一定的内部流动性资产以满足融资的需求，这就是融资需求动机。公司现金持有的这两者功能和动机都对公司融资需求和融资能力产生重要的影响。因此，也会有效的影响公司金字塔结构的规模和效应。

1. 公司现金持有的预防动机

公司面临的宏观经济环境的波动性、行业不确定性都会对现金持有产生一定的影响。《商业周刊》2001 年第三期指出："随着经济萧条的出现，高级管理者们很关心公司现金持有的保护问题。他们要确保公司与银行之间有密切的联系，并且公司的资本支出不会超过其现金增加的能力。在这个关键的时期，现金是公司首要关注的因素。"正如 Myers 和 Majluf（1984）指出的，现金、有价证券可以用来克服融资约束问题。在公司面临宏观经济、行业环境波动较大的时候，公司持有较多的现金是合适的。Harford 等（2003）发现在行业收益下降期间或下降不久，现金储备较多的公司更有可能把握和实施投资公司的成长机会。Almeida 等（2004）考察了现金持有对外部融资的依赖，指出与非财务约束公司不同，存在财务约束的公司在经济萧条时期一般持有大量内部资金。Baum 等（2006，2007）指出，随着宏观经济不确定程度的增加，公司会选择较少地花费现金，并通过考察非金融公司最佳现金持有水平和行业发展水平之间的关系，发现当行业不确定性水平提高时，该行业的公司通常会增加其现金持有水平。

在产品市场上，投资不足将导致公司的投资机会、市场份额被产品市场上的其他竞争者掠夺的风险，公司为了避免这种风险，通常会增持公司的现金持有水平，以防止出现投资不足造成的掠夺风险。正如 Stulz（1990），Bessembinder（1991），Froot 等（1993）等指出的，通过风险管理降低公司外部融资依赖，可以缓解投资不足问题，而现金持有可以作为防止掠夺风险管理的一种有效手段（Kim et al.，1998；Opler et al.，1999；Mikkelson and Partch，2003）。Haushalter（2007）对产品市场上现金持有的预防动机进行了研究，发现产品市场上的掠夺风险与公司的现金持有显著正相关，表明公司出于产品市场上规避掠夺风险的考虑会持有较多现金，为现金持有的预防动机提供了一种较新的研究视角。

根据现金持有的预防动机，当公司未来的现金流量敏感度较高的时候，公司放弃投资机会的可能性增大，这时，公司倾向于多持有现金以降低未来突发事件的成本。Opler 等（1999）指出在行业平均现金流量敏感度较高的时候，公司倾向于持有较多的流动资产。Mikkelson 和 Partch（2003）进一步指出持有大量现金储备的公司并不比同类公司业绩差，这些公司使用内部积累的现金去降低未来现金流量的不确定性并且增加现金持有以应对现金流量敏感性的增加。Han 和 Qin（2007）通过建立一个两期的投资模型并使用美国公开交易公司 1997~2002 期间的数据加以验证，发现对于财务约束公司而言，较高的现金流量敏感度促使公司增加现金持有水平，并主动减少当前投资水平，而非财务约束公司现金流量的波动性与现金持有之间没有显著的相关关系。Minton 和 Schrand（1999）发现投资支出和现金流量的波动性呈现负相关关系，说明较高现金流量波动的公司会降低公司投资水平，进一步验证了 Han 和 Qin（2007）的结论。

2. 公司现金持有的融资动机

通常来说，公司现金持有的融资动机也是由上述交易动机和预防动机演化而来，由于考虑到资本市场融资条件、公司内部财务结构和公司价值的综合作用，才衍生出更加细致的公司内部动机需求——融资动机。出于交易和预防动机而持有的现金会为企业带来两方面的收益。第一是公司节约了融资的交易成本，并且不用将资产变现就可以满足支付需求；第二是当公司的其他融资来源不可用或者使用非常昂贵时，公司可以使用流动资产为投资提供支持。但是，由于持有现金造成的投资机会成本、不完善资本市场带来的交易成本的存在，使得公司在持有现金水平时必然考虑相应的成本收益，在此基础上，形成现金持有的两种主要理论——权衡理论和优序融资理论。

现金持有融资动机的理论基础之一是权衡理论（Myers，1977），该理论认为公司通过权衡现金持有的边际成本和边际收益决定其最佳现金持有水平。与现金持有有关的收益包括：第一，现金持有由于作为面对突发损失或外部筹资限制的安全储备而减少了公司陷入财务困境的可能性。第二，当公司遇到财务约束时，现金持有可以使公司仍然可以执行最佳投资政策。而外部筹资受到约束将可能迫使公司放弃净现值大于零的项目。第三，现金持有减少了外部筹资的成本或将现存资产变现的可能性，因为流动资产可以起到公司资源和资金使用之间的缓冲作用。近年来，大量学者对现金持有的权衡理论进行了研究，提供了较多支持该理论的实证证据。Kim 等（1998）给出了最佳现金持有权衡模型，并以美国公司为研究样本分析了现金持有的决定因素，发现面临较高外部融资成本、收益波动性较大、资产收益相对较低的公司持有较多的现金，结论支持了现金持有的权衡模型。Opler 等（1999）以 1971~1994 年美国公开交易公司为样本，发现有较强增长机会和较高风险现金流的公司持有较高的现金水平；较大规模和较高信用等级的公司持有较低的现金水平。Dittmar 等（2003）发现当公司有较高的市帐比率和较高的研发费用时，公司持有较高的现金，该结论进一步支持了权衡理论。D'Mello 等（2004）提供了新的关于现金持有与财务因素之间的证据，即当内部融资较容易时现金持有降低，当投资机会较好或者现金流量波动性较大时现金持有增加。Pinkowitz 等（2004）通过对 35 个国家样本公司的分析，发现关于对流动资产持有的决定因素的实证证据大部分与权衡理论一致。

现金持有的交易动机、预防动机、均衡理论并没有特别考虑信息不对称问题，当强调管理者与投资者之间的信息不对称问题时，会产生现金持有融资动机的另一个理论——优序融资理论。该理论指出，公司和投资者之间存在的信息不对称问题使得外部融资成本相对高昂，逆向选择的出现以及公司发行证券价值的低估都可能鼓励公司倾向于内部融资。因此，在不完美资本市场上，最小化外部融资成本的管理者发现在公司内部保持一定程度的现金弹性是较优的选择。该理论表明公司并没有最佳的目标现金持有，现金实际上是留存收益和投资需求之间的缓冲，当目前的经营现金流量足够为新的投资项目提供资金时，公司会偿还债务并积累现金，而当目前的经营现金流量不足以为新的投资项目提供资金时，公司会使用储备的现金流量。根据现金持有的优序融资理论，信息不对称问题对于成长机会较好的公司来说尤为严重。如果一个有良好投资机会的公司发现自身现金短缺时，就必须放弃这些投资机会。并且，具有较好投资机会的公司有较高的破产成本。这是因为成长机会是无形的，并且其价值在出现财务困境和破产时急剧下降。Kalcheva 和 Lins（2007）的研究发现，现金持有水平与公司成长机会、规模、现金流量正相关，与债务、资本支出负相关，从而验证了融资优序理论。

更多的研究则指出了融资约束企业往往拥有更多的现金持有水平。Almeida 等（2004）等通过实证分析发现，融资约束公司的现金—现金流敏感性较高，公司往往从现金流量中储备更多的现金，而非融资约束的公司则没有这种倾向。Acharya（2007）等也通过实证分析发现，融资约束公司具有较高的现金—现金流敏感性，而且，对于未来现金流较低的融资约束公司，其现金持有水平更高。Nikolovy（2009）通过模型推导和实证分析发现，产品市场竞争程度较高行业的公司现金持有水平也较高，而且，现金持有的掠夺风险效应仅仅发生在融资约束条件下。Fresard（2008）也经过实证发现，当公司处于较大的融资约束和较为激烈的竞争性行业中时，现金持有水平会相应增加，其所带来的竞争效应也会相应增大。Kusnadi 和 Wei（2011）发现，对于融资约束和高避险需求的企业，其中小投资者保护越好，企业越可能随着现金流的增加而降低现金持有。

显然，公司现金持有的预防动机和融资动机对企业融资需求状况有着显著的影响，而金字塔结构也有着显著的融资放大效应，那么，可以预见，公司现金持有水平的高低也影响着金字塔股权结构的复杂程度。韩忠雪和崔建伟（2014）利用我国 2004～2010 年共 7 年的上市民营制造业公司数据，分析了民营企业金字塔结构与企业现金持有之间的相关关系。实证结果发现，对于低利益攫取和融资约束企业而言，金字塔结构表现了显著的融资优势效应，为金字塔结构融资优势理论奠定了现金持有的证据。

3.4 公司外部环境与金字塔结构债务融资放大效应

融资作为企业发展中重要的先决条件和发展基础，深刻受到外部宏观经济、货币政策、制度环境和行业竞争程度等外部市场环境的影响，研究外部环境对企业融资的影响，有助于揭示金字塔结构缓解融资约束的状况，从而说明金字塔结构是否具有显著的融资优势效应。

3.4.1 宏观经济、货币政策与金字塔结构融资优势

总体来说，宏观经济形势处于周期性的波动过程中，宏观经济的周期性波动以各种方式影响着市场上微观主体的投资行为，尤其对于资本市场融资环境的影响，将显著影响微观主体的资金获取。我们可以从三个方面来讨论宏观经济波动对市场微观主体融资状况的影响。

首先，宏观经济波动对微观主体的资源约束功能发生改变。宏观经济波动会促使政府进行适度的货币和财政政策调节，从而通过影响资本

市场的货币和信贷供给传导到市场微观主体，使其外部融资约束程度和成本发生变化，同样这些政策的调整也会影响到产品市场需求的变化，从而使企业内部现金流状况发生改变，而从内源融资方面使企业融资状况发生变化，也会影响到内外部资金成本出现事实上的改变。

其次，宏观经济波动对微观主体的信息传递功能发生改变。宏观经济波动的发生通常有着不可预测性和滞后性等特点，宏观经济的波动和相应政策的调节都有着极大的不确定性和不可预测性，不仅宏观经济波动的幅度和频率无法及时预测，相应货币和财政政策的实施对宏观经济形势的影响效果也难以有效估量，加上市场变化和政策实施后效果的统计数据有明显的滞后性，这就导致市场微观主体与宏观经济形势变动之间有着较大程度的信息不对称，宏观经济波动越频繁、幅度越大，相应的政策实施也会越频繁，也越会造成更大程度上的信息不对称，这就使得企业在投资和生产方面面临着一定的风险和不确定性，这也同样会影响到企业融资需求的状况。因此，既然宏观经济波动对市场微观主体的融资需求功能有重大影响，那么具有融资优势的金字塔结构也将会随之发生一定的改变。

宏观经济的周期性波动往往是市场规律的必然结果，其客观存在且很难消除，政府往往通过货币政策、财政政策等对其进行适度的调控，以防止出现过度的扩张或者紧缩。同样，货币政策对于市场微观主体的影响一般也存在着两种传导功能，即信号传递和资源传递功能。首先，当宏观经济发生变动的同时，货币政策也相应进行一定的调整，一方面，紧缩和扩张的货币政策会直接作用于产品市场，展现出经济出现向好或是走坏，也意味着消费、投资和净出口市场的繁荣和衰落，从而给市场微观主体传达明确的融资和投资需求增加或减少的信号；另一方面，由于货币政策实施的程度和效果难以预测，更可能产生一定的惯性误导和信息迟滞，从而使得企业越是在货币政策调整的阶段，越可能保持相对较高的警惕和稳定，以防止可能带来的市场剧烈变化产生的财务风险。其次，货币政策的资源传递功能一般是通过利率传导和信贷传导机制作用于市场微观主体的。

而货币政策调整的幅度和效果则无法为企业所准确预测，这直接影响到企业融资需求和投资程度，而且，当货币政策偏紧缩的情况下，企业同样也面临着市场萎缩、投资不足，进而影响到融资需求不足的状况。Kalekreuth（2001）、Gaiotti 和 Generale（2002）深入探讨了货币政策影响经济增长的微观机理，得出货币政策通过资产负债表渠道和利率渠道改变资本成本，从而影响公司投资的结论。具体来说，货币政策影响产品市场和微观主体主要通过货币渠道和信贷渠道两种机制进行传导的。

其一，货币政策主要是通过调整利率水平、影响货币供给来影响企业投资和进出口的。按照经济学理论，利率水平主要是通过影响计划投资和净出口，间接地对社会总产出水平产生影响。Taylor（1995）认为利率传导机制在货币政策影响宏观经济的过程中至关重要，利率水平通过改变企业的筹融资成本对消费支出和计划投资产生作用。在偏紧的货币政策下，较高的利率水平显然提高了企业的借款成本，抑制了企业进行投资的意愿和能力。因此，紧缩货币政策条件下，企业为了保证适度的投资规模和把握投资机会，通常避免外部较高成本的融资来源，采取从内部融资来源入手，提高融资需求能力，缓解企业面临的融资约束和财务风险。

其二，货币政策也可以通过信贷传导机制影响企业融资需求和投资计划。货币政策影响银行对企业的贷款额度来实现对实体经济的调控（Kasyap and Stein，1994）。饶品贵和姜国华（2010）的研究表明，我国货币政策信贷传导机制在微观层面同样是存在的。在货币政策紧缩时期，由于信贷配给现象（Stiglitz and Weiss，1981）的存在，企业的融资需求面临较为苛刻的要求和审核，进一步加剧了企业的资金不足。在这种情况下，企业也需要寻求其他融资途径，尤其是更加注重对内源融资的调配和供给。

由以上可以看出，不论是宏观经济，还是货币政策，都通过资源和信号功能深刻影响着市场微观主体的融资便利程度，当宏观经济和货币政策处于紧缩时期，市场融资功能萎缩，融资传导机制不畅，企业更难获得相应的融资。因此，企业更可能在外部遇到困难的时候从内部寻找缓解融资的途径，其中设立金字塔结构就是通过建立复杂多层次的控制层级和链条获得更多的内外部市场融资和有效地进行内部资源灵活配置。

3.4.2　市场制度、金融生态环境与金字塔结构融资优势

市场制度的好坏对于国家整体经济的提升、企业健康发展起着至关重要的作用。对于市场微观主体来说，市场制度环境越好，相应的法律法规就越健全，企业发展壮大的市场就越完善。具体来说，市场制度影响企业的发展主要源于两种机制。首先，市场制度环境决定企业所处的产品市场和资本市场的信息完善程度。经济学的经典理论告诉我们，判别一个市场是否完善，重要的是在这个市场是否有着相对完善的市场信息流通渠道，如果一个市场信息传送不受阻碍，则企业在产品供销、资金融通等方面都可以通过完善的信息进行有效的调节和适应，相应的产品和资本就不会出现低效生产和利用的状况，企业也会健康快速的发展。其次，市场制度环境决定弥补市场机制制度的完善程度，由于市场机制本身具有一定的不足和不完善性，即便市场较为完善的国家也存在一定的市场失灵现象。良好的市场制度环境，不仅仅存在较为完善的市场信息流通机制，而且存在较为完善的弥补市场不足的制度法规，诸如反垄断、产业促进和信用体系构建等相应的促进市场良性发展的法规法律，通过这些相应的奖励和惩罚机制，有助于弥补市场不完善，促进企业良性发展。蔡安辉（2011）发现在市场化程度较低地区，民营企业财务状况不良时，金字塔结构起到明显的缓解融资约束作用。陈德球等（2011）发现，较高的地方政府质量和社会资本水平能够帮助家族企业获取融资机会，缓解融资约束，降低金字塔结构层级和终极控制权与现金流权的分离度。

同样，市场制度环境也包括相应的金融生态环境，良好的金融生态环境能够显著降低企业的外部融资需求成本，提高企业的市场竞争力。

具体来说，一方面，良好的金融生态环境提供了较好的信息沟通渠道，避免了权益融资市场的逆向选择和信息不对称程度（Muers - Majluf, 1984），也降低了债券和债务市场中信息不对称造成的债务期限、债务金额和债务偿还能力的不确定性。另一方面，良好的金融生态环境在规制不良金融行为、培育金融信用等方面为企业顺利融资提供了基本的制度保障和信用基础。

3.4.3 产品市场竞争与金字塔结构融资优势

产品市场竞争程度的高低不仅影响着企业市场势力、企业战略的变化和选择，而且还是影响企业融资约束的重要原因。具体来讲有以下两种传导机制：一是产品市场竞争的风险掠夺机制。由于在产品市场中存在掠夺定价、份额掠夺和进入市场威胁等市场掠夺风险，企业越是处于市场竞争程度激烈的行业，其市场掠夺风险就越大，企业就越需要足够的资金储备以提高产品定价能力、投资竞争性战略项目和抵御外部市场竞争（Campello, 2003；Haushalter et al., 2007；Bates et al., 2009）。Campello（2003；2006），Bolton 和 Scharfstein（1990）指出，如果一个公司不能充分利用其投资机会的话，该公司的投资机会和市场份额有可能被其竞争对手掠夺。而企业为了抗衡市场掠夺定价，避免市场份额的降低和消除市场威胁，就必须保证有足够的融通资金和流动性资产，而这将会加剧企业面临的融资约束状况。二是产品市场竞争的均衡利润机制。产品市场竞争越是激烈的行业，其行业平均利润率越接近市场平均利润率，该行业的企业盈利空间相对就越小，就越存在较高的融资约束。已有研究产品市场竞争与融资结构的研究表明，产品市场竞争程度越高，企业资产负债率就越高，即处于市场竞争激烈行业的企业，由于较低的利润获取能力往往通过提高债务比率获得较高的融资水平以抵御面临的市场掠夺风险（Hendel, 1996；Clayton, 2009）。

因此，处于市场竞争程度较高行业的企业，通常会加大企业融资比重和流动性资产保持比例，以防止随时发生的市场竞争产生的掠夺风险，而对于融资约束相对紧张的企业来说，市场融资和内部现金流的获取同样存在一定的难度，很多时候它们必须寻求另外的缓解融资办法，而金字塔结构由于通过复杂的层级和链条产生较高的融资效应和资源灵活配置效应，使现有企业往往通过建立金字塔结构来缓解可能面临的融资约束状况。

3.5 公司过度投资与金字塔结构债务融资放大效应

既然金字塔结构产生债务融资放大效应，那按照已有的公司金融理论，扩大债务本身既缓解了企业融资约束并提供企业进行规模投资，丰富了金字塔结构企业内部资本市场资源，也同时对企业管理者形成监督治理效应，抑制控股股东和企业高管进行徇私行为。因此，本部分通过分析内部资本市场放大的债务资源，研究其在面对企业过度投资方面，是由于缓解融资约束促进了企业过度投资，还是通过债务治理机制效应抑制了企业过度投资，在两者博弈中研究金字塔结构的债务融资放大效应的形成机制与运行路径。理论逻辑演示见图3-2。

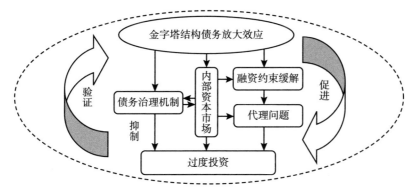

图3-2 公司过度投资与金字塔结构债务融资放大效应

3.5.1 公司过度投资理论

一般来说，公司经理通常都有规模扩张的冲动，由于公司规模的扩大，可以提高公司经理控制资产的规模和便宜处置之权，并提高自我人力资本期权和经理人声誉。因此，公司经理通常会通过过度投资和规模扩张实现个人帝国的构建。过度投资理论一般认为产生于 Jensen（1986）的自由现金流理论，该理论认为，由于公司经理与股东和债权人利益目标并不一致，公司经理通常不愿意将公司内部自由现金流返还给股东，而是偏好将它们投资于更多的净现值为负的投资项目，以获取更多的私人收益。其中，自由现金流是指企业在满足其内部所有的资金成本折现后净现值为正的投资项目所需资金后剩余的现金流量。Richardson（2002）通过实证分析后发现，美国企业普遍存在过度投资行为，企业每拥有 1 美元自由现金流量，将在过度投资中花掉其中 43 美分。

通常来说，自由现金流量理论的产生具有两个基本要素，首先，公司必须有相应的剩余自由现金流，也就是在满足公司内部基本的资本投资以外，企业存在可支配的内部流动性资金，只有企业有充足的自由现金流时，才可能发生相应的过度投资，且投资规模也受到自由现金流大小的影响。一般来说，可自由支配现金流规模越小，融资约束程度越高，其过度投资规模也会越小。Richardson（2006）通过对公司层面自由现金流投资水平的检验发现，拥有高现金流水平的公司容易发生过度投资。

其次，公司控股股东与经理存在道德风险，只有当控股股东与公司经理有较强的攫取个人利益偏好的欲望时，才会产生相应的过度投资。现有的理论和实践揭示，由于公司股东、控股股东与公司经理的利益目标并非一致，所以在激励措施不完全有效的情况下，控股股东与公司经理发生道德风险是普遍存在的。Pawlina 和 Renneboog（2005）利用英国上市公司数据考察投资现金流的敏感性，结果表明，投资现金流的敏感

性主要源于自由现金流产生的代理成本。Wei、John 和 Zhang（2008）
考察了金融危机前东亚新兴市场国家的公司资本投资对现金流的敏感
性，发现这种敏感性随着大股东拥有现金流权的提高而降低，随着公司
大股东持有的所有权与公司现金流权分离程度的提高而增加。这提供了
公司控股股东为获取私人收益而实施过度投资的佐证。

3.5.2 过度投资与金字塔结构债务约束

从企业所有权角度看，企业的融资结构就是对企业所有权安排的合
约结构，因此对于企业融资结构的债务融资，其不仅仅是构成企业资金
的一个重要部分，而且是约束控股股东或者公司经理的一种重要治理机
制（Grossman and Hart，1982；Jensen，1986；Williamson，1988；Har-
vey and Shrieves，2000）。如上所述，金字塔结构具有显著的债务融资放
大效应，而债务融资具有相应的代理问题制约作用，对公司过度投资亦
应具有相应的治理效应，这源于债务融资具有的债权人相机治理和融资
约束的治理效应所致。

首先，根据 Myers（1977）的投资不足理论，股东一般与债权人存
在利益冲突，股东往往拒绝净现值为正的投资项目，因为这些项目的成
功主要使债权人受益，可以保证他们获得稳定的债息收益和本金偿还，
而并没有直接增加股东的财富，尤其是大量债务要到期的时候更是如
此。债权人考虑到这个投资不足问题，势必设立苛刻的借款合同和较高
的贷款利率，或者以较低的价格购买公司债券。同样，Jensen 和 Meck-
ling（1986）的资产替代理论也认为，由于股东与债权人的利益冲突，
股东一般偏好高风险和高收益的投资项目，对于股东来说，这种高风险
和高风险项目相当于购买了一份看涨期权，项目风险越大，期权价值越
高，而对于债权人来说，则无法享受到高收益项目带来的高收益，但却
承担了高风险项目的高风险。因此，债权人在购买公司债券和出借款项
时，通常附加较为苛刻的条款和降低公司债券价格，提高项目贷款利

率。因此，投资不足和资产替代这两种代理问题在提高公司债务融资成本的同时，也在一定程度上抑制了公司控股股东和高管可能产生的代理问题。

其次，债务融资在引入债权人的情况下，债权人基于还本付息的利益需求，对公司的经营不善和重大问题享有一定的督导和监督职责，尤其是当公司存在破产风险的情况下，债权人有权接管公司的控制权，或者有权参与公司重组并可优先获得公司债务本息的追讨，因此，债务融资在公司遇到重大问题时具有相机治理作用，这在一定程度上也会抑制公司的控股股东和公司经理的代理问题，降低公司过度投资风险。

最后，较高的债务融资导致企业融资约束加剧，破产风险提高，一方面使债务公司控股股东与经理受到可支配现金流的约束，缺乏更多的可过度投资的资金来源，一定程度上规避了过度投资的产生；另一方面，企业破产将影响到公司经理职业生涯的发展和使职业声誉蒙黑，这将使得公司经理势必考虑自己的未来人力资本发展，防止职业声誉受损，从而将降低私人利益的获取，抑制过度投资的产生。

Ferdinand（2001）发现，债务监督能抑制企业自由现金流量的过度投资，从而导致较低的审计溢价和更为稳健的会计政策。McConnell 和 Servaes（1995），Lang 等（1996），Ahn 等（2006）等都实证检验了负债的这一相机治理作用，证实债务融资能有效约束管理层滥用自由现金流的过度投资行为，且这种抑制作用在低成长部门或非核心部门更显著。

由于金字塔结构具有显著的债务融资放大效应，其债务的增加在缓解企业融资约束的同时，也作为一种治理机制，能有效地抑制公司控股股东和公司经理的私人收益，从而有效地抑制公司的过度投资。而且，由于金字塔结构较多的金字塔层级和构建的庞大内部资本市场，使其更大程度上增加了企业负债，并以短期流动负债为主。而一般认为，短期流动负债由于造成短期流动性还款压力和再融资的困境，使得债权人会经常考察债务公司的财务状况和债务融资空间，这就使公司经理一般会约束自己的规模偏好和私人利益考虑，保证债务的按期还本付息，有效地抑制了过度投资的产生。Stulz（2000）认为短期债务是监督内部人机会主义行为的一种极有力的工具。Myers（1977）也提出企业可以通过缩短负债期限来制造短期负债的流动性压力和再融资困境以减少过度投资。

3.6 本 章 小 结

本部分主要围绕金字塔结构融资债务放大效应理论展开论述，通过回顾已有的融资理论和金字塔结构特征，我们构建了一个简单的金字塔结构内外部债务融资放大效应模型，通过模型展示和理论描述，揭示了金字塔结构具有显著的内外部债务融资放大效应，继而，通过对影响金字塔结构企业融资约束的内外部影响因素的分析，最终证明了金字塔结构债务融资放大效应的存在。

首先，本章阐述了公司融资基本理论，包括一般公司通常具有的静态均衡理论和优序融资理论，以及企业多元化集团存在的内部资本市场理论。一般融资理论强调了企业最优资本结构的存在以及企业融资来源的优劣顺序；而内部资本市场理论强调了多元化企业集团特有的多行业内部资本资源的互补和多企业之间资源的有效调配。这为我们进一步研究金字塔结构融资优势提供了基本的理论保证。

其次，在已有融资理论的基础上，我们构建了一个基本的债务融资模型，通过模型分析，我们知道，随着金字塔结构企业的层级和链条增加，企业可以获得更多的债务融资和控制更多的资产规模，其持股比例越低，获得的债务融资和资产规模就越大，这为金字塔结构债务融资放大效应理论提供了基本的理论基础。

再其次，我们通过分析影响金字塔结构企业融资约束的诸多内外部影响，来分析这些因素在影响企业融资约束的情况下，是否会影响到金字塔结构的复杂程度，从而对金字塔结构企业的融资约束放大效应理论进一步进行了佐证分析。

最后，根据金字塔结构债务融资放大的情况，结合债务融资的治理效应，我们从债务相机治理的角度分析了金字塔结构债务融资对过度投资的影响，如果金字塔结构具有债务融资放大效应，其债务治理机制也会随之增大，那么过度投资在一定程度上也会受到抑制。

第4章

金字塔结构与融资优势

4.1 理 论 假 设

4.1.1 中国民营企业是否受到融资约束

在转轨经济状况下，我国民营经济的发展虽然日益迅猛，但相比国有企业来说，其在政策扶持、资金保障和税收待遇等方面依然受到歧视和制约，因此，其发展的资金瓶颈依然将长期存在。追本溯源，该状况源于我国计划经济遗留的庞大国有资产和国有企业的大量存在，现有资本市场多为国有企业的壮大发展和资产增值服务，民营企业则一直处于资金的夹缝中生存。从占有我国绝对比重的银行债务来说，由于国有企业所固有的预算软约束以及肩负经济和社会双重功能的职责要求，银行将首选国有企业进行放贷，即便发生违约，也可以通过政府的"援助之手"摆脱困境。相比之下，民营企业则缺乏政策性的显性支持和政治层面的隐性照顾，且由于较高的信息不对称而存在较高的风险和不确定性。因此，民营企业真正获得的银行贷款不仅数量有限且条件相对苛刻。Brandt 和 Li（2003）的研究发现，相对乡镇企业而言，私有企业和已经实施私有化的乡镇企业更难获得国有银行的贷款，即使这些企业能获得贷款，它们也面临更高的贷款标准。林毅夫等（2001）认为我国以大银行为主的高度集中的金融模式是导致中小企业融资困难的主要原因。由于私营企业绝大部分是中小企业，所以私营企业融资存在制度性的约束。卢峰和姚洋（2004）认为非国有企业外部融资困难的根本原因是中国的金融体系造成的，他们认为，金融压抑与低效率的国有银行垄断造成了银行业严重的信贷歧视，非国有企业深受其害。邓可斌和曾海舰（2014）认为中国企业融资约束很可能源于政府对经济的干预，从而融资渠道外生于市场，进而导致非市场竞争中的摩擦引致的流动性约束。而这种外生流动性约束固然对民营经济影响更甚。从股权融资市场来看，其设立初衷就是为国有企业技术改造和产业升级提供进一步的发展资金，尽管近年来，其社会化功能和作用日益显现和扩大，但是，民营企业能够上市融资的比例依然不高，且股权再融资难度也相应加大。因此，长期来说，我国民营经济依然存在较强的融资约束问题。

假设 4 - 1　我国民营企业集团普遍面临严重的融资约束问题。

4.1.2　金字塔结构债务融资放大效应

正是由于面临着转轨时期不利的制度环境和融资约束，我国民营企业才不断的通过调整内部结构来改善这种不利环境带来的重要发展要素缺失。其中，成立企业集团金字塔结构，通过金字塔结构构造的内部资本市场来弥补外部市场不完善和提高资本获取能力，以缓解企业发展所急需的资本要素，是我国民营企业集团应对外部不完善市场的一个重要举措。通过建立集团金字塔结构，企业既可以通过金字塔结构的层次和链条扩大企业外部债务的融资规模，也可以通过金字塔结构形成的内部资本市场提供内外部债务融资规模，再加上内部资本市场中资源的灵活调配，可以更大规模地增加可借债务的融资空间。李增泉等（2008）以在我国证券市场公开发行股票的 88 家民营企业集团为样本，从债务融资约束的角度分析了金字塔结构的成因，认为金字塔结构的杠杆效应能够放大企业集团的债务融资规模，从而更能适应存在融资约束的金融市场环境。韩亮亮等（2009）以 2005 年单一年度的民营上市公司为样本，通过研究金字塔结构与上市公司资本结构的相关关系，从金字塔结构的"内部资本市场融资替代效应"角度解释了我国民营企业集团构建金字塔结构的合理性。这些实证结果说明我国民营企业集团可能具有一定的债务融资放大效应。甄红线等（2015）也通过盈余公告的分析，验证了金字塔结构对于所属成员的融资支持。

假设 4-2　我国民营企业集团金字塔结构具有较强的缓解融资约束能力，且根源在于其拥有较强的债务融资放大效应。

4.1.3　金字塔结构债务融资放大效应的来源

既然民营企业集团可能存在着债务融资放大效应，那么这种债务放大效应具体的来源、期限结构怎样？是更多地来自于集团内部债务还是外部银行债务？是更多地来自于短期借款还是长期借款？需要我们进一步进行分析和求证。

从传统的企业集团公司内部资本市场理论来说，之所以建立企业集团的一个重要原因，是为了在发展中国家规避不完善市场中由于制度歧视、法规不完善和信息不对称等造成的融资成本过高，通过利用集团多行业构成的内部资本市场获得足够的内源融资，并利用集团声誉和金字塔杠杆效应[①]获得较多的外部债务融资。同时，企业金字塔结构集团内

---

①　李增泉等（2008）对于企业集团金字塔结构的杠杆效应作了详细的解释，但他的论述主要阐明金字塔结构企业的外部融资效应，对于金字塔企业集团内部资本市场的内部融资效应扩大并没有过多的涉及。

部为了实现资源的有效配置和自由流动，往往都采用短期拆解、短期担保等方式进行集团内部债务融资以提高集团内部债务融资能力。李增泉等（2008）在获得银行债务与金字塔结构层级较弱的显著性相关关系以后，并没有进一步探究非银行债务的放大效应问题。Gopalan 等（2007）通过考察印度集团企业内部资本市场功能，发现集团内贷款在集团企业内转移资金和支持财务紧张中扮演着重要的作用。Dewaelheyns 和 Cynthia（2010）利用比利时国家的集团企业作为分析样本，发现集团所属公司有着较低的银行债务集中程度，且存在内部债务优于银行债务的融资次序。因此，我们初步认为，集团内部债务的放大效应要大于外部银行债务的放大效应，且集团内部债务以短期为主。Boubaker 等（2018）利用美国公司的数据发现，美国企业集团为了躲避银行债务的治理监管，尽可能地进行非银行借贷行为，因此，金字塔结构的债务放大效应更多地来自于非银行债务，且以短期为主。

假设 4-3　我国民营企业集团的债务融资放大效应主要来自于非银行债务和长期银行债务，并以短期非银行债务为主。

4.2　数据选取和变量定义

4.2.1　数据选择

本书选取 2004～2016 年共 13 年的沪、深两市所有的除国有和外资以外的民营制造业上市公司作为研究样本，之所以保留集体持股、职工持股会持股等企业，一是因为样本数量的局限，二是因为这些企业与单纯的民营企业一致，其控制运营依然是小利益集团的利益一致行为。为保证数据的精确，我们根据以下原则做了严格剔出：（1）为了保证公司财务指标的一致性，我们选取 A 股上市非金融公司，同时剔除存在交叉上市的公司；（2）为了保证财务数据的准确性，剔除在 2004~2016 年中被特殊处理的 ST、*ST 等公司；（3）剔除 13 年中有过重大资产重组和财务数据有重大疏漏的公司，同时，为了消除极端值的影响，本书还对处于 0~1% 和 99%~100% 之间的极端值样本进行了剔除。最后我们共获得 280 家 3 614 个公司的非平衡面板数据。金字塔结构层级、复杂度、控制权与现金流权数据、高管政治背景数据均手工取自于年报股权结构图的测算和相应的解释；制度和市场环境度量指标均取自于樊纲、王小鲁等主编的《中国市场化指数：各地区市场化相对进程 2011 年报告》和王小鲁、樊纲、余静文统筹撰写的《中国分省份市场化指数报告（2016）》①；其他所有公司财务数据都来自于北大 CCER 数据库和国泰安 CSMAR 数据库。

4.2.2 变量定义

1. 金字塔结构的代理变量

本书采取两个指标来衡量金字塔结构的复杂性，即金字塔结构层级（*LEVE*）和金字塔结构复杂度（*LECH*）。为了有效反应控股股东的实际控制能力，金字塔结构层级是按照最终控制人逐级控股比例最大的控制链层级数来定义的②，并以上市公司作为控制链的最低层，而不是按照最长的控制链来选取的（Fan et al.，2010）。金字塔结构相关的内部资本市场规模大小，我们用金字塔结构复杂度来衡量，它由金字塔层级和

---

① 樊纲、王小鲁等主编的《中国市场化指数：各地区市场化相对进程 2011 年报告》中只提供到 2008 年市场化指数数据，《中国分省份市场化指数报告（2016）》提供了 2008~2014 年的数据，由于两个时间段的数据采用不同的基期计算，故我们分别对基期比对后，以 2001 年的基期测算指数为准，2015 年和 2016 年的数据按照前五年数据的几何平均法测算的年平均增长率算出。

② 最终控制人的确定和金字塔结构的满足条件均类似于 La Port 等（1999）、Claessens 等（2000）和毛世平（2009），但由于一级金字塔结构企业数量较少，并考虑我们主要获取金字塔结构变化的趋势，所以，本书将一级控股结构也纳入分析范围。

控制链条的乘积来衡量，控制链条是按照年报股权结构图中最终控制人所能控制的链条数来计算，计算控制链条数的基本原则有三个：必须是最终控制人或控股公司能够控制的链条；不同的控制链链条中间必须有新的控股公司出现，否则只能算作一条控制链；对于链条中无其他控股公司显示，无法判别是否控股的，以持股比例大于10%作为控股标准。

2. 投资支出的代理变量

为了衡量公司是否受到融资约束，需要设定投资支出的代理变量，我们将其定义为构建固定资产、无形资产和其他长期资产支付的现金/年初账面总资产。

3. 债务融资的代理变量

本书中采取三类代理变量来反映金字塔结构企业总体债务融资效应、外部银行债务融资规模和内部资本市场融资规模。

（1）金字塔结构企业的总体债务融资规模。我们使用总负债资产比率（DE_TOT）和流动负债资产比率（DE_FLU）来反映总体债务融资放大效应；

（2）金字塔结构企业外部债务融资规模。我们使用全部银行债务比率（DE_BAN）、长期银行负债比率（DE_LBAN）和短期银行负债比率（DE_SBAN）来反映公司债务融资放大效应中外部银行债务的放大程度；

（3）金字塔结构企业内部资本市场债务融资规模。我们使用全部非银行债务比率（DE_NBAN）、长期非银行债务比率（DE_LNBA）和短期非银行债务比率（DE_SNBA）来衡量公司债务融资放大效应中内部资本市场债务的放大程度。由于无法获得企业内部债务的准确数据，我们以非银行债务来替代。

4. 权益融资的代理变量

（1）权益融资的虚拟变量（$DUFI$），其确定是根据公司在该年度发行可转债、配股和增发等任一项权益融资，发生时为1，否则为0；

（2）权益融资总额（$EQUI$），其以该年度公司发行可转债、配股和增发等权益融资获得融资总额作为衡量指标。

5. 内源融资的代理变量

内源融资总额（*INTE*）反映公司内源融资规模大小和资金来源，具体为公司盈余公积、累计折旧和未分配利润三者之和。

6. 控制变量

为了尽可能准确地研究金字塔结构缓解融资约束的关系，本书借鉴国内外相关文献的做法选择相应的控制变量，具体有投资支出（*INVE*）、现金流（*FLOW*）、净营运资本（*WORK*）、现金持有比率（*CASH*）、总资产收益率（*ROA*）、资产负债率（*DEBT*）、规模（*ASSE*）、年度（*YEAR*）和行业（*INDU*）虚拟变量等来控制金字塔结构缓解融资约束的公司基本面因素，这些变量的选取和定义都与目前国内外文献中的常用指标保持一致。

所有回归模型中用到的变量定义见表4－1。

表4－1　　　　　　　　　　　变量选取与定义

	变量		定义
被解释变量	投资支出（*INVE*）		购建固定资产、无形资产和其他长期资产支付的现金/年初账面总资产
	金字塔结构层级（*LEVE*）		金字塔结构企业最终控制人主要控制链的层级
	金字塔结构复杂度（*LECH*）		金字塔结构企业主要控制链层级和控制链条的乘积
债务融资	债务比率	总资产负债比率（*DE_TOT*）	总负债/年初账面总资产
		流动资产负债比率（*DE_FLU*）	流动负债/年初账面总资产
	银行债务	总银行债务比率（*DE_BAN*）	总银行债务/年初账面总资产
		短期银行债务比率（*DE_SBA*）	短期银行债务/年初账面总资产
		长期银行债务比率（*DE_LBA*）	长期银行债务/年初账面总资产
	非银行债务	总非银行债务比率（*DE_NBA*）	总非银行债务/年初账面总资产
		短期非银行债务比率（*DE_SNB*）	短期非银行债务/年初账面总资产
		长期非银行债务比率（*DE_LNB*）	长期非银行债务/年初账面总资产

变量		定义
权益融资	权益融资的虚拟变量（*DUFI*）	公司在该年度发行可转债、配股和增发等任一项权益融资时为1，否则为0
	权益融资总额（*EQUI*）	该年度公司发行可转债、配股和增发等权益融资获得融资总额
内源融资	内源融资总额（*INTE*）	公司盈余公积、累计折旧和未分配利润三者之和
控制变量	现金流量（*FLOW*）	经营现金流量净额/年初账面总资产
	净运营资本（*WORK*）	净营运资金/年初账面总资产
	现金持有水平（*CASH*）	期末现金及现金等价物余额/年初账面总资产
	总资产收益率（*ROA*）	净利润/年初账面总资产
	规模（*ASSE*）	公司年初账面总资产的对数
	资产负债率（*DEBT*）	负债总额/年初账面总资产
	年度哑变量（*YEAR*）	属于该年度为1，否为0
	行业哑变量（*INDU*）	属于该行业为1，否为0

4.3 数据分析及模型构建

4.3.1 我国民营制造业上市公司主要变量的描述性统计

根据我国民营制造业上市公司样本的数据资料，我们对主要变量指标进行初步的描述性统计，从中可以看出金字塔结构与各变量的初步变化规律。

由表4-2我们可以得出以下结论：（1）我国制造业民营上市公司整体金字塔结构并不十分复杂，层级平均水平为2.457，复杂度平均水平为3.920。这说明，金字塔结构的建立并不像最初的攫取理论那样只是为了获得控制权收益，如果按照那种逻辑，则金字塔结构应该足够复杂才符合攫取理论。（2）从债务水平来看，整体债务水平达到0.560，其中流动性负债占绝大部分，达到0.493，说明我国民营上市企业债务主要以短期流动性为主（李增泉，2008），符合新兴市场国家中企业融资主要来源于短期债务融资的观点（Fan et al.，2012）。另外，银行债务和非银行债务各占总债务的一半左右，非银行债务略大于银行债务，这与国有企业主要来自于银行债务有着很大的区别，这说明，一方面民营企业集团面临着我国国有银行的歧视性待遇，银行贷款受到制约；另一方面说明我国民营企业金字塔结构更偏好于内部资本市场的债务融资，符合我们的理论假设。

表4-2 我国民营制造业上市公司样本主要变量的描述性统计

	MEAN	MEDIAN	MAX	MIN	STD. DEV.
LEVE	2.457	2	8	1	1.042
LECH	3.920	2	25	1	3.083
DE_TOT	0.560	0.544	0.978	0.015	0.286
DE_FLU	0.493	0.475	0.926	0.013	0.233
DE_BAN	0.263	0.253	0.872	0.000	0.196
DE_SBAN	0.210	0.202	0.715	0.000	0.147
DE_LBAN	0.053	0.014	0.767	0.000	0.105
DE_NBAN	0.296	0.261	0.804	0.015	0.181
DE_NSBA	0.283	0.249	0.790	0.013	0.174
DE_NLBA	0.009	0.000	0.633	0.000	0.035
INVE	0.079	0.052	0.539	0.000	0.084
FLOW	0.062	0.057	0.590	−0.491	0.095
WORK	0.123	0.096	0.955	−0.723	0.261
CASH	0.162	0.128	0.896	−0.007	0.137
TQ	0.714	0.740	1.053	0.124	0.135
ROA	0.035	0.034	0.466	−0.558	0.073
ASSE	20.993	20.958	24.288	17.496	0.834

为了初步观察各变量随金字塔结构层级和复杂度的变化情况,我们以金字塔结构层级和复杂度作为分类标准,对各变量均值的变化情况做初步的描述性统计(见表4-3)。

表4-3　　我国民营制造业上市公司层级与复杂度相关变量的描述性统计

	OBS	INVE	FLOW	DE_TOT	DE_FLU	DE_BAN	DE_SBAN	DE_LBAN	DE_NBAN	DE_NSBA	DE_NLBA
LEVE											
1	376	0.105	0.064	0.498	0.451	0.227	0.190	0.037	0.271	0.261	0.006
2	1 921	0.080	0.062	0.551	0.487	0.260	0.209	0.051	0.291	0.278	0.011
3	913	0.074	0.066	0.582	0.512	0.282	0.222	0.060	0.300	0.290	0.005
4	272	0.066	0.048	0.577	0.516	0.250	0.212	0.038	0.327	0.304	0.008
≥5	132	0.055	0.072	0.659	0.522	0.313	0.207	0.105	0.346	0.315	0.031
LECH											
1	376	0.105	0.064	0.498	0.451	0.227	0.190	0.037	0.271	0.261	0.006
2	1 556	0.073	0.058	0.555	0.490	0.262	0.211	0.051	0.293	0.279	0.013
[3, 4]	941	0.085	0.070	0.580	0.521	0.289	0.239	0.050	0.291	0.282	0.004
[5, 6]	415	0.077	0.068	0.599	0.495	0.275	0.187	0.088	0.324	0.309	0.011
[8, 15]	327	0.065	0.053	0.626	0.561	0.249	0.204	0.045	0.377	0.357	0.008

从表4-3可以观察到,各变量基本随着金字塔结构层级和复杂度变化发生相应的改变,尤其是变量随金字塔层级的变化极为明显。首先,上市公司的投资水平随着金字塔结构层级和复杂度的增加而减少,这说明越是处于复杂金字塔结构的上市公司,越可能因为融资约束而导致投资水平降低。其次,除了短期银行债务和长期非银行债务以外,总债务、流动负债、长期银行负债和短期非银行负债水平等其他主要债务指标都随着金字塔结构层级和复杂度的增加而趋于增加,初步验证了金

字塔结构的债务融资放大效应。但该描述性统计也表明，非银行债务的放大效应显然要比银行债务更为明显。

4.3.2 金字塔结构与融资约束缓解的实证模型构建

下面我们通过多元回归计量模型来分析金字塔结构与融资约束的关系。由于篇幅的限制，各变量之间相关系数结果未列出。由于样本数据时间序列较短，而截面数据庞大的特征，需要考虑个体可能存在的特殊效应及对模型估计方法的影响，即消除截面数据造成的异方差影响，因此，本书采用面板数据的广义最小二乘法（EGLS）进行估计，并同时通过 White 异方差方法进行校正。具体计量模型如下：

$$INVE_{it} = \alpha_0 + \alpha_1 FLOW_{it} + \alpha_2 WORK_{it} + \alpha_3 CASH_{it} + \alpha_4 DEBT_{it}$$
$$+ \alpha_5 ASSE_{it} + \alpha_6 ROA_{it} + \alpha_7 \sum_{j=1}^{5} INDU + \alpha_8 \sum_{j=1}^{5} YEAR + \varepsilon$$

$$(4-1)$$

$$INVE_{it} = \alpha_0 + \alpha_1 FLOW_{it} + \alpha_2 LEVE_{it}(LECH_{it}) + \alpha_3 LEVE_{it}$$
$$\times FLOW_{it}(LECH_{it} \times FLOW_{it}) + \alpha_4 WORK_{it} + \alpha_5 CASH_{it} + \alpha_6 DEBT_{it}$$
$$+ \alpha_7 ASSE_{it} + \alpha_8 ROA_{it} + \alpha_9 \sum_{j=1}^{5} INDU + \alpha_{10} \sum_{j=1}^{5} YEAR + \varepsilon$$

$$(4-2)$$

$$FINA_{it} = \alpha_0 + \alpha_1 LEVE_{it}(LECH_{it}) + \alpha_2 FLOW_{it} + \alpha_3 WORK_{it}$$
$$+ \alpha_4 CASH_{it} + \alpha_5 ASSE_{it} + \alpha_6 ROA_{it} + \alpha_7 INVE_{it} + \alpha_8 \sum_{j=1}^{5} INDU$$
$$+ \alpha_9 \sum_{j=1}^{5} YEAR + \varepsilon$$

$$(4-3)$$

其中，式（4-1）考察我国民营制造业上市公司是否存在严重的融资约束问题；式（4-2）考察金字塔结构是否缓解了民营企业集团的融资约束问题；式（4-3）考察金字塔结构缓解融资约束的融资放大效应及债务融资放大效应的来源，$FINA_{it}$ 代指各种融资变量，包括权益融资、内源融资和债务融资，债务融资包括总债务资产比率、流动债务资本比率、银行债务比率、非银行债务比率等。

4.4 结果分析及稳健性检验

4.4.1 金字塔结构缓解融资约束

本部分我们将首先考证民营企业集团是否存在严重的融资约束问题；其次，如果存在融资约束再通过金字塔结构层级和复杂度的引入考察是否缓解了这些融资约束问题，即金字塔结构是否有缓解融资约束的优势；最后，如果融资约束得到缓解，其缓解的内在机制来自于哪里，即考察金字塔结构的债务融资放大效应。

1. 民营企业是否受到融资约束

以下我们将通过投资现金流敏感性的分析来观察我国民营企业集团是否受到严重的融资约束问题，是否通过金字塔结构来缓解这些企业面临的财务紧张。

表 4-4 给出了我国民营企业投资现金流敏感性与金字塔结构之间的回归结果。从 INVE（1）可以看出，我国民营企业投资与现金流呈显著的正相关关系，随着企业内部现金流水平的提高投资水平也随之提高，说明，我国民营企业投资水平主要取决于内部现金流水平的大小，而缺乏足够的外部融资资金，证明企业受到严重的融资约束。同样，其他所有方程也都显示投资—现金流敏感性显著为正，说明我国民营上市制造业公司普遍存在着严重的融资约束问题。

表 4 － 4　　　　　中国民营企业集团融资约束的面板回归结果

	INVE（1）	INVE（2）	INVE（3）	INVE（4）	INVE（5）
C	－ 0.033 （ － 0.797）	－ 0.035 （ － 1.313）	－ 0.037 （ － 0.677）	－ 0.034 （ － 1.074）	－ 0.017 （ － 0.363）
FLOW	0.302 *** （13.401）	0.299 *** （8.658）	0.677 *** （8.535）	0.299 *** （8.430）	0.360 *** （8.512）
LEVE		－ 0.008 *** （ － 6.388）	－ 0.006 *** （ － 6.238）		
LEVE * FLOW			－ 0.190 *** （ － 6.019）		
LECH				－ 0.002 *** （ － 3.412）	－ 0.002 *** （ － 2.696）
LECH * FLOW					－ 0.012 *** （ － 4.386）
CASH	0.147 *** （9.427）	0.159 *** （11.138）	0.137 *** （14.952）	0.153 *** （9.770）	0.149 *** （13.899）
WORK	－ 0.003 （ － 0.286）	－ 0.011 （ － 1.157）	－ 0.023 ** （ － 2.535）	－ 0.005 （ － 0.518）	－ 0.011 （ － 1.080）
DE_TOT	0.080 *** （8.324）	0.081 *** （6.078）	0.060 *** （4.624）	0.081 *** （5.599）	0.079 *** （5.930）
ASSE	0.002 （0.970）	0.003 *** （3.716）	0.002 *** （1.184）	0.002 ** （2.021）	0.001 （0.904）
TQ	－ 0.065 *** （ － 4.152）	－ 0.065 *** （ － 4.027）	－ 0.052 *** （ － 2.484）	－ 0.066 *** （ － 3.871）	－ 0.069 *** （ － 3.631）
YEAR	YES	YES	YES	YES	YES
INDU	YES	YES	YES	YES	YES
$Adj － R^2$	0.468	0.548	0.563	0.463	0.488
F	51.519 ***	66.792 ***	67.190 ***	47.806 ***	50.006 ***
OBS	3 614	3 614	3 614	3 614	3 614

注：**、***分别表示变量估计系数在5%和1%置信水平上显著，括号内为 T 值。

　　当方程中分别加入金字塔结构层级和复杂度以及两者与现金流的乘积项以后，乘积项与投资支出呈现显著的负相关关系，表明随着金字塔结构层级和复杂度的提升，公司的投资现金流敏感性大大降低，甚至出现反向关联。这表明金字塔结构企业的投资并不依赖于企业现金流的充裕与否，而是利用金字塔结构获得的较宽松的融通资金来调节企业现金流的波动，当企业现金流降低时，企业会利用内外部市场获得资金增加投资来获取更多的现金流增长；而当企业现金流增加时，企业会降低不必要的投资支出，将大量资金用于偿付债务、新企业建立和内部资本市场资金灵活调配等方面。总之，金字塔结构公司的融资约束问题得到极大地缓解和放松，该实证结果符合我们的研究假设。

2. 金字塔结构债务融资放大效应

既然金字塔结构很大程度上缓解了民营企业集团的融资约束问题，那么其缓解根源来自于哪里，他们又是如何发生作用的呢？根据我们的假设和理论分析，金字塔结构缓解了民营企业财务紧张问题，说明金字塔结构本身具有较强的融资放大效应，那么，其融资放大效应的资金来自于哪里呢？下面将从权益融资、内源融资和债务融资三个方面进行考证分析。具体见表4-5。

表4-5　权益融资、内源融资与民营企业集团金字塔结构融资优势

	DUFI（1）	DUFI（2）	EQUI（1）	EQUI（2）	INTE（1）	INTE（2）
C	-1.189 *** (-11.093)	-1.274 *** (-12.688)	0.085 *** (7.423)	0.095 *** (7.019)	-0.309 *** (-5.551)	-0.293 *** (-4.946)
LEVE	-0.028 *** (-7.264)		-0.000 ** (-2.209)		-0.012 *** (-6.959)	
LECH		-0.019 *** (-12.557)		-0.001 *** (-7.427)		-0.001 * (-1.779)
FLOW	-0.054 (-0.640)	-0.046 (-0.525)	-0.002 (-0.147)	0.001 (0.047)	0.578 *** (9.162)	0.561 *** (9.196)
WORK	-0.035 (-1.339)	-0.020 (-0.747)	0.010 *** (5.391)	0.014 *** (4.518)	0.194 *** (12.974)	0.199 *** (12.205)
CASH	0.327 *** (3.809)	0.330 *** (4.128)	0.005 (1.120)	0.002 (0.435)	-0.133 *** (-4.733)	-0.129 *** (-4.799)
ASSE	0.062 *** (11.101)	0.065 *** (13.427)	-0.004 *** (-6.820)	-0.005 *** (-6.599)	0.026 *** (9.286)	0.024 *** (8.402)

续表

	DUFI（1）	DUFI（2）	EQUI（1）	EQUI（2）	INTE（1）	INTE（2）
ROA	0.120 *** （4.230）	0.123 *** （4.991）	0.005 *** （2.806）	0.005 * （1.687）	−0.042 *** （−33.828）	−0.041 *** （−21.663）
INVE	0.671 *** （7.623）	0.704 *** （6.933）	0.053 *** （3.440）	0.052 *** （3.009）	0.068 *** （2.811）	0.084 *** （4.436）
YEAR	YES	YES	YES	YES	YES	YES
INDU	YES	YES	YES	YES	YES	YES
$Adj-R^2$	0.331	0.339	0.430	0.499	0.568	0.535
F	27.267 ***	28.136 ***	40.956 ***	53.805 ***	70.614 ***	62.047 ***
OBS	3 614	3 614	3 614	3 614	3 614	3 614

注：*、**、*** 分别表示变量估计系数在 10%、5% 和 1% 置信水平上显著，括号内为 T 值。

由表 4-5 可知，权益融资的两个代理变量 DUFI 和 EQUI 均与金字塔结构层级和复杂度呈显著负相关关系，即随着金字塔结构层级和复杂度的提高，企业的权益融资水平却在逐步下降；内源融资 INTE 也与金字塔结构层级和复杂度呈显著负相关关系，即随着金字塔结构层级和复杂度的提高，企业内源融资水平却随之下降。这些回归结果说明，金字塔结构的建立并没有带来权益融资和内源融资的提升，反而使得这两种融资水平整体下降，这就意味着一定有其他融资来源大大提高了公司整体融资水平，从而在抵销这两种融资水平下降的情况下，提高了企业整体融资水平。

下面将通过考察债务融资水平来分析企业金字塔结构缓解融资约束的资金来源。具体见表 4-6。

表 4-6　民营企业集团金字塔结构与债务融资之间的面板回归结果

	DE_TOT（1）	DE_TOT（2）	DE_FLU（1）	DE_FLU（2）
C	−0.121 *** （−2.110）	−0.147 *** （−2.657）	0.547 *** （17.732）	0.553 *** （16.361）
LEVE	0.005 *** （5.109）		0.015 *** （4.659）	

续表

	DE_TOT（1）	DE_TOT（2）	DE_FLU（1）	DE_FLU（2）
LECH		0.001 *** （4.158）		0.001 *** （4.593）
FLOW	−0.308 *** （−10.460）	−0.309 ** （−11.934）	−0.338 ** （−8.679）	−0.337 *** （−8.946）
WORK	−0.607 *** （−96.677）	−0.605 *** （−106.076）	−0.670 *** （−89.257）	−0.670 *** （−77.046）
CASH	0.197 *** （9.447）	0.196 *** （10.615）	0.407 *** （25.766）	0.405 *** （26.654）
ASSE	0.029 *** （10.574）	0.031 *** （11.725）	−0.004 *** （−2.268）	−0.004 ** （−2.382）
ROA	0.661 *** （59.124）	0.660 *** （65.638）	0.483 *** （72.338）	0.483 *** （68.115）
INVE	−0.308 *** （−13.375）	−0.307 *** （−14.665）	−0.543 *** （−11.971）	−0.541 *** （−12.113）
YEAR	YES	YES	YES	YES
INDU	YES	YES	YES	YES
$Adj - R^2$	0.918	0.922	0.885	0.883
F	614.789 ***	645.859 ***	416.984 ***	412.537 ***
OBS	3 614	3 614	3 614	3 614

注：** 、*** 分别表示变量估计系数在5%和1%置信水平上显著，括号内为T值。

表4-6中 DE_TOT（1）和 DE_TOT（2）两个方程给出了民营企业总资产负债率与金字塔结构层级和复杂度的回归结果，结果表明，随着金字塔结构层级和复杂度的增加，企业总资产负债率也随之增大，说明金字塔结构存在着总体债务融资的放大效应。同样，DE_FLU（1）和 DE_FLU（2）方程回归结果也表明民营企业流动负债率与金字塔结构层级和复杂度呈现显著的正相关关系。因此，可以认为，无论对企业的总资产负债比率，还是流动资产负债比率而言，金字塔结构均存在显著的债务融资放大效应。

　　为进一步探究金字塔结构企业的债务融资放大效应来自于外部银行债务还是内部非银行债务，是长期债务还是短期债务，我们将进一步考证金字塔结构的内外部债务融资放大效应。其结果见表4－7和表4－8。

表4－7　　　　金字塔结构与银行债务融资之间的面板回归结果

	DE_BAN（1）	DE_BAN（2）	DE_SBA（1）	DE_SBA（2）	DE_LBA（1）	DE_LBA（2）
C	－0.227***（－4.019）	－0.243***（－4.249）	0.176***（3.935）	0.110*（1.823）	－0.382***（－15.158）	－0.377***（－16.553）
LEVE	0.006**（2.057）		－0.007*（－1.742）		0.006***（9.875）	
LECH		0.001（1.255）		－0.006*（－1.860）		0.001***（3.205）
FLOW	－0.328***（－13.430）	－0.332***（－13.610）	－0.400***（－7.763）	－0.437***（－19.139）	0.015*（1.816）	－0.022***（－2.898）
WORK	－0.427***（－25.931）	－0.427***（－22.556）	－0.445***（－17.208）	－0.450***（－40.848）	0.023***（3.256）	0.018**（2.301）
CASH	0.193***（11.982）	0.187***（8.742）	0.314***（7.600）	0.313***（14.198）	－0.088***（－11.325）	－0.082***（－8.593）
ASSE	0.022***（7.937）	0.023***（8.627）	0.003*（1.892）	0.006**（2.124）	0.018***（13.600）	0.018***（15.347）
ROA	0.264***（37.249）	0.263***（42.793）	0.149***（17.247）	0.152***（22.750）	0.090***（4.904）	0.089***（4.891）
INVE	0.212***（5.361）	0.222***（5.118）	－0.068（－2.290）	－0.049*（－1.855）	0.229***（7.171）	0.212***（6.115）
YEAR	YES	YES	YES	YES	YES	YES
INDU	YES	YES	YES	YES	YES	YES
$Adj-R^2$	0.871	0.865	0.573	0.735	0.523	0.520
F	367.712***	348.127***	73.755***	151.419***	60.418***	59.746***
OBS	3 614	3 614	3 614	3 614	3 614	3 614

注：*、**、***分别表示变量估计系数在10%、5%和1%置信水平上显著，括号内为T值。

表4-8 金字塔结构与非银行债务融资之间的面板回归结果

	DE_NBA (1)	DE_NBA (2)	DE_NSB (1)	DE_NSB (2)	DE_NLB (1)	DE_NLB (2)
C	0.296 *** (8.407)	0.309 *** (9.069)	0.432 *** (9.315)	0.437 *** (8219)	-0.017 *** (-6.428)	-0.017 *** (-7.318)
LEVE	0.011 *** (4.642)		0.009 *** (4.310)		0.001 *** (2.842)	
LECH		0.005 *** (12.629)		0.005 *** (13.291)		0.001 *** (3.085)
FLOW	0.097 *** (3.129)	0.099 *** (3.285)	0.073 ** (2.395)	0.081 ** (2.681)	0.006 *** (3.816)	0.007 ** (3.609)
WORK	-0.198 *** (-23.404)	-0.205 *** (-24.089)	-0.220 *** (-26.994)	-0.225 *** (-24.138)	0.005 *** (2.642)	0.006 *** (3.200)
CASH	-0.001 (-0.023)	0.001 (0.006)	0.076 *** (3.289)	0.069 *** (3.053)	-0.007 *** (-2.720)	-0.009 *** (-4.173)
ASSE	-0.003 * (-1.942)	-0.003 ** (-1.969)	-0.010 *** (-4.815)	-0.010 *** (-4.011)	0.001 *** (8.116)	0.001 *** (8.557)
ROA	0.377 *** (68.777)	0.375 *** (64.271)	0.325 *** (63.956)	0.327 *** (61.679)	0.007 ** (2.443)	0.008 *** (2.567)
INVE	-0.511 *** (-17.696)	-0.497 *** (-17.124)	-0.446 *** (-16.228)	-0.446 *** (-14.723)	0.026 *** (3.104)	0.024 *** (2.569)
YEAR	YES	YES	YES	YES	YES	YES
INDU	YES	YES	YES	YES	YES	YES
$Adj-R^2$	0.874	0.870	0.851	0.853	0.303	0.284
F	375.963 ***	365.006 ***	310.579 ***	314.905 ***	24.522 ***	22.526 ***
OBS	3 614	3 614	3 614	3 614	3 614	3 614

注：*、**、*** 分别表示变量估计系数在10%、5%和1%置信水平上显著，括号内为T值。

  表4-7和表4-8给出了我国民营上市公司银行债务、非银行债务与金字塔结构层级和复杂度的回归结果，我们发现，整体来说，银行、非银行债务与金字塔结构层级和复杂度均呈显著的正相关关系，但就期限结构来说，不同的银行和非银行债务与金字塔结果有着不同的变化关

系。具体来说，有以下几点：

（1）由表4-7的实证结果可以看到，就企业总银行债务比率来看，总银行债务比率与金字塔结构的层级呈显著的正相关关系，即随着金字塔结构层级的增加，银行债务比率也随之增加，但只在5％程度上显著，而总银行债务比率与金字塔结构复杂度则没有显著关系[①]。这说明银行债务比率的增加主要来自于金字塔结构层级引致的外部杠杆效应，而跟金字塔结构构成的内部资本市场关系不大，且金字塔结构带来的债务融资放大效应并非主要源于银行债务。从债务期限来看，短期银行债务比率与金字塔结构层级没有显著的相关关系，甚至与金字塔结构的复杂度呈10％显著程度的负相关关系；而长期银行债务比率与金字塔结构层级和复杂度均呈显著的正相关关系，即随着金字塔结构层级和复杂度的增加，长期银行债务比率随之增加。这些实证结果说明，金字塔结构的融资放大效应在银行债务方面主要来自于长期银行借款的增加，对于短期银行债务比率则没有太大的效应。

（2）表4-8的实证结果显示，对于非银行债务来说，无论总的非银行债务比率，还是短期和长期非银行债务比率，金字塔结构层级和复杂度与非银行债务比率之间均呈显著的正相关关系，这说明，金字塔结构带来的集团内部非银行债务融资优势较为明显。从金字塔结构复杂度与非银行债务的期限结构来看，尽管短期和长期非银行债务与金字塔结构层级和复杂度均在1％置信水平上显著相关，但无论是回归系数，还是回归显著度，短期非银行债务均显著大于长期非银行债务，表明短期非银行债务的金字塔机构效应更为明显。

（3）通过表4-7和表4-8的对比分析，我们认为，总体来说，金字塔结构的债务融资放大效应主要来自于公司内部资本市场中非银行债

[①]　李增泉等（2008）在银行债务与金字塔结构层次回归模型中，也得出了跟我们一样10％置信水平上的显著关系，但其长期和短期借款变量与金字塔层次没有显著关系，且其没有考虑金字塔复杂度的情况。

务的增加，尤其是集团内部短期非银行债务的大量增长，同时，也带来了部分长期银行债务的增长。这种结果不仅与我们前述理论分析相一致，也与传统金字塔结构所描述的内部相互借贷、互拆资金和集团内部资本市场中资源的自由配置理论相一致。

4.4.2 稳健性分析

鉴于金字塔结构缓解融资约束涉及众多的影响因素，以及实证分析中相关的准确性、科学性的分析，我们从以下几个方面进行进一步的结果稳健性检验。

1. 金字塔结构内部资本市场债务融资放大效应的检验

为了更进一步确证金字塔结构内部资本市场的债务融资放大效应，我们考虑两个融资考量指标：关联担保总额（GUAR）和应付账款（PAYA）①。如果金字塔结构内部资本市场债务融资放大效应存在，那么相互关联担保和融资规模也会相应增大。回归结果见表4-9。

表4-9　　　金字塔结构缓解融资约束稳健性检验的面板回归结果

	GUAR (1)	GUAR (2)	PAYA (1)	PAYA (2)
C	-0.592 *** (-20.102)	-0.597 *** (-26.706)	-0.680 (-7.370)	-0.173 ** (2.546)
LEVE	0.011 *** (7.320)		0.226 *** (2.610)	
LECH		0.006 *** (11.680)		0.011 *** (2.893)
FLOW	-0.063 *** (-2.977)	-0.067 *** (-2.879)	0.015 * (1.904)	0.008 *** (3.529)

① 李增泉等（2004）用类似指标衡量集团占用上市公司资金占用程度。万良勇和魏明海（2009）将其作为上市公司向集团融入资金规模的指标，本书作为衡量集团内部资本市场融资效应的一个替代指标。

续表

	GUAR（1）	GUAR（2）	PAYA（1）	PAYA（2）
WORK	−0.081 *** （−7.463）	−0.084 *** （−7.941）	−0.003 * （−1.687）	−0.002 ** （−2.268）
CASH	−0.039 （−1.259）	−0.052 * （−1.785）	0.560 *** （3.340）	0.614 *** （3.938）
ASSE	0.031 *** （22.483）	0.032 *** （28.476）	0.003 （0.063）	0.105 *** （2.557）
ROA	0.021 ** （2.018）	0.020 ** （2.175）	−0.091 ** （−2.510）	−0.065 *** （−2.673）
INVE	0.055 *** （2.671）	0.050 ** （2.534）	−0.060 （−0.765）	−0.078 ** （−2.061）
YEAR	YES	YES	YES	YES
INDU	YES	YES	YES	YES
$Adj - R^2$	0.325	0.343	0.037	0.026
F	27.121 ***	29.342 ***	3.173 ***	2.524 ***
OBS	3 614	3 614	3 614	3 614

注：*、**、***分别表示变量估计系数在10%、5%和1%置信水平上显著，括号内为T值。

由表4-9，不论是关联担保总额，还是应收账款指标，都与金字塔结构层级和复杂度呈显著的正相关关系。说明，随着金字塔结构层级和复杂度的增加，表现内部资本市场债务放大效应的关联担保与应付账款也都相应增大，从反面进一步验证了金字塔结构具有较强的债务融资放大效应。

2. 金字塔结构债务融资放大效应内生性的考察

考虑到民营企业集团金字塔结构层级和复杂度与各种债务水平可能存在内生性，我们采用 Fan 等（2007）、Masulis 等（2011）和李增泉等（2008）采用的两阶段最小二乘法（2SLS），通过第一阶段金字塔结构企业内外部控制变量与金字塔结构层级和复杂度的回归分析，得出预测的金字塔结构层级和复杂度，再将预测值带入回归模型（4-3）进行回归分析，其结果保持一致。同样，对于影响民营企业集团融资的内外部因素，如行业性质、行业多元化、政治关联和市场制度环境各变量，我们亦做了相关检验，其结果基本保持一致。

3. 攫取动机的考察

除了本书中金字塔结构融资优势动机以外，攫取动机也是金字塔结构形成的重要根源之一。因此，我们在以上所有回归模型中均加入控制权与现金流权偏离度（*DIFF*，控制权与现金流权的比值）作为控制变量，以消除控股股东利益攫取对我们实证结果的影响，最终回归结果保持一致。

4. 金字塔结构衡量指标的考察

为了更进一步剖析金字塔结构及所形成的内部资本市场，在已有两种衡量金字塔结构层级和复杂度指标的基础上，我们加入了最终控制人最终控制公司个数①，以反映控股股东控制和操纵内部资本市场的规模大小，通常来说，可控制公司数目越多，其债务融资规模也就越大，其结果基本与上述实证结果相一致。

4.5　本 章 小 结

针对转轨经济中我国民营企业集团金字塔结构构建的普遍趋势，已有的攫取理论并不能完全解释现实与理论的悖论现象，本章以我国民营上市制造业公司 2004～2016 年共 13 个年度的数据作为研究样本，利用金字塔层级和金字塔结构复杂度两个指标来反映金字塔结构，通过分析金字塔结构缓解融资约束效应和缓解融资约束的根源——内外部两种资本市场债务融资放大效应，较为全面地分析和阐述了我国民营企业集团

---

① 最终控制人控制公司数目来自于公司年报中股权结构图的手工计算而得，其结果尽管较金字塔层级和复杂度作为指标的显著度略微下降，但总体保持大致一致的结果。它的结果更多地反映了内部资本市场规模形成融资优势。

金字塔结构的特性和缓解融资约束效应，为我国民营企业集团金字塔结构的研究提供了又一理论研究视角和实证支持。本章具体实证分析结果阐述如下：

（1）我国民营制造业上市公司投资与现金流显著呈正相关关系，表明这些企业普遍存在严重的融资约束问题，在进一步的金字塔结构与投资现金流的回归结果分析中，我们发现，金字塔结构可以有效地缓解民营企业面临的融资约束问题。

（2）通过考察金字塔结构缓解融资约束的资金来源，我们发现，权益融资和内源融资都不能有效地解决企业的融资约束问题，且与金字塔结构层级和复杂度呈显著负相关关系，这说明，金字塔结构缓解工资约束不仅没有依赖于权益融资和内源融资，而且其他的融资来源在补偿这两者融资来源的基础上，提高了企业整体融资水平。

（3）通过考察金字塔结构层级和复杂度与企业债务融资的关系，我们发现，缓解融资约束的根源主要来自于金字塔结构的债务融资放大效应，这种放大效应不仅来自于金字塔结构的外部杠杆效应，而且更多地来自于内部资本市场所形成的内部债务融资放大效应。其中，外部杠杆效应主要表现在银行的长期债务方面，内部杠杆效应主要表现在短期内部债务方面。随后基于关联担保和应付账款的考察也验证了该结果的稳健性。

第 5 章

金字塔结构融资优势与公司内部
特征的实证分析

5.1 理 论 假 设

既然金字塔结构的构建源于债务融资放大效应，那么影响民营企业集团融资约束的众多内部因素也可能影响进而决定着金字塔结构层级和复杂度的大小和规模。通过分析影响金字塔结构融资缓解的内部影响因素，不仅可以多方位证实金字塔结构确实存在着缓解融资约束功能，印证本书主题，而且，也可以通过这些内部因素与金字塔结构之间的关系展示更广泛的企业集团金字塔结构特性。

5.1.1 行业性质、行业多元化与金字塔结构融资优势

由于不同行业自身需求资金大小、运作风险和面临的市场环境不同，那么不同行业的公司则面临着不同的融资需求和流动性储备，这样就决定了行业性质本身对企业融资约束有着重要的影响。如果影响民营

企业集团融资约束的行业性质确实与金字塔结构层级和复杂度呈显著的相关关系，则说明金字塔结构层级和复杂度构建源于解决紧张的资金约束。

从行业性质来说，高风险行业面临着更为激烈的市场竞争，随时可能因为缺乏定价能力、投资不足以及进入受阻等不利的市场竞争状况而面临着被其他竞争者所掠夺和威胁的风险。为应付这些掠夺风险，公司往往需要保持相对宽松的财务状况以应对可能发生的市场变化和竞争形势；处于高资金密集行业的民营企业，不仅需要大量的资金进行固定资产的购置和应付正常的资本投资，而且，随时需要足够的资金以保证资金投入不足带来的投资损失和发展停滞。因此，越是高风险、高资金密集型的行业，就越需要有较稳健的财务保障机制，就越需要大量的资金进行投资，如果金字塔结构能够有效缓解企业资金紧张问题，则就需要建立更复杂的金字塔结构以缓解企业可能面临的融资约束（Almeida and Wolfenzon，2006），以便有足够的资金用于企业资本性投资和防御激烈市场竞争带来的市场掠夺风险。

从行业多元化角度来看，公司多元化可以为企业带来多种不同行业的现金流供给，从而降低公司内部现金流风险，提高债务融资容量（Lewellen，1971），而且在多元化公司内部资本市场融资风险较小，有着较低的信息不确定性，能够避免内部市场主体在外部证券市场上进行逆向选择的机会（Hadlock，2001），并可以通过多元化企业集团内部资本市场实现资源的有效配置（Stein，1997），缓解集团所属企业面临的融资约束问题。正因为公司多元化企业有着较高的财务协同效应和资源灵活配置优势，许多企业才偏好通过实施公司多元化来缓解公司面临的财务紧张。Hubbard 和 Palia（1999）通过考察众多 20 世纪 60 年代的集团并购案例后认为，由于当时外部资本市场不发达，存在着严重的信息不对称问题，风险债务处于非流通状态，并且在只有少数机构股东的情况下，公司实行多元化并购是为了利用内部资本市场来缓解企业面临的融资约束。Fluck 和 Lynch（1999）也提出，多元化公司之所以会出现，是因为非多元化公司的短期收益项目难以获得必要的资金，并且运作困难，公司通过多元化并购可筹措必要的资金。Bhide（1990）甚至指出，由于 20 世纪 80 年代存在着较为发达的外部资本市场，因此影响了公司实施多元化的动机。Dimitrov 和 Tice（2006）发现在经济衰退时期，依赖银行债务的多元化公司有着较高的销售增长率和较低的库存增长率，表明多元化公司的内部资本市场缓解了外部市场低迷时期的财务约束。Hann（2013）考察了部门现金流的资金成本，他发现，越是非相关行业的多元化，其现金流的资金成本越低。Volkov 和 Smith（2015）通过研究发现经济衰退时期，多元化公司存在明显的价值提升，这并非源于广泛的外部资本市场，而是归因于其构建的内部资本市场资源有效配置所导致。因此，我们认为，越是公司多元化水平较高的企业，越存在较强的融资约束，也就越可能拥有较高的金字塔结构。

假设 5 – 1　高风险、高资金密集行业的企业集团拥有更复杂的金字塔结构。

假设 5 – 2　公司多元化水平越高的企业集团拥有越复杂的金字塔结构。

5.1.2　政治关联、金融关联与金字塔结构融资优势

众所周知，处于转型经济时期的我国，民营企业在政策优惠、税收征收、财政补贴等方面有着天生的弱势和不足。尤其是我国财政预算软约束和国有银行垄断体制，造就了民营企业夹缝生存和另辟蹊径的发展轨迹。由此，民营企业为了更好地生存和发展，试图从内外两个角度规避和顺应这种计划体制遗留问题和政府主导的市场经济体制格局，一是通过内部组织整合和股权结构调整，构建庞大的金字塔股权结构和内部资本市场体系，从而规避外部由体制弊端、市场不完善带来的较大的负外部性，提高自身内部资源调配和供给能力；二是建立顺应我国政府主导的市场经济体制，通过与政府建立较好的沟通渠道、进入政治相

关团体和网络招募有政治背景的人力资本等方式获得外部顺畅的运行环境。

大量的实证文献也证实，往往有政治关联的公司会获得较多的外部资源和制度保障。在我国，有政治关联的民营企业更容易获得银行贷款（Li et al.，2008）。某些和政府官员有着紧密联系的企业能获得更多及更长期的银行贷款，但随着这些政府官员因为腐败而下台，这些企业的贷款额显著下降，贷款期限显著缩短（Fan et al.，2008）。罗党论和唐清泉（2008）通过对我国民营上市公司的研究，发现地方产权保护越差、政府干预越大以及金融水平发展越落后的地区，民营上市公司更有动机与政府形成政治关系。余明桂和潘红波（2008）以我国民营上市企业为样本，发现有政治关系的企业比无政治关系的企业获得更多的银行贷款和更长的贷款期限，而且，在金融发展越落后、法治水平越低和政府侵害产权越严重的地区，这种贷款效应越显著。吴文锋等（2009）发现，我国民营企业中有政府背景公司的税收优惠和税外负担显著低于没有政府背景的公司。余明桂等（2010）发现，与地方政府建立政治联系的民营企业能够获得更多的财政补贴，且在制度环境越差的地区，这种补贴效应越强。Shin 等（2017）发现韩国企业集团中有政治关联的往往有着较好的经营业绩和较低的市场风险，政治关联的价值影响更多地体现在企业集团成员之间关联交易的增加。

在国内，政治关联除了对企业的信贷融资具有重要的影响，对权益融资也有显著作用。例如，在上市过程中有政治关联的企业，发行价格更高、抑价程度更低、发行成本更低（Francis et al.，2009）。我国上市公司中具有政府部门任职背景的董事比例越高，上市公司在 IPO 后获得的补贴收入也越多（陈冬华，2003）。有政治关联的民营企业在陷入困境后更容易获得政府补助（潘越等，2009）。

另外，政治关联可以帮助企业从政府手中获取更多的政策优惠、投资项目等方面的支持，使企业有更多的行业投资机会及投资能力。例如，有政治关联的民营企业因为能够得到政府的支持，更容易进入金融等管制性行业进行经营（胡旭阳，2006；罗党论和唐清泉，2009）。同样，跨行业优惠政策的支持也导致政治关联企业更容易获得多元化资源，进行多元化经营（张敏和黄继承，2009）。政治关联可以帮助企业降低融资约束，减少与政府的协调成本，从而提高投资效率（陈运森和朱松，2009）。Han 和 Zhang（2018）发现在中国资本市场，有政治关联董事的公司往往有着较高的证券异常收益率，政治关联董事的代理成本影响主导了企业价值影响。

因此，我们可以猜想，如果民营企业集团有着较广泛的政治联系，它通常会获得较多的外部资源，包括资金等要素的获取，对于建立金字塔结构内部调整获得资源优势的期望就会有所降低，因此，相比较政治联系较少的公司，它有着相对较低层次和较简单的金字塔结构。

假设 5－3　政治关联越广泛的民营企业集团，其金字塔结构的层级和复杂度越低。

金融关联尽管没有政治关联所带来的政治权力影响力，但更会带来直接的稀缺金融资源。这源于以下三种原因：首先，金融关联可以直接通过已有金融背景和联系的高管获取稀缺的金融资源，并与金融机构建立更为紧密的关系网络，为企业持续的资源供给创造便利条件；其次，拥有丰富金融关联的企业可以产生隐形的金融声誉和担保机制，为企业获取银行信用和商业信用提供间接保障；最后，金融关联的高管作为企业亟须的专业高级人才，提供了企业资本运作、资金调配等重要的金融运作技能，有利于企业更好地实现产融结合，提高企业价值。Burak 等（2008）发现，商业银行家进入董事会有助于获取银行债务融资，投资银行家进入董事会能够带来更多的证券融资。Mitchell 等（2010）也发现美国企业中银行背景董事能够降低企业破产风险和财务困境。国内的相关研究也得出金融关联缓解企业融资约束的结论。邓建平和曾勇（2011）发现我国民营企业存在普遍的金融关联现象，且这种关联能够有效缓解民营企业的融资约束和资金紧张。尤其在金融市场化程度低的地区和政治关联程度低的企业中这种金融关联作用更加突出。徐慧

（2015）也验证了金融关联的融资约束缓解效应，同时结合控制人行为，与控制人的支持共同降低企业的资金约束。蒋水全等（2017）则发现不仅金融关联有显著的融资优势，而且对于企业的投资不足还有显著的抑制作用。

从以上金融关联的理论和实证结果来看，金融关联能够有效地缓解企业融资约束情况，因此，如果金字塔结构源于企业债务融资效应，则随着金融关联的程度提高，金字塔结构的层级和复杂度也会逐步降低。

假设5-4　金融关联越广泛的民营企业集团，其金字塔结构的层级和复杂度越低。

5.1.3　公司现金持有与金字塔结构融资优势

1. 公司现金持有的代理动机和融资动机

关于现金持有的代理成本动机的理论和实证研究已经积累了大量相关文献。其研究结论主要认为，在公司内部代理问题较严重的情况下，控股股东或高管人员并不愿意向公司股东分红，更偏好于持有较高的现金水平，以提高他们获取私人收益的相机处置之权。众多学者从外部股东保护、控制权市场和产品市场竞争等方面对公司现金持有进行了深入研究。其中，代理问题作为影响公司现金持有最重要的因素之一被大多数学者所证实和接纳。

部分学者从外部控制权市场和产品市场的角度来探讨代理问题对公司现金持有的影响。该领域较早的自由现金流理论认为，20世纪70~80年代，美国公司热衷于多元化兼并的原因是这些公司存在较高的自由现金流，为了获取多元化并购后的私人利益，公司管理层偏好将更多的自由现金流用于降低价值的多元化兼并，而不是作为红利分配给股东（Jensen，1986；Stulz，1990）。Harford（1999）则从控制权市场角度出发，发现持有丰富现金的公司更偏好于进行降低公司价值的多元化兼并，进一步验证了自由现金流理论。Faleye（2004）从代理权争夺的角度研究了代理理论解释公司现金持有的问题，他发现，代理权争夺目标公司比相似企业拥有超过 23% 的现金储备，争夺的可能性也随着超额现金持有水平的增加而增加。随着代理权争夺的开始，经理更替和特殊的现金分配给股东的现象也随之增加，而持有现金的比例却大大降低。Martin（2008）则研究了产品市场竞争与公司现金价值之间的关系，发现竞争性行业比集中性行业的公司持有现金的价值要高，尤其在存在严重自由现金流问题的公司中，这种影响更加显著。而且，产品市场竞争与控制权市场对公司持有现金的价值起着相互替代作用。

更多文献则从外部股东保护来探讨代理问题对公司现金持有的影响，通过世界多个国家不同投资者保护程度的对比，他们发现，股东保护环境较差国家的公司现金持有水平往往较高，但却有着较低的公司现金持有价值和较大程度的市场折价。部分研究也同时考察了家族作为控股股东和金字塔结构企业的现金持有问题，也发现由于控股股东代理问题的存在，家族控制和金字塔结构企业通常持有较高的现金水平（Ozkan and Ozkan，2004；Kusnadi and Wei，2011）。这些结论不仅从公司现金持有角度验证了 Jensen（1986）的自由现金流理论，而且验证了 Johnson 等（2000）的控股股东地下利益攫取理论。Dittmar 等（2003）和 Ferreira 和 Vilela（2004）从股东保护的角度揭示了公司治理影响现金持有水平的重要性，通过考察世界多个国家的公司持有现金状况，他们发现股东保护较弱国家的公司持有现金水平相对较高，说明公司经理和控股股东宁愿持有较高的现金用于满足私人收益，而不是返还给中小股东。Kalcheva 和 Lins（2007）和 Pinkowitz 等（2006）也通过多个国家的公司研究发现，在股东保护较弱的国家中，控股股东往往持有较高的现金水平，且有着较低的公司价值。Dittmar 和 Mahrt（2007）通过分析公司治理对现金持有价值的影响，发现公司治理状况较好的公司有较高的现金持有价值，而公司治理较差的公司持有的现金则有较大程度的折价。Kusnadi 和 Wei（2011）发现在中小投资者保护更好的国家中，企业更可能随着现金流的增加而降低现金持有。

　　然而，公司现金持有水平的高低，并不仅仅取决于公司内部代理成本的大小，也取决于公司所面临的内外部资本市场状况而导致的公司财务约束程度高低。由第3章的理论分析可以知道，公司持有现金具有相应的预防和融资需求动机，当公司所处外部环境风险越高，内部现金流越不足，公司现金持有水平就越高。而反过来，如果公司现金持有水平越高，则表明公司的预防和融资需求动机越强，受到的融资约束就越高。我国已有大量理论和实践研究证实了这一点。也就是说，公司的融资约束程度是影响公司现金持有程度的另一重要因素。对于融资约束公司来说，当公司面临外部较高的融资成本和较少的市场融资机会时，公司通常会储备较多的现金来抵御行业竞争风险和把握投资机会。因此，融资约束程度越高的公司，持有现金水平程度一般也越高。Almeida 等（2004）通过实证分析发现，融资约束公司的现金—现金流敏感性较高，公司往往从现金流量中储备更多的现金，而非融资约束的公司则没有这种倾向。Acharya 等（2007）也通过实证分析发现，融资约束公司具有较高的现金—现金流敏感性，而且，对于未来现金流较低的融资约束公司，其现金持有水平更高。Nikolovy（2009）通过模型推导和实证分析发现，产品市场竞争程度较高行业的公司现金持有水平也较高，而且，现金持有的掠夺风险效应仅仅发生在融资约束条件下。Fresard（2010）也经过实证发现，当公司处于较大的融资约束和较为激烈的竞争性行业中时，现金持有水平会相应增加，其所带来的竞争效应也会相应增大。Kusnadi 和 Wei（2011）发现，对于融资约束和高避险需求的企业，其中小投资者保护越好，企业越可能随着现金流的增加而降低现金持有。Chan 等（2014）研究了澳大利亚企业的现金持有问题，发现对于较高程度的融资约束、高速增长和不确定性企业，有着较高的现金边际价值。

　　在我国的上市公司中，关于公司现金持有源于代理理论还是融资需求理论的问题，较多的研究都认为我国公司现金持有更多的源于融资的需要，符合融资理论中的权衡理论和优序理论，而不是代理理论（彭桃英和周伟，2006；程建伟和周伟贤，2007）。彭桃英和周伟（2006）通过对高额现金持有影响因素对公司价值的影响，认为权衡理论比代理理论更适于解释中国上市公司的现金持有行为。周伟和谢诗蕾（2007）则通过考虑制度因素对现金持有的影响，发现在制度环境较差的地区，企业更倾向于实行高额现金持有政策，以应对可能发生的融资约束，其结论同样支持权衡理论。辛宇和徐丽萍（2006）则对多种可能影响现金持有行为的财务因素进行了对比分析，认为权衡理论和啄食理论都有一定的解释能力。程建伟和周伟贤（2007）也采用了相似的财务因素分析，认为融资啄食理论的解释能力更强。连玉君和苏治（2008）则认为现金持有往往表现为融资需求的动态均衡，并不是简单的融资静态均衡。

2. 研究假设

从以上的文献综述和理论阐述来看，既然金字塔结构与现金持有水平的高低都受到两种因素——利益攫取与融资约束的影响，那么，两者之间的相关关系也存在两种可能性：其一，如果公司构建的金字塔结构主要源于控股股东的利益攫取行为，则公司内部代理问题越严重，金字塔结构的层级和复杂度越高，现金持有水平也将随之提高。因为控股股东或公司高管在构建金字塔结构获取更多控制权收益的同时，也更偏好于持有超额现金水平，而不是将这些过度持有现金分配给股东，从而满足和实现更大的自我控制权和私人收益。其二，如果公司构建金字塔结构主要源于控股股东缓解公司面临的融资约束问题，则随着金字塔结构层级和复杂度的增加，内外部资本市场融资效应的扩大，融资约束问题逐步得到缓解，公司将逐步降低现金持有水平。

考虑到我国的经济宏观背景和资本市场的不尽完善，金字塔结构对公司现金持有水平的影响将可能存在控股股东的利益攫取和融资优势两种动机。究其根源，有以下两方面原因：首先，在我国，起到外部治理机制的控制权市场、产品市场由于受到市场不完善、国有垄断程度较高等因素的影响，难以发挥有效的治理机制作用，因而，使普遍存在的金字塔结构企业更多地受到攫取利益的诘责；其次，我国资本市场建立时间较短，基本制度和法规也并不十分完善，再加上市场中投资者以散户为主，对公司监督和制约普遍采取搭便车行为，很难实际上约束和监督公司控股股东和高管层的利益攫取行为，因而，在我国上市公司中，控股股东利益攫取的代理问题极为普遍。国内关于控股股东利益攫取的文献从不同角度证明了这种情况的存在，如关联投资（柳建华和魏明海，2008）、过度投资（俞红海等，2010）、现金策略（罗琦和胡志强，2011）等。由此，我们认为在我国金字塔结构企业普遍存在的情况下，利益攫取行为可能成为一种重要的建立根源，而与公司现金持有之间的关系则更可能表现为显著的正相关关系。国外相关研究也得出相似的结论，Kusnadi（2011）通过研究新加坡和马来西亚的上市公司，发现金字塔结构和家族控制的企业往往有着较高的现金持有水平和较低的现金持有价值。

同样，正因为我国外部市场，诸如资本市场、控制权市场和产品市场等缺乏有效的监管和规制，市场参与者又缺乏完善的投资理念和信用市场体系，市场不完善普遍存在，这就使企业在自身发展中普遍存在融资约束、投资风险高和市场不确定性强等市场掠夺风险，因而，企业为了获得生存和发展，必然强化外部市场内部化的措施，其中，建立相应的金字塔结构，扩展内部资本市场就成为企业应对市场不完善的普遍举措。而且，在我国，国有企业和民营企业明显地位不对等，使资本市场更偏好于国有企业融资，而民营企业的高资本市场门槛迫使其通过内部资本市场解决资金问题，这也是导致金字塔结构普遍存在的原因。

在影响我国上市公司现金持有水平因素的理论分析中，很多研究支持了公司现金持有的预防动机和融资缓解理论。当我国宏观经济处于衰退时期，货币政策处于偏紧状态下，企业出于预防动机和融资需求动机持有较高的现金水平（祝继高和陆正飞，2009；江龙和刘笑松，2011）。而对于产品市场竞争程度的影响来说，产品市场竞争程度越高，市场掠夺风险就会越大，公司也就会持有更多的现金来预防可能的市场掠夺风险和抓住投资机会（杨兴全和吴昊旻，2009；周婷婷和韩忠雪，2010；

韩忠雪和周婷婷，2011；孙进军和顾乃康，2012）。对于公司内部现金流对现金持有的影响，很多研究都支持了现金明显受到内部现金流的正向影响，且对冲需求越高，这种现金—现金流敏感性越高。韩忠雪等（2012）通过研究公司持有现金和负债两者融资策略的变动，揭示了我国上市公司通常存在显著的正向现金—现金流敏感性，且这种敏感性在融资约束的高对冲需求企业中更为显著。罗琦和张标（2012）也考察了融资约束和对冲需求下现金持有和投资策略的变动，发现融资约束企业有着显著的现金—现金流敏感性，且在对冲需求下现金对投资的对冲作用更为明显。顾乃康和孙进军（2009）考察了现金流风险对现金持有水平的影响，发现现金流风险与现金持有呈显著正相关关系。

因而，究其根源，金字塔结构的产生可能存在以上两种基本动机。因此，我们有以下假设：

假设5-5　我国上市民营企业金字塔结构建立源于控股股东的利益攫取动机，其与现金持有水平呈显著的正相关关系。

假设5-6　我国上市民营企业金字塔结构建立源于融资优势动机，其与现金持有水平呈显著的负相关关系。

如果金字塔结构的建立主要源于控股股东利益攫取，那么对于控股股东与小股东之间代理问题严重的公司，控股股东的利益攫取动机就更为强烈，也就更偏好构建复杂的金字塔结构，而存在较为严重的代理问题也使得控股股东更偏好于持有过多的现金等流动性资产，当然，复杂的金字塔结构也同时增加了内部资本市场规模，为提高流动性资产储备提供了更加便利的条件，因此，对于高利益攫取的公司，金字塔结构层级和复杂度与现金持有水平存在更为显著的正相关关系。对于利益攫取行为较低的企业，控股股东的利益攫取行为受到遏制，或者本身较低的攫取利益欲望，导致控股股东利益与公司整体利益保持相对一致，控股股东更加偏好提高公司整体利益，而不是获取私人控制权收益，而这时控股股东建立复杂的金字塔股权结构就更多的是为了建立内部资本市场以应对外部复杂的资本市场，为企业集团各成员企业获得较低成本的资金提供支持。由于金字塔结构企业便利的资金来源和多种融通方式，企业不需要储备更多的现金来应对资金短缺，因而，低利益攫取行为的企业拥有较低的现金持有水平，金字塔结构层级和复杂度与现金持有水平之间呈现显著的负相关关系。

融资约束作为影响金字塔结构与公司现金持有的重要因素，对两者之间关系的确定和分析也起着至关重要的作用。如果金字塔结构的建立源于控股股东利益攫取，则对于融资非约束公司来说，金字塔结构与现金持有水平呈显著的正相关关系；对于融资约束公司来说，则呈显著的负相关关系。这种结果的产生源于以下两个原因：首先，融资非约束公司通常拥有较为丰富的内部现金流和外部较低的融资成本，能够便利地提供给控股股东与管理者更多的可利用资源，这就大大提高了控股股东与管理者利用这些资源投资有利于自我利益项目的可能性，从而加大公司内部代理成本。Jensen（1986）的自由现金流理论充分说明了这一点。Denis 和 Sibilkov（2010）也发现，融资约束公司比融资非约束公司有着更高的持有现金价值和边际投资效率。其次，融资约束公司的控股股东或者高管考虑到企业与自我的声誉效应，可能将更多的精力集中在缓解公司财务紧缺和提升公司业绩方面，从而无暇顾及更多的自我徇私行为。Luo（2011）发现，相对于融资非约束公司而言，融资约束公司中经理们花费现金是与较高的未来收益和证券回报一致的。而且，融资约束作为公司治理的有效替代，尤其对于公司治理较差的公司，起到了很好的约束经理和提升公司业绩作用。韩忠雪和周婷婷（2011）发现在不同的产品市场竞争影响下，融资约束企业中的现金持有更多地表现为风险掠夺效应，而在融资非约束企业中，现金持有更多地表现为代理成本效应。

因此，针对融资约束和利益攫取程度的不同，我们有以下研究假设：

假设 5 - 7　融资非约束公司和高利益攫取公司的金字塔结构与现金持有水平呈显著的正相关关系，融资约束和低利益攫取公司则呈现显著的负相关关系。

5.2 数据选取和变量定义

5.2.1 数据选择

本书选取 2004～2016 年共 13 年的沪、深两市所有的除国有和外资以外的民营制造业上市公司作为研究样本，之所以保留集体持股、职工持股会持股等企业，一是因为样本数量的局限，二是因为这些企业与单纯的民营企业一致，其控制运营依然是小利益集团的利益一致行为。为保证数据的精确，我们根据以下原则做了严格筛选：（1）为了保证公司财务指标的一致性，我们选取 A 股上市非金融公司，同时剔除存在交叉上市的公司；（2）为了保证财务数据的准确性，剔除在 2004～2016 年中被特殊处理的 ST、*ST 等公司；（3）剔除 13 年中有过重大资产重组和财务数据有重大疏漏的公司，同时，为了消除极端值的影响，本书还对处于 0～1% 和99%～100% 之间的极端值样本进行了剔除。最后我们共获得 280 家公司3 614 个公司年的非平衡面板数据。金字塔结构层级、复杂度、控制权与现金流权数据、高管政治背景数据均手工取自于年报股权结构图的测算和相应的解释；制度和市场环境度量指标均取自于樊纲、王小鲁等主编的《中国市场化指数：各地区市场化相对进程 2011 年报告》和王小鲁、樊纲、余静文统筹撰写的《中国分省份市场化指数报告（2016）》；其他所有公司财务数据都来自于北大 CCER 数据库和国泰安 CSMAR 数据库。

5.2.2 变量定义

1. 金字塔结构的代理变量

本书采取两个指标来衡量金字塔结构的复杂性，即金字塔结构层级

（*LEVE*）和金字塔结构复杂度（*LECH*）。为了有效反应控股股东的实际控制能力，金字塔结构层级是按照最终控制人逐级控股比例最大的控制链层级数来定义的[①]，并以上市公司作为控制链的最低层，而不是按照最长的控制链来选取的（Fan et al.，2010）。为了衡量金字塔结构相关的内部资本市场规模大小，我们用金字塔结构复杂度来衡量，它由金字塔层级和控制链条的乘积来衡量，控制链条是按照年报股权结构图中最终控制人所能控制的链条数来计算，计算控制链条数的基本原则有三个：必须是最终控制人或控股公司能够控制的链条；不同的控制链链条中间必须有新的控股公司出现，否则只能算作一条控制链；对于链条中无其他控股公司显示，无法判别是否控股的以持股比例大于10%作为控股标准。

2. 公司行业性质代理变量

为了有效衡量公司行业性质，本书采取两个指标来衡量行业性质，即劳动和资金密集程度（*IN_CHA*）和资本劳动比率（*IN_CAP*）。

第一，根据中国证监会发布的《上市公司行业分类指引》中制造业的分类，根据制造业的细分行业性质来划分。相对来说，食品加工（*C0*）、纺织服装（*C1*）、木材家具（*C2*）和造纸印刷（*C3*）等行业属于劳动密集型、风险较低和资产比重较低的行业，我们将 *C0—C3* 定义为低风险、低资金密集型企业；石油化工（*C4*）、电子（*C5*）、金属非金属（*C6*）、机械设备（*C7*）和医药生物（*C8*）等行业属于资金密集型、风险较高和资产比重较高的行业，我们将 *C4—C8* 定义为高风险、高资金密集行业，如果该指标（*IN_CHA*）属于高风险、高资金密集型行业则为1，否则为0。

第二，我们按照衡量资金密集型行业的基本指标——资本劳动比率

[①]　最终控制人的确定和金字塔结构的满足条件均类似于 La Port 等（1999）、Claessens 等（2000）和毛世平（2009），但由于一级金字塔结构企业数量较少，并考虑我们主要获取金字塔结构变化的趋势，所以，本书将一级控股结构亦纳入分析范围。

（IN_CAP）作为代理变量，具体计算公式为公司年末账面总资产与员工总数之比的自然对数。

3. 公司多元化的代理变量

为了有效衡量公司多元化程度，我们选取通常采用的三个代理指标，即公司多元化虚拟变量（IN_DUM）、公司多元化行业数目（IN_NUM）和公司多元化行业赫芬德尔指数（IN_HHI）。我们首先以北大CCER数据库中的行业数据作为行业划分基准，参考股权结构图中控股公司的行业构成手工搜集而成，其代表指标包括行业经营数目和行业收入的赫芬德尔指数。因为除上市公司以外集团其他公司行业收入无法获取，所以赫芬德尔指数主要由上市公司行业收入计算而得①。

4. 政治关联代理变量

政治关联我们定义为董事、监事和高级管理人员（统称高管人员）现在或曾经作为人大代表、政协委员或政府官员②。我们选取四个指标来代替，即公司高管中是否存在政治关联（ZZ_DUM）；公司高管中有政治关联的人数（ZZ_NUM）；董事长或总经理是否有政治关联（ZZ_DIR）；高管人员是现任人大代表、政协委员或政府官员

---

① 在本书中我们主要考虑以上市公司作为最底层，最终控制人作为最高层所构成的金字塔结构，由于这种金字塔结构内的公司详细资料并没有在年报中披露，因而，要搜集相应的行业数目和行业收入存在很大难度，因此，考虑到上市公司构筑的企业集团行业与之上的金字塔结构行业有一定的重合，我们暂以上市公司构筑的企业集团行业作为判断基准，并参考股权结构图列出的公司行业测算。

② 已有国内外研究政治关联的文献对政治关联的衡量存在两种情况：（1）考量对象不同，一是将董事会、监事会和高级管理人员都作为政治关联考量对象（Faccio，2006）。二是只将最终控制人或董事长、总经理作为考量对象（Betrand et al.，2004；Fan，Wong and Zhang，2007；吴文锋等；Li and Su，2005）；（2）考量范围不同，一是仅仅在政府或军队中担任过职务的作为政治关联人员（Fan，Wong and Zhang，2007）；二是不仅包括政府中担任过职务，而且在国会、议会等其他参事机构工作过都作为政治关联人员（Chen Li and Su，2005；余明桂和潘红波，2008）。本书综合考虑这两种情况，将所有高管人员均纳入考量范围，并单独考虑董事长或总经理的政治关联状况，将政治关联范围界定为政府官员、人大代表和政协委员，并考虑现任还是曾任这些职位或名誉。其中现任政府官员的我们定义为只要在高管中有一个是现任政府官员就为1，否则为0。从搜集数据来看，现任政府官员主要是现任人大代表和政协委员。

（*ZZ_NOW*）。

5. 金融关联代理变量

金融关联我们定义为董事会中以前或现在在金融机构任职的董事，具体选取三个指标：董事会成员中是否存在金融关联（*FI_DUM*）；董事会成员中存在金融关联的比例（*FI_TOT*）；董事长是否存在金融关联（*FI_CHA*）。

6. 现金持有代理变量

参照 Ozkan（2004）、Harford 等（2008）的研究方法，我们采用如下指标来衡量公司的现金持有水平：净现金持有水平＝年末现金及现金等价物余额/（年末总资产－年末现金及现金等价物余额）。由于我们选取的公司数据均为制造行业，有着较大的行业同质性，且在回归分析中使用行业虚拟变量对行业差异进行控制，故本书的现金持有数据未进行行业调整。

7. 控制变量

为了尽可能准确地研究金字塔结构缓解融资约束的关系，本书借鉴国内外相关文献的做法选择相应的控制变量，具体有投资支出（*INVE*）、现金流（*FLOW*）、净营运资本（*WORK*）、现金持有比率（*CASH*）、总资产收益率（*ROA*）、资产负债率（*DEBT*）、规模（*ASSE*）、年度（*YEAR*）和行业（*INDU*）虚拟变量等来控制金字塔结构缓解融资约束的公司基本面因素，这些变量的选取和定义都与目前国内外文献中的常用指标保持一致。具体变量定义见表 5-1。

表 5-1 变量选取与定义

	变量	定义
因变量	金字塔结构层级（*LEVE*）	金字塔结构企业最终控制人主要控制链的层级
	金字塔结构复杂度（*LECH*）	金字塔结构企业主要控制链层级和控制链条的乘积

续表

	变量	定义
行业性质	行业性质虚拟变量（IN_CHA）	如果公司行业属于 C0 – C3 为 0，否则为 1
	资本劳动比率（IN_CAP）	LN（账面总资产/员工总数）
多元化	行业虚拟变量	如果公司行业大于等于 2 个行业则为 1，否为 0
	行业数目（IN_NUM）	企业集团所有行业数目
	行业赫芬德尔指数（IN_HHI）	上市公司行业收入的赫芬德尔指数
政治关联	公司高管是否存在政治关联（ZZ_DUM）	公司高管中存在政治关联为 1，否为 0
	高管人员有政治关联的人数（ZZ_NUM）	高管人员有政治关联的人数/高管人员总
	董事长或总经理是否有政治关联（ZZ_DIR）	董事长与总经理有政治关联为 1，否为 0
	高管人员中是现任政府官员（ZZ_NOW）	政治关联的高管是现任政府官员为 1，否为 0
金融关联	董事会成员是否存在金融关联（FI_DUM）	如果董事会成员有金融关联为 1，否为 0
	董事会成员金融关联的比例（FI_TOT）	董事会成员中金融关联董事长占比
	董事长存在金融关联（FI_CHA）	董事长存在金融关联为 1，否为 0
现金持有	净现金持有水平（NCASH）	期末现金及现金等价物余额/（期末账面总资产 − 期末现金及现金等价物余额）
控制变量	现金流量（FLOW）	经营现金流量净额/账面总资产
	净运营资本（WORK）	净营运资金/账面总资产
	现金持有水平（CASH）	期末现金及现金等价物余额/账面总资产
	总资产收益率（ROA）	净利润/账面总资产
	规模（ASSE）	公司账面总资产的对数
	银行性负债（BADE）	（长期借款 + 短期借款）/总资产
	资产负债率（DEBT）	负债总额/账面总资产
	金字塔结构偏离度（DIFF）	金字塔结构控制权/现金流权
	年度哑变量（YEAR）	属于该年度为 1，否为 0
	行业哑变量（INDU）	属于该行业为 1，否为 0

5.3　数据分析及模型构建

5.3.1　我国民营制造业上市公司主要变量的描述性统计

根据我国民营制造业上市公司样本的数据资料，我们对主要变量指标进行初步的描述性统计，从中可以看出金字塔结构与各变量的初步变化规律。

由表5-2我们可以得出以下结论：（1）我国制造业民营上市公司整体金字塔结构并不十分复杂，层级平均水平为2.420，复杂度平均水平为3.438。这说明，金字塔结构的建立并不像最初的攫取理论那样只是为了获得控制权收益，如果按照那种逻辑，则金字塔结构应该足够复杂才符合攫取理论。（2）从行业性质来看，0.762的均值说明我国民营企业从事着较高的资金密集型、风险较高的行业，且公司多元化水平也不是太高，基本集中在2个行业范围内。（3）从政治关联来看，我国民营企业存在政治关联的比例较高，达到64.4%，这足以说明在我国受歧视的民营企业中存在政治关联的重要性。政治关联人数在高管中比例并不是很高，只有8.4%，但董事长或总经理是政治关联的比例并不低，可以达到总样本的34%，而且，曾经担任政府官员的政治关联比例比现任政府官员比例高近一倍。说明民营企业更多吸收曾任政府官员作为政治关联的主要渠道。（4）从金融关联上来看，我国上市民营企业的董事会有32.9%存在金融关联，董事会成员存在金融关联的均值为0.670，董事长存在金融关联的只有3.60%，整体来说，我国上市民营企业金融关联程度并不太高，且数量差距较大，最大的有9个，董事长存在金融关联的比例更低，这说明，金融关联作为企业改善资源需求的一种重要的关系处理方法，仍然是较为稀缺的。（5）从公司持有现金持有水平来看，民营企业持有现金水平平均为22.60%，处于较高的流动水平，也说明民营企业往往通过持有较高的现金水平来抵御外部融资不畅和激烈的市场竞争。

表5-2　　我国民营制造业上市公司样本主要变量的描述性统计

	MEAN	MEDIAN	MAX	MIN	STD. DEV.
LEVE	2.420	2	6	1	0.942
LECH	3.438	2	15	1	2.575
IN_CHA	0.762	1	1	0	0.026
IN_CAP	4.504	4.413	10.065	1.965	0.958
IN_NUM	2.000	2	9	1	1.138
IN_HHI	0.810	0.939	1.000	0.183	0.223
ZZ_DUM	0.644	1	1	0	0.479
ZZ_NUM	0.084	0.065	0.412	0	0.090
ZZ_DIR	0.340	0.000	1	0	0.473
ZZ_NOW	0.280	0.000	1	0	0.450
FI_DUM	0.329	0	1	0	0.470
FI_TOT	0.670	0	9	0	1.292
FI_CHA	0.036	0	1	0	0.186
NCASH	0.226	0.164	0.000	2.591	0.217
INVE	0.066	0.049	0.451	0.000	0.062
FLOW	0.054	0.053	0.866	-0.543	0.083
WORK	0.110	0.096	0.798	-0.723	0.222
CASH	0.144	0.119	0.722	-0.007	0.106
DEBT	0.477	0.483	0.900	0.018	0.180
ROA	0.185	0.088	21.076	0.558	0.825
ASSE	21.086	21.016	24.288	17.496	0.871

　　为了初步观察各变量随金字塔结构层级和复杂度的变化情况，我们以金字塔结构层级和复杂度作为分类标准，对各变量均值的变化情况做

初步的描述性统计。

从表5-3可以观察到，各变量基本随着金字塔结构层级和复杂度的变化发生相应的改变，尤其是变量随金字塔层级的变化极为明显。首先，投资随着金字塔结构层级的增加而减少，这也说明金字塔结构层级的提高是为了缓解更严峻的融资约束，以致使企业缺少资金而导致投资支出降低。其次，各种债务指标却随着金字塔结构层级的增加而趋于增加，初步验证了金字塔结构的债务融资放大效应，对于金字塔复杂度来说，只有非银行债务有着明显的同向变化趋势。这也说明，金字塔结构债务融资放大效应更多地来自于非银行债务的增加。最后，行业性质随着金字塔结构层级和复杂度的增加也呈递增趋势，说明，越是资金密集、高风险行业的企业，金字塔结构越复杂。但行业多元化指标变化并不十分明显。另外，市场化程度指标也与金字塔结构层级的变化反向相关，符合市场化程度越低的地区，金字塔结构也越复杂以缓解面临的融资约束问题的理论推断。

表5-3　我国民营制造业上市公司层级与复杂度相关变量的描述性统计

LEVE								
	OBS	INVE	FLOW	IN_CHA	IN_CAP	IN_NUM	IN_HHI	IN_TOT
1	105	0.084	0.051	0.848	4.292	1.581	0.872	8.902
2	537	0.068	0.054	0.734	4.479	1.987	0.819	8.452
3	255	0.063	0.057	0.757	4.617	2.271	0.764	8.434
4	76	0.052	0.045	0.829	4.513	1.842	0.813	8.407
≥5	37	0.045	0.065	0.838	4.671	1.865	0.820	7.244
LECH								
1	105	0.084	0.051	0.848	4.292	1.581	0.872	8.902
2	435	0.062	0.051	0.736	4.547	2.046	0.804	8.203
[3, 4]	263	0.075	0.062	0.723	4.410	1.963	0.826	8.865
[5, 6]	116	0.065	0.059	0.828	4.597	2.250	0.752	7.888
[8, 15]	91	0.053	0.049	0.824	4.617	1.945	0.818	8.826

5.3.2 金字塔结构与公司内部特征的实证模型构建

下面我们通过多元回归计量模型来分析金字塔结构与融资约束的关系。由于篇幅的限制，各变量之间相关系数结果未列出。由于样本数据时间序列较短，而截面数据庞大的特征，需要考虑个体可能存在的特殊效应及对模型估计方法的影响，即消除截面数据造成的异方差影响，因此，本书采用面板数据的广义最小二乘法（EGLS）进行估计，并同时进行 White 异方差方法进行校正。具体计量模型如下：

$$LEVE_{it}(LECH_{it}) = \alpha_0 + \alpha_1 INFL_{it} + \alpha_2 FLOW_{it} + \alpha_3 WORK_{it}$$
$$+ \alpha_4 CASH_{it} + \alpha_5 DEBT_{it} + \alpha_6 ASSE_{it} + \alpha_7 ROA_{it} + \alpha_8 INVE_{it}$$
$$+ \alpha_9 \sum_{j=1}^{5} INDU + \alpha_{10} \sum_{j=1}^{5} YEAR + \varepsilon \qquad (5-1)$$

其中，$INFL_{it}$ 代表影响民营企业集团融资约束的各种内部因素，包括行业性质、行业多元化程度、政治关联和金融关联等。

$$NCASH_{it} = \alpha_0 + \alpha_1 LEVE_{it}(LECH_{it}) + \alpha_2 FLOW_{it} + \alpha_3 WORK_{it}$$
$$+ \alpha_4 DEBT_{it} + \alpha_5 ASSE_{it} + \alpha_6 ROA_{it} + \alpha_7 INVE_{it}$$
$$+ \alpha_8 \sum_{j=1}^{5} INDU + \alpha_9 \sum_{j=1}^{5} YEAR + \varepsilon \qquad (5-2)$$

5.4 结果分析及稳健性检验

5.4.1 公司行业性质、多元化与金字塔结构融资优势

1. 公司行业性质与金字塔结构融资优势

既然金字塔结构建立源于融资放大效应，那么影响企业集团融资约

束的内部行业性质、多元化程度也应该与金字塔结构有着必然的内在联系。下面将给出具体的回归结果。

表5－4给出了行业性质与金字塔结构层级和复杂度之间的回归结果。从行业性质虚拟变量来看，IN_CHA与金字塔结构层级和复杂度均呈显著的正相关关系，即民营企业越是处于高风险、高资金密集的行业，其金字塔结构层级和复杂度也越复杂。从行业资本劳动比率来看，IN_CAP与金字塔结构层级和复杂度也呈现显著的正相关关系，即随着企业资本劳动比率的增加，金字塔结构层级和复杂度也随之增加。这些实证结果说明，越是高风险、高资金密集行业的公司，越需要更高的资金需求来应付企业所需的设备投资、市场风险抵御，也就越需要建立更高层次和更复杂的金字塔结构来缓解这种融资约束。

表5－4　　　行业性质与金字塔结构之间的面板数据回归结果

	LEVE（1）	LECH（2）	LEVE（1）	LECH（2）
C	－ 1.001 *** （ － 26.474）	－ 1.472 *** （ － 4.126）	－ 0.469 *** （ － 6.727）	－ 2.890 *** （ － 10.212）
IN_CHA	0.032 *** （6.333）	0.304 *** （15.284）		
IN_CAP			0.064 *** （8.234）	0.037 ** （2.224）
FLOW	0.315 ** （2.071）	0.717 * （ － 1.753）	0.355 ** （2.297）	0.578 （1.503）
WORK	－ 0.162 *** （ － 3.463）	0.536 *** （3.223）	－ 0.045 （ － 0.960）	0.619 *** （9.374）
CASH	0.170 （1.363）	0.534 *** （2.582）	0.195 （1.178）	0.767 *** （4.100）
DEBT	0.547 *** （12.488）	－ 0.014 （ － 0.081）	0.424 *** （9.383）	0.386 *** （3.589）
ASSET	0.146 *** （42.521）	0.201 *** （13.025）	0.113 *** （27.453）	0.282 *** （20.753）
ROA	－ 0.053 *** （ － 3.041）	－ 0.072 *** （ － 3.030）	－ 0.053 *** （ － 2.690）	－ 0.086 *** （ － 6.726）

	LEVE（1）	LECH（2）	LEVE（1）	LECH（2）
INVE	- 0.979 *** （- 7.593）	0.152 （0.800）	- 0.755 *** （- 8.759）	- 0.171 （- 0.591）
YEAR	YES	YES	YES	YES
INDU	YES	YES	YES	YES
Adj – R²	0.188	0.170	0.499	0.214
F	20.525 ***	7.358 ***	53.788 ***	15.420 ***
OBS	3 614	3 614	3 614	3 614

注：* 、** 、*** 分别表示变量估计系数在 10%、5% 和 1% 置信水平上显著，括号内为 T 值。

2. 公司行业多元化与金字塔结构融资优势

表 5 - 5 给出了公司多元化变量与金字塔结构层级和复杂度之间的相关关系结果。从行业数目来看，行业数目与金字塔结构层级和复杂度呈显著的正相关关系，即随着公司行业数目的增加，金字塔结构层级和复杂度也随之增加；同样，从行业收入的赫芬德尔指数来看，赫芬德尔指数与金字塔结构层级和复杂度呈显著的负相关关系，即随着赫芬德尔指数的增加，公司多元化程度降低，公司金字塔结构层级和复杂度也随之降低。因此，通过这两个指标的实证结果说明，随着公司多元化程度的增强，民营企业集团金字塔结构层级和复杂度也随之增大，也进一步验证了民营企业集团金字塔结构的融资优势效应。

表 5 - 5　　行业多元化与金字塔结构之间的面板数据回归结果

	LEVE（1）	LECH（2）	LEVE（1）	LECH（2）
C	- 0.049 （- 0.913）	- 2.528 *** （- 9.851）	0.449 （1.575）	- 2.371 *** （- 7.726）
IN_NUM	0.055 *** （4.635）	0.058 *** （5.192）		
IN_HHI			- 0.331 *** （- 3.239）	- 0.230 ** （- 2.286）

续表

	LEVE（1）	LECH（2）	LEVE（1）	LECH（2）
FLOW	0.394 （1.400）	0.515 （1.414）	0.276 （1.297）	0.517 （1.335）
WORK	-0.045 （-1.130）	0.712*** （13.169）	-0.051 （-1.129）	0.751*** （13.886）
CASH	0.228* （1.627）	0.734*** （4.585）	0.187 （1.315）	0.665*** （3.730）
DEBT	0.429*** （6.801）	0.359*** （3.115）	0.432*** （7.013）	0.391*** （3.427）
ASSE	0.102*** （18.960）	0.269*** （22.680）	0.097*** （8.631）	0.275*** （19.610）
ROA	-0.040** （-2.265）	-0.085*** （-11.891）	-0.040** （-2.139）	-0.083*** （-7.896）
INVE	-0.769*** （-7.398）	-0.148 （-0.674）	-0.732** （-7.326）	-0.181 （-0.835）
YEAR	YES	YES	YES	YES
INDU	YES	YES	YES	YES
$Adj - R^2$	0.518	0.235	0.518	0.239
F	58.167***	17.270***	58.101***	17.702***
OBS	3 614	3 614	3 614	3 614

注：*、**、***分别表示变量估计系数在10%、5%和1%置信水平上显著，括号内为T值。

5.4.2　政治关联、金融关联与金字塔结构融资优势

1. 公司政治关联与金字塔结构融资优势

政治关联是民营企业集团改善外部环境、适应中国特有制度的重要举措，市场环境又是影响企业集团顺利发展、融资便利与否的重要载体。因此，政治资源的有效利用和良好的市场制度环境将有效缓解公司内部资源紧缺，从而影响到公司金字塔结构的复杂程度。

由表5-6可以看出，政治关联的相关各变量与金字塔结构层级和复杂度均呈显著的负相关关系，随着政治关联程度逐步增加，金字塔结

构层级和复杂度也随之降低。这种结果说明，政治关联越广泛的民营企业集团，其资金获取能力越强，依赖金字塔结构融资优势的动力越弱，间接证明了民营企业集团建立金字塔结构主要源于融资优势的理论假设。这说明，在我国民营上市公司政治关联的联系渠道中，董事长或总经理等关键职位和现任官员有着明显的权力优势和政治资源获取能力。

表 5 - 6　　　　　政治关联与金字塔结构之间的回归分析结果

	LEVE (1)	LECH (1)	LEVE (2)	LECH (2)	LEVE (3)	LECH (3)	LEVE (4)	LECH (4)
C	-0.074 * (-1.747)	-0.512 *** (-5.777)	-0.003 (-0.104)	-0.650 *** (-8.025)	-0.024 (-0.829)	-0.680 *** (-8.513)	-0.122 ** (-2.295)	-0.664 *** (-12.073)
ZZ_DUM	-0.080 *** (-9.663)	-0.110 *** (-7.111)						
ZZ_NUM			-0.364 *** (-13.074)	-0.318 *** (-5.290)				
ZZ_DIR					-0.061 *** (-13.327)	-0.128 *** (-9.525)		
ZZ_NOW							-0.061 *** (-41.001)	-0.161 *** (-26.076)
FLOW	-0.001 ** (-2.047)	-0.008 *** (-5.787)	-0.001 *** (-3.355)	-0.008 *** (-4.131)	-0.001 (-0.961)	-0.007 *** (-13.745)	-0.001 * (-1.886)	-0.009 *** (-16.628)
WORK	0.000 (1.141)	0.000 (0.305)	0.000 (0.309)	0.000 (0.200)	0.001 ** (2.118)	0.000 (0.290)	0.000 (1.220)	0.000 (0.256)
CASH	-0.394 *** (-16.968)	-0.184 *** (-4.556)	-0.355 *** (-12.299)	-0.186 *** (-4.513)	-0.313 *** (-11.090)	-0.165 *** (-4.051)	-0.293 *** (-11.568)	-0.203 *** (-5.099)
DEBT	0.165 *** (10.168)	-0.019 (-0.629)	0.170 *** (12.678)	-0.020 (-0.669)	0.162 *** (9.190)	0.027 (1.147)	0.176 *** (8.949)	0.021 (0.708)
ASSE	0.048 *** (23.764)	0.078 *** (23.644)	0.042 *** (28.463)	0.083 *** (27.468)	0.041 *** (25.837)	0.083 *** (27.919)	0.046 *** (15.921)	0.084 *** (43.337)
ROA	-0.008 (-1.213)	-0.020 *** (-11.154)	-0.009 * (-1.720)	-0.022 *** (-12.191)	-0.012 *** (-2.944)	-0.026 *** (-11.626)	-0.013 ** (-2.477)	-0.026 *** (-11.130)
INVE	-0.021 *** (-8.926)	0.039 * (1.951)	-0.015 *** (-5.069)	0.037 * (1.788)	-0.015 *** (-3.962)	0.030 (1.484)	-0.018 *** (-3.526)	0.033 ** (2.278)

续表

	LEVE (1)	LECH (1)	LEVE (2)	LECH (2)	LEVE (3)	LECH (3)	LEVE (4)	LECH (4)
YEAR	YES	YES	YES	YES	YES	YES	YES	YES
INDU	YES	YES	YES	YES	YES	YES	YES	YES
$Adj - R^2$	0.606	0.244	0.501	0.213	0.380	0.261	0.462	0.297
F	82.641 ***	18.103 ***	54.255 ***	15.399 ***	33.588 ***	19.790 ***	46.670 ***	23.463 ***
OBS	3 614	3 614	3 614	3 614	3 614	3 614	3 614	3 614

注：*、**、***分别表示变量估计系数在10%、5%和1%置信水平上显著，括号内为 T 值。

2. 金融关联与金字塔结构融资优势

同样，金融关联作为民营企业集团缓解融资约束和获取其他优势的重要举措，也将影响到金字塔结构层级和复杂度的大小，越是金融关联程度较高的企业，其金字塔结构层级和复杂度越应该简单。

从表5-7可以看出，不论是公司董事会是否关联、董事会关联比例，还是董事长是否金融关联，都与金字塔结构层级和复杂度呈现显著的负相关关系，即随着公司金融关联程度提高，金字塔结构层级和复杂度随之下降。这说明，金融关联为企业缓解融资约束，获得相应的稀缺资源提供了一定的保障，其构建复杂的金字塔结构来获取稀缺资金的动力就相应减弱，符合我们的理论假设。

表 5 - 7　　　金融关联与金字塔结构之间的回归分析结果

	LEVE (1)	LECH (1)	LEVE (2)	LECH (2)	LEVE (3)	LECH (3)
C	- 0.246 *** (- 2.779)	- 7.063 *** (- 13.125)	- 0.419 *** (- 4.378)	- 7.712 *** (- 86.006)	- 0.582 *** (- 4.470)	- 8.122 *** (- 487.428)
FI_DUM	- 0.116 *** (- 7.051)	- 0.442 *** (- 15.853)				
FI_TOT			- 0.011 *** (- 3.003)	- 0.146 *** (- 7.495)		

续表

	LEVE（1）	LECH（1）	LEVE（2）	LECH（2）	LEVE（3）	LECH（3）
FI_CHA					-0.225 *** （-3.975）	-0.253 *** （-3.372）
FLOW	-0.184 （-1.583）	-2.346 *** （-15.196）	-0.149 （-1.085）	-2.237 *** （-17.979）	-0.160 （-1.199）	-2.000 *** （-19.262）
WORK	-0.188 *** （-5.961）	-0.196 *** （-6.232）	-0.107 ** （-2.392）	-0.018 （-0.531）	-0.134 *** （-4.100）	-0.188 ** （-2.213）
CASH	0.123 *** （6.102）	0.378 *** （5.781）	0.097 *** （14.409）	0.522 *** （8.762）	0.077 *** （9.083）	0.417 *** （4.759）
DEBT	-0.038 *** （-5.628）	-0.635 *** （-8.870）	-0.142 *** （-7.791）	-0.630 *** （-5.196）	-0.200 *** （-11.722）	-0.929 *** （-7.178）
ASSE	0.115 *** （23.385）	0.475 *** （18.915）	0.128 *** （22.897）	0.509 *** （118.202）	0.140 *** （20.876）	0.547 *** （111.673）
ROA	-0.068 （-0.662）	4.296 *** （30.540）	-0.328 *** （-6.665）	3.592 *** （21.003）	-0.378 *** （-4.578）	4.282 *** （11.614）
INVE	-0.079 *** （-3.080）	-0.148 ** （-2.478）	-0.070 *** （-3.443）	-0.151 *** （-3.464）	-0.083 *** （-3.419）	-0.170 ** （-2.562）
DIFF	0.111 *** （58.098）	0.085 *** （22.991）	0.110 *** （53.880）	0.083 *** （22.909）	0.110 *** （86.252）	0.081 *** （19.620）
YEAR	YES	YES	YES	YES	YES	YES
INDU	YES	YES	YES	YES	YES	YES
$Adj-R^2$	0.883	0.541	0.835	0.623	0.866	0.644
F	354.245 ***	53.734 ***	236.879 ***	75.356 ***	302.261 ***	85.349 ***
OBS	3 614	3 614	3 614	3 614	3 614	3 614

注：**、***分别表示变量估计系数在5%和1%置信水平上显著，括号内为T值。

5.4.3 公司现金持有与金字塔结构融资优势

公司现金持有作为融资策略的一个重要组部分，对公司融资需求有着极其重要的影响。通过考察公司现金持有与金字塔结构之间的关系，可以探究金字塔结构融资优势是否存在。

1. 我国民营制造业上市公司现金持有变量的组间检验

为了进一步考察金字塔结构与现金持有之间的关系产生根源，我们选取现金流权①和红利支付率作为利益攫取和融资约束的划分指标。考虑到公司数量有限，我们将所有样本数据按照现金流权和红利支付率的大小进行二分位数划分，数值较小部分为高利益攫取和融资约束公司，数值较大部分为低利益攫取和融资非约束公司。根据选取变量，我们对其进行一般描述性统计和两类公司的组间检验（见表5-8和表5-9）。

表5-8 按照现金流权分类样本公司变量的描述性统计及组间检验

	高利益攫取（低现金流权）			低利益攫取（高现金流权）			组间检验	
	均值	中值	标准差	均值	中值	标准差	均值	中值
NCASH	0.191	0.160	0.104	0.180	0.115	0.107	-1.792*	-1.253
LEVE	2.562	2	0.952	2.265	2	0.921	-3.226***	-3.945***
LECH	3.445	2	2.704	3.410	2	2.394	-1.045	-1.077
FLOW	0.054	0.051	0.071	0.059	0.058	0.089	1.414	-1.662
WORK	0.092	0.071	0.206	0.146	0.138	0.219	3.766***	-3.363***
DEBT	0.498	0.494	0.171	0.445	0.463	0.170	-3.921***	-4.024***
ROA	0.141	0.090	0.486	0.181	0.098	1.018	1.836*	-1.433
ASSE	21.118	21.110	0.836	21.136	21.014	0.841	0.761	-0.912
INVE	0.065	0.049	0.061	0.073	0.054	0.063	1.467	-1.849*
OBS	1 807			1 807				

注：组间检验采用均值比较 T 检验，中值采用非参数 Wilcoxon 符号秩检验；*、***分别表示变量估计系数在10%、1%置信水平上显著。

---

① 学者们普遍认为，在金字塔结构的企业集团内，控股股东现金流权越低，越能激发控股股东的攫取欲望，越有动力获取公司控制权私人收益；而当控股股东现金流权逐渐提高，其与公司利益则逐步趋于一致，其提升公司整体价值欲望则越强（Claessens et al., 2000, 2002; La Porta et al., 2002）。因而，现金流权比率可作为衡量利益攫取的一个重要指标。

表 5 - 9   按照红利分类样本公司变量的描述性统计及组间检验

	融资约束公司（低红利）			融资非约束公司（高红利）			组间检验	
	均值	中值	标准差	均值	中值	标准差	均值	中值
NCASH	0.158	0.114	0.157	0.219	0.167	0.199	6.656 ***	- 7.386 ***
LEVE	2.341	2	0.898	2.479	2	1.006	2.184 **	- 3.184 ***
LECH	3.361	2	2.383	3.482	2	2.726	1.844 *	- 1.349
FLOW	0.048	0.050	0.079	0.067	0.063	0.074	4.023 ***	- 3.845 ***
WORK	0.084	0.064	0.198	0.157	0.134	0.224	5.366 ***	- 5.388 ***
DEBT	0.507	0.504	0.168	0.435	0.445	0.168	- 6.288 ***	- 5.772 ***
ROA	0.171	0.095	0.512	0.156	0.103	0.294	- 1.522	- 1.832
ASSE	21.238	21.153	0.820	21.033	20.950	0.857	- 3.685 ***	- 4.197 ***
INVE	0.062	0.045	0.067	0.078	0.065	0.065	4.024 ***	- 5.368 ***
OBS	1 807			1 807				

注：组间检验采用均值比较 T 检验，中值采用非参数 Wilcoxon 符号秩检验；＊、＊＊、＊＊＊分别表示变量估计系数在 10%、5%、1% 置信水平上显著。

表 5 - 8 给出了按照现金流权分类样本公司的描述性统计和组间检验。我们可以从中看出以下几点数据特征：（1）从金字塔结构层级和复杂度来看，高利益攫取公司显著大于低利益攫取公司，尤其是金字塔层级指标，说明越是高利益攫取的公司其金字塔结构层级和复杂度越高；（2）从公司现金持有水平指标来看，高利益攫取公司略微大于低利益攫取公司，初步符合我们的理论假说，但中值检验并不显著，需进一步通过多元回归进行验证。（3）从公司现金流、营运资金、投资支出和总资产收益率这些指标来看，除了债务水平以外，高利益攫取公司都低于低利益攫取公司，表现了高利益攫取公司紧张的财务状况和较差的经营业绩。

表 5 - 9 给出了按照红利分类样本公司变量的描述性统计和组间检验。归纳起来，有以下具体特征：（1）从金字塔结构层级和复杂度指标来看，融资约束公司显著小于融资非约束公司，说明越是融资非约束公

司，其金字塔结构层级和复杂度就越高，也从整体验证了金字塔结构建立的利益攫取动机。（2）从公司现金持有水平来看，融资约束公司的现金持有水平显著小于融资非约束公司，意味着非融资约束公司反而持有较高的现金水平，表明这些公司中可能存在较为严重的代理问题。（3）从其他控制变量来看，融资约束公司的现金流、净营运资金较小，投资比重较低，而债务比重较大，表明融资约束公司受到较强的融资约束，符合融资约束公司的财务特征。

2. 金字塔结构与现金持有水平之间的回归分析

由表 5 - 10 可以看出，在控制控股股东利益攫取行为之前，公司现金持有与金字塔结构层级和复杂度均呈显著正相关关系，即随着公司金字塔结构层级和复杂度的提高，公司现金持有水平也就越高。这说明，随着金字塔结构复杂度的提升，控股股东利益攫取欲望就越强，越偏好于持有较高的现金水平以获得更多的便宜之权和私人利益。当控制了公司控股股东利益攫取行为之后，公司现金持有与金字塔结构层级和复杂度呈显著负相关关系。这说明，随着公司金字塔结构层级和复杂度的提升，其内部现金持有水平则随之下降，表现为复杂的金字塔结构具有较强的资金融通能力，不必持有过高的现金水平以防高收益投资项目之需和抵御市场掠夺风险。这证明了金字塔结构既具有融资优势，同时也不排除金字塔结构利益攫取行为的存在。

表 5 - 10　　公司现金持有与金字塔结构之间的回归分析结果

	NCASH（1）	NCASH（2）	NCASH（1）	NCASH（2）
C	0.005 (0.106)	0.005 (0.097)	0.375 *** (3.869)	0.412 *** (3.620)
LEVE	0.049 ** (2.494)		- 0.116 *** (- 5.038)	- 0.093 *** (- 2.744)
LECH		0.117 *** (6.494)		

	NCASH（1）	NCASH（2）	NCASH（1）	NCASH（2）
DIFF			- 0. 001 *** （ - 5. 038）	- 0. 002 *** （ - 5. 440）
FLOW	0. 419 *** （23. 491）	0. 421 *** （23. 762）	0. 264 *** （19. 255）	0. 259 *** （18. 602）
WORK	0. 472 *** （15. 713）	0. 472 *** （16. 126）	0. 449 *** （15. 485）	0. 448 *** （14. 601）
DEBT	0. 115 *** （4. 693）	0. 116 *** （4. 924）	0. 101 *** （2. 744）	0. 107 *** （2. 815）
ASSE	0. 001 （1. 065）	0. 001 （1. 057）	- 0. 013 *** （ - 2. 494）	- 0. 015 ** （ - 2. 556）
ROA	0. 001 （0. 292）	0. 002 *** （0. 170）	- 0. 001 （ - 0. 531）	- 0. 001 （ - 0. 133）
INVE	0. 063 * （1. 647）	0. 063 * （1. 824）	0. 010 * （1. 863）	0. 007 （1. 078）
YEAR	YES	YES	YES	YES
INDU	YES	YES	YES	YES
$Adj - R^2$	0. 568	0. 572	0. 792	0. 789
F	74. 668 ***	76. 017 ***	59. 374 ***	59. 088 ***
OBS	3 614	3 614	3 614	3 614

注：* 、** 、*** 分别表示变量估计系数在10%、5%和1%置信水平上显著，括号内为 T 值。

3. 不同利益攫取和融资约束状况下金字塔结构与现金持有之间的关系

根据表5-10揭示的金字塔结构不仅具有相应的融资优势，同时还存在利益攫取行为的结果，以下通过对利益攫取和融资约束程度划分，进一步确证金字塔结构与现金持有之间融资优势与利益攫取根源的关系。

由表5-11可见，对于高现金流权的低利益攫取公司来说，其金字塔结构层级和复杂度与现金持有水平之间呈现显著的负相关关系；而对于低现金流权的高利益攫取公司来说，两者之间则存在显著的正相关关系。这说明，在低利益攫取行为的公司中，金字塔层级和复杂度越高，现金持有水平越低，金字塔构成的内部资本市场强大的资金配置能力削弱了持有现金的抵御风险作用。而在高利益攫取行为的公司中，金字塔结构层级和复杂度越高，现金持有水平就越高，表明控股股东通过金字塔股权结构的复杂和便利以实现地下利益攫取行为，符合我们的基本理论假设。

表5-11　　不同利益攫取状况下金字塔结构与现金持有水平之间的回归结果

	低利益攫取（高现金流权）		高利益攫取（低现金流权）	
	NCASH（1）	NCASH（2）	NCASH（3）	NCASH（4）
C	-0.003 (-1.444)	-0.004 (-1.412)	0.281*** (5.164)	0.283*** (6.303)
LEVE	-0.084*** (6.493)		0.078*** (3.028)	
LECH		-0.075*** (-3.756)		0.054*** (4.346)
FLOW	0.344*** (13.167)	0.387*** (14.623)	0.554*** (20.257)	0.598*** (23.043)
WORK	0.542*** (20.567)	0.555*** (20.766)	0.497*** (10.843)	0.434*** (10.832)
DEBT	0.178*** (9.943)	0.145*** (10.234)	0.102*** (2.786)	0.098*** (3.316)
ASSE	0.001 (0.675)	0.002 (0.688)	-0.017*** (-4.645)	-0.017*** (-4.776)
ROA	0.009*** (2.986)	0.009*** (2.877)	0.003 (1.345)	0.002 (1.456)
INVE	0.101* (1.765)	0.102* (1.877)	0.012 (0.456)	-0.001 (-0.345)
YEAR	YES	YES	YES	YES
INDU	YES	YES	YES	YES
$Adj - R^2$	0.564	0.578	0.587	0.598
F	38.946***	39.345***	41.156***	39.364***
OBS	1 807	1 807	1 807	1 807

表5-12给出了不同融资约束状况下金字塔结构与现金持有水平之间的回归结果。由回归结果可以看出，对于低红利的融资约束公司来说，其金字塔结构层级与现金持有水平之间存在显著的负相关关系，说明融资约束公司通过建立复杂的金字塔股权结构实现内部资金高效配置以缓解外部资本市场资源约束；而对于高红利的融资非约束公司来说，两者之间则存在显著的正相关关系。这说明，对于融资约束公司来说，融资约束更多地体现出治理替代作用，强化了控股股东与公司经理的利益一致效应，使得金字塔结构更多地体现出融资优势效应，而融资非约束公司则因为较弱的资源获取压力和更多的可自由支配资源，使得控股股东将更多注意力转移动利益攫取和自我价值实现中来。

表5-12　　不同融资约束状况下金字塔结构与现金持有水平之间的回归结果

	融资约束（低红利）		融资非约束（高红利）	
	NCASH（1）	NCASH（2）	NCASH（3）	NCASH（4）
C	-0.256 *** （-3.821）	-0.187 *** （-2.987）	0.223 *** （2.878）	0.267 *** （3.342）
LEVE	-0.045 *** （3.134）		0.076 *** （3.945）	
LECH		-0.068 *** （-3.752）		0.078 *** （6.467）
FLOW	0.445 *** （10.367）	0.467 *** （10.890）	0.511 *** （12.587）	0.556 *** （12.897）
WORK	0.477 *** （14.945）	0.434 *** （14.556）	0.678 *** （7.590）	0.678 *** （7.123）
DEBT	0.245 *** （3.567）	0.145 *** （3.898）	0.234 *** （4.456）	0.223 *** （4.675）
ASSE	0.011 *** （2.845）	0.023 *** （3.156）	-0.045 *** （-2.953）	-0.034 *** （-2.576）
ROA	0.002 （0.890）	0.006 （1.489）	0.023 （0.921）	0.043 （1.326）

续表

	融资约束（低红利）		融资非约束（高红利）	
	NCASH（1）	NCASH（2）	NCASH（3）	NCASH（4）
INVE	− 0.089 * （− 1.715）	− 0.071 * （− 1.888）	0.183 *** （3.329）	0.168 *** （3.856）
YEAR	YES	YES	YES	YES
INDU	YES	YES	YES	YES
Adj − R2	0.567	0.590	0.678	0.692
F	39.223 ***	40.023 ***	47.891 ***	49.012 ***
OBS	1 807	1 807	1 807	1 807

通过利益攫取和融资约束的分类回归，更加证明了金字塔结构与现金持有之间关系的代理问题根源及金字塔结构建立的利益攫取特性。

4. 进一步分析

既然代理问题造成现金持有水平随着金字塔结构层级和复杂度的提高而提高，其增加的现金市场价值必然伴随着相应的折价。因此，我们通过借鉴 Fama 和 French（1998）的价值评估模型来考察不同种类公司现金持有的价值效应。具体回归方程见式（5 − 3）。

$$MV_{it} = \alpha_0 + \alpha_1 \Delta CASH_{it} + \alpha_2 \Delta FLOW_{it} + \alpha_3 \Delta FINA_{it} + \alpha_4 \Delta NOCA_{it} + \alpha_5 \Delta INTE_{it}$$
$$+ \alpha_6 \Delta DIVI_{it} + \alpha_7 \Delta PROF_{it} + \alpha_8 YEAR_{it} + \alpha_9 INDU_{it} + \varepsilon_{it} \qquad (5-3)$$

在式（5 − 3）中，MV_{it} 代表公司的市场价值，包括流通股市值、非流通股市值与债务账面价值三者之和；$\Delta CASH$ 代表公司现金持有水平的变化，用年末现金及现金等价物的净增加额来表示，其系数代表现金变动引起的公司价值的变动大小；$\Delta FINE$ 为年末筹资活动的现金流量净额，用来控制公司融资状况对公司市场价值的影响；$\Delta FLOW$ 为年末经营现金流量净额，用来控制公司经营能力对公司价值的影响；$\Delta NOCA$ 为公司非流动性资产净值，用来控制公司投资对公司价值的影响；$\Delta INTE$、$\Delta DIVI$ 分别为利息支出和红利支付，用来控制融资政策和股利支付政策对公司价值的影响；$\Delta PROF$ 公司息前税后利润，用来控制公司盈利能力对公司价值的影响。

由表 5 - 13 可以看出，我国民营制造业上市公司持有现金的市场价值大约为 0.598 元，即公司每增加持有 1 元现金只相当于增加 0.483 元的市场价值，而美国公众公司 1972～2001 年持有现金平均边际市场价值为 0.940 美元，即公司每增加 1 美元现金相当于增加 0.940 美元的市场价值（Faulkender and Wang，2006）。这说明，总体来说，由于严重的代理问题及其他影响因素，我国民营企业集团持有现金的使用效率并不高。同时，金字塔结构公司样本的现金持有价值为 0.502，低于整体样本公司的现金持有价值，说明金字塔结构企业持有现金的价值较低。更重要的是，在融资约束和利益攫取分类公司中，融资约束公司和低利益攫取公司的现金持有价值分别为 0.678 和 0.729，显著大于融资非约束和高利益攫取公司的现金持有价值 0.343 和 0.323[①]。这进一步证明了融资约束公司和低利益攫取公司金字塔结构融资优势的存在，即便持有较少的现金水平，但依然有着较高的现金利用价值。但融资非约束和高利益攫取这两类金字塔企业由于存在更为严重的代理问题，使得持有现金的市场价值远远低于另两类公司。

表 5 - 13　　　不同分类公司持有现金的市场价值效应的回归结果

	全样本	金字塔结构	融资约束		利益攫取	
			融资约束	非融资约束	低利益攫取	高利益攫取
	MV (1)	MV (2)	MV (3)	MV (4)	MV (5)	MV (6)
C	0.034 ** (2.432)	0.045 ** (2.214)	0.012 (0.134)	0.434 (1.498)	0.065 *** (5.132)	0.078 *** (3.376)
$\Delta CASH$	0.598 *** (4.567)	0.502 *** (4.798)	0.678 *** (3.678)	0.343 *** (3.359)	0.729 *** (2.742)	0.323 *** (3.145)

①　对于回归系数差异的比较均作了显著性检验，结论支持两者差异性的存在。限于篇幅，未在书中列出。

续表

	全样本	金字塔结构	融资约束		利益攫取	
			融资约束	非融资约束	低利益攫取	高利益攫取
	MV（1）	MV（2）	MV（3）	MV（4）	MV（5）	MV（6）
ΔFINE	− 0.289 ** (− 2.578)	− 0.298 ** (− 2.345)	− 0.145 * (− 1.897)	− 0.378 ** (− 2.234)	− 0.167 (− 0.789)	− 0.264 *** (− 2.767)
ΔFLOW	− 0.509 *** (− 3.467)	− 0.434 *** (− 2.787)	− 0.532 (− 1.423)	− 0.136 (− 1.543)	− 0.698 *** (− 3.156)	− 0.406 ** (− 2.533)
ΔNOCA	0.204 *** (3.145)	0.256 *** (3.267)	0.189 ** (1.998)	0.201 *** (4.034)	0.678 (1.565)	0.236 *** (3.667)
ΔINTE	− 2.467 (− 1.478)	− 3.034 *** (− 2.667)	− 0.523 *** (− 2.761)	− 1.623 (− 1.132)	− 1.319 (− 1.186)	− 0.887 *** (− 6.356)
ΔDIVI	0.687 *** (4.061)	0.656 *** (3.099)	0.702 ** (2.245)	0.012 * (1.867)	0.998 *** (6.234)	0.045 (0.156)
ΔPROF	0.123 (0.865)	0.067 (0.678)	− 0.587 ** (− 2.275)	− 0.498 *** (− 3.067)	− 0.345 * (− 1.767)	− 0.367 ** (1.988)
YEAR	YES	YES	YES	YES	YES	YES
INDU	YES	YES	YES	YES	YES	YES
$Adj - R^2$	0.089	0.098	0.078	0.096	0.086	0.075
F	5.078 ***	4.678 ***	4.667 ***	5.778 ***	6.478 ***	5.278 ***
OBS	3 614	3 247	1 807	1 807	1 807	1 807

注：MV（1）为全样本公司的回归方程；MV（2）为除一级股权结构外的金字塔结构公司的回归方程；MV（3）为融资约束（低红利支付）公司的回归方程；MV（4）为融资非约束（高红利支付）公司的回归方程；MV（5）为低利益攫取（高现金流权）公司；MV（6）为高利益攫取（低现金流权）公司的回归方程。

5.4.4 稳健性分析

鉴于金字塔结构缓解融资约束涉及众多的影响因素，以及实证分析中相关的准确性、科学性的分析，我们从以下几个方面进行进一步的结果稳健性检验：

（1）除了本书中金字塔结构融资优势动机以外，攫取动机也是金字塔结构形成的重要根源之一。因此，我们在以上所有回归模型中均加入控制权与现金流权偏离度（*DIFF*，控制权与现金流权的比值）作为控制变量以消除控股股东利益攫取对我们实证结果的影响，最终回归结果保持一致。

（2）为了更进一步剖析金字塔结构及所形成的内部资本市场，在已有两种衡量金字塔结构层级和复杂度指标的基础上，我们加入了最终控制人最终控制公司个数①，以反映控股股东控制和操纵内部资本市场的规模大小，通常来说，可控制公司数目越多，其债务融资规模也就越大，其结果基本与上述实证结果相一致。

（3）对于利益攫取和融资约束的分类，本章仅考虑了现金流权和红利支付率来表征攫取利益程度和融资约束程度大小，为了更有效地说明这种分类考察的稳健性，我们进一步用控制权与现金流权分离度（控制权/现金流权，*DIFF*）和规模（*ASSE*）作为分类标准的补充，其结果依然支持我们的理论假说。

5.5 本章小结

上一部分我们证明了金字塔结构具有缓解企业融资约束的效应，且主要表现在公司债务，尤其是非银行债务方面。本章进一步从公司内部特性，包括公司所处行业性质、行业多元化程度、政治关联、金融关联和公司现金持有水平，来考察金字塔结构是否确实存在融资优势效应。实证分析表明，这些影响公司融资需求的内部特性显著影响到公司金字

---

① 最终控制人控制公司数目来自于公司年报中股权结构图的手工计算而得，其结果尽管较金字塔层级和复杂度作为指标的显著度略微下降，但总体保持大致一致的结果。它的结果更多地反映了内部资本市场规模形成融资优势。

塔结构的复杂程度，佐证了金字塔结构具有显著的融资放大效应。

（1）我国民营企业越是处于高风险、高资金密集的行业，行业资本劳动比率越高，金字塔结构层级和复杂度也越复杂。这说明越是高资金密集、高风险行业的民营企业集团，越需要更高的资金需求，也就越需要建立更高层次和更复杂的金字塔结构来缓解这种融资约束。同样，我国民营企业行业多元化数目越多，行业赫芬德尔指数越低，金字塔结构层级和复杂度也就越复杂，这说明，随着公司多元化程度的增强，其受到内外部融资约束越强，也就越需要内部资本市场规避风险和自我融资，因此，民营企业集团金字塔结构层级和复杂度也随之增大。

（2）我国民营企业政治关联的相关变量与金字塔结构层级和复杂度均呈显著的负相关关系，这说明，政治关联越广泛的民营企业集团，其资金获取能力越强，依赖金字塔结构融资优势的动力越弱，间接证明了民营企业集团建立金字塔结构主要源于融资优势的理论假设。其中董事长或总经理为政治关联的企业、政治关联为现任政府官员的企业，有着比政治关联为曾任政府官员的企业更显著的相关关系，说明，在我国民营上市公司政治关联的联系渠道中，董事长或总经理等关键职位和现任官员比曾任官员有着明显的权力优势和政治资源获取能力。

（3）在未控制控股股东利益攫取行为时，我国民营上市公司现金持有水平与金字塔结构层级和复杂度均呈显著正相关关系，这说明，金字塔股权结构越复杂，现金持有水平就越高，表现为显著的控股股东利益攫取行为；当控制控股股东利益攫取行为之后，现金持有水平与金字塔结构层级和复杂度呈现显著的负相关关系，说明金字塔股权结构越复杂，其缓解民营企业融资约束的水平越高，则现金持有水平就越低，体现出金字塔结构存在显著的融资优势。通过进一步区分利益攫取和融资约束公司以后，进一步将金字塔结构的两大产生根源区别开来，高利益攫取行为和非融资约束公司表现为显著的控股股东利益攫取行为，即金字塔结构层级和复杂度与现金持有水平呈显著正相关关系；低利益攫取和融资约束企业表现为显著的融资缓解效应，即金字塔结构层级和复杂度与现金持有水平呈现显著的负相关关系。进一步对我国民营企业集团持有现金的市场价值进行衡量和测算以后，发现我国民营企业整体持有现金市场价值较低，利用效率不高。融资约束和低利益攫取公司的现金持有价值显著高于融资非约束和高利益攫取公司的现金持有价值。

第6章

金字塔结构融资优势与公司外部环境的实证分析

6.1 理 论 假 设

6.1.1 宏观经济、货币政策与金字塔结构融资优势

由第3章的理论分析可知，宏观经济往往通过资源约束功能和信息传导功能影响到市场微观主体的融资功能。当宏观经济处于紧缩时期时，市场需求不足，企业开工不足，现金流流入大大减少，要维持相应的投资水平，必须要寻找更多的融资来源，而整体经济的疲软使得银行银根紧缩，还款风险导致银行明显惜贷，企业无法获得相应的投资资金；而当宏观经济向好的时期，市场需求旺盛，企业投资大规模增加，而仅仅依靠内源融资很难获得相应的投资水平，而民营经济的银行固有歧视也使其必须扩大其他融资渠道。尤其是当宏观经济波动比较剧烈的时期，不确定的市场需求、激烈的市场竞争，使资本市场信息不对称程

度进一步增加，企业一方面面临更加复杂和变化的融资市场，另一方面，其面对复杂多变的市场环境需要保证更多的资金以缓解可能面临的外部市场竞争，而这些都加剧了资本市场的融资困难，也在一定程度上激发了企业多渠道开拓融资途径和高效率分配及调配资金的动力和欲望。因此，成立据有融资优势的金字塔结构有助于缓解可能面临的融资约束和抵御相应的市场风险。

同时，转轨经济中的中国，其融资环境与国外有着显著的差异，由于市场环境并不完善、信息不通畅、资本市场发育不全，加上先天的计划经济遗留问题影响，使得企业融资渠道较少，银行贷款是企业主要的融资来源。民营企业更是如此，除了受到银行的歧视待遇外，其他渠道借款也受到信用体系的影响而很难获得相应的资金。正如 Allen 等（2005）指出的，中国的银行业在经济中的作用要远远大于证券市场，以银行信贷占国内生产总值的比率来衡量，中国的比率要远远高于世界其他国家（中国的比率为 1.11，而同期英属国家为 0.62、法属国家为 0.55）。而银行业又是极其容易受到政府影响和管制的行业，因此政府的货币政策对企业融资行为的影响是巨大的。中国具有典型的"利率双轨制"特征。银行存贷款利率上下限虽已放开，但仍较大程度受到央行制定的存贷款基准利率的影响尚未完全市场化，而民间借贷市场利率已经实现市场化（He and Wang，2012）。因此，货币政策即使能够降低银行信贷利率，也不意味着可以有效地压低民间借贷利率。同时，中小企业对民间借贷资金的大量需求也进一步抬高了民间借贷市场的资金成本。当货币政策趋于从紧，企业的外部融资成本将提高，外部融资规模将受到限制。尤其是民营企业受到的融资约束将更加明显，这就要求在中国生存的民营企业在积极寻求外部信贷资源的同时，也积极通过改变内部组织结构和股权结构来提高资源获取能力和内部资源配置能力。

因此，企业进行金字塔股权结构的创建也是为了其特殊的层级和链条能够获得更多的融资来源，当货币政策处于紧缩时期，民营企业贷款受到更大的限制，其建立金字塔结构的动机和欲望就更加强烈。而且，当货币政策越不稳定，越处于经常波动的时期，融资渠道和来源就更受到限制，民营企业设立金字塔结构的动机也就越强。由此，我们有以下假设：

假设6-1　宏观经济越处于向好阶段，金字塔结构的层级和复杂度越低。

假设6-2　货币政策越偏紧，金字塔结构的层级和复杂度就越高。

假设6-3　宏观经济和货币政策波动性越强，金字塔结构的层级和复杂度就越高。

6.1.2　市场制度、金融生态环境与金字塔结构融资优势

众所周知，处于转型经济的我国，民营企业受到较多的不公平待遇和制度歧视，在政策优惠、税收征收、财政补贴等方面有着天生的弱势和不足。尤其是我国财政预算软约束和国有银行垄断体制，造就了民营企业的夹缝生存和另辟蹊径的发展轨迹。既然，我国的市场和制度环境对民营企业集团的资源获取占据着如此重要的地位，那么，不同程度的市场和制度环境对于以融资优势为主的金字塔结构也同样有着显著的影响。尽管在我国民营企业整体上都处于相对弱势地位，但由于我国地缘广阔、地区经济发展差异较大，不同的省份地区存在着较大的市场和制度环境差异，因此，通过衡量不同地区经济发展程度、市场化水平和金融发展程度等重要外部宏观经济要素对企业集团资本需求的影响差异，可以进一步确证金字塔结构是否源于缓解企业集团融资约束的初衷。

通常来说，地区市场化程度的高低，代表着地区市场信息的通畅与否、政府干预程度的大小以及资本市场融资便利程度如何。地区市场化程度越高，信息不对称程度越低，资本市场越发达，民营企业发展空间越大，那么金字塔结构也就越简单；非国有经济发展程度越高，说明政府干预程度越低，地区经济、制度环境越有利于非国有经济的发展，则民营企业集团金字塔结构就相应越简单；如果金融业市场化程度越高，

则说明当地资本市场越发达，发达的金融市场不仅能为企业，尤其是非国有经济提供较为充足的外部资金，而且通过降低投资者与企业之间的信息不对称，使企业较容易地获取外部资金，从而，金字塔结构也就越简单。李增泉等（2008）通过自己构建金融发展指数，发现金融越发达地区，金字塔结构也越简单。刘立燕和熊胜绪（2011）从法律保护角度出发，发现较好的法律保护水平可以明显抑制最终控制人的控制链条和超额控制权收益。陈德球等（2011）发现，较高的地方政府质量和社会资本水平能够帮助家族企业获取融资机会，缓解融资约束，降低金字塔结构层级和终极控制权与现金流权的分离度。

金融生态环境代表一个地区金融业发展的市场化竞争有序程度。该指标包括一个地区的法治环境、经济基础、地方金融发展、金融部门独立性、诚信文化、社会中介服务、地方政府公共服务、企业诚信和社会保障等因素的综合测度。因此，良好的金融生态环境，更有利于理顺企业融资市场，提高融资便捷程度，降低企业市场融资成本，如果企业能够更加便捷的在市场中融到资金，它很难再有动力加大成本去改变内部结构来缓解融资约束。朱红军等（2006）发现，不同地区金融发展水平不同，其企业所面临的融资约束亦不同，金融发展水平的提高能够减轻企业的融资约束。因此，理论上来说，金融生态环境越是良好的地区，企业金字塔结构层级与复杂度也会越简单。

基于以上原因，我们有以下假设：

假设 6 - 4   地区市场化程度越高、非国有经济发展程度越高以及金融业市场化程度越高，则民营企业集团金字塔结构层级和复杂度越低。

假设 6 - 5   金融生态环境越好，企业金字塔结构层级和复杂度越低。

6.1.3   产品市场竞争与金字塔结构融资优势

金字塔结构作为控股股东掠夺中小股东的重要渠道和手段已经被广大实践和理论研究者所接受和认可，控股股东通过建立复杂的金字塔结构，可以通过金字塔层级的提高加大控制权与现金流权的偏离程度，激发其攫取控制权收益的动机和获得更多的控制权私人收益。Johnson 等（2000）认为，控股股东往往通过以资产出售、转移定价、资金占用等内部交易方式转移公司资源、获取控制权私利而发生损害中小股东利益的"隧道"（Tunneling）行为。因此，他们有较强的动机将上市公司的资源从金字塔底部转移到最终控制人手中（Bertrand et al.，2002）。同样，控股股东往往通过借助于提高金字塔结构复杂度，建立更广泛的内部资本市场，来提高内部资源灵活配置能力以便获取更高的控制权私人收益。比如韩国企业集团通过兼并收购和私募股份发行事件，利用庞大的内部资本市场资源运作来获取一定的控制权收益，但同时也导致公司小股东受到侵害（Bae et al.，2002；Baek et al.，2006）。

已有大量文献认为，产品市场竞争作为一种有效的公司治理机制，可以有效缓解公司内部多种委托代理问题，抑制公司控股股东与管理者获取控制权私人收益的攫取程度，提高公司运营效率和公司价值（Griffith，2001；Allen and Gale，2000；He，2012）。其制约机制主要体现在两个方面：一方面产品市场竞争具有竞争淘汰机制。高度竞争行业的公司都面临着市场份额和投资机会损失的风险，一旦公司失去净现值为正的投资项目，其竞争力也将随之降低，面临着被市场淘汰的命运，而其管理者也面临着解职和经理人声誉效应下降的影响。另一方面，产品市场竞争具有标杆评估机制。产品市场竞争减少了信息不对称以及外部监管成本，为外部投资者提供了更多评估控股股东和管理者的机会，强化了外部控制权市场、经理人市场等治理约束机制，因而，增大了控股股东和管理者非效率投资的风险和成本，提高了其管理经营的努力程度。Ammaan 等（2011）、Giroud 等（2010）和 Boubaker 等（2018）研究得出，产品市场竞争作为公司治理机制的一种替代机制，通过施加竞争压力给公司经理们，降低他们的徇私和失误行为，从而获得企业最大价值。

按照金字塔结构攫取行为理论，控股股东与小股东代理问题越严重，控股股东利益攫取行为越严重，企业越偏好于建立层级和复杂度更高的金字塔结构。而如果金字塔结构的建立更多表现为控股股东的利益攫取动机，则产品市场竞争作为一种有效的公司治理机制，将更大程度地发挥公司治理的有效制约作用，抑制控股股东利益攫取行为，从而将有效抑制金字塔结构层级和复杂度的提高。

金字塔结构融资优势的理论认为，企业建立金字塔结构的目的是为了有效缓解企业所面临的融资约束问题。首先，金字塔结构本身具有较强的债务融资放大效应，控制权与现金流权的偏离度越大，控股股东就越可以利用较低的权益比重获取较高的债务乘数效应，而且，金字塔结构层级越多，控制链条越多，其构成的内部资本市场的债务容量和偿付能力就越高，其债务融资能力就越高。因而，控股股东往往通过这种债务放大效应来提高企业内外部融资能力。这种效应存在于很多国家企业集团中，如印度（Manosa et al., 2007）、中国（李增泉，2008）、日本（Sandra and Jean, 2009）、韩国（Chong, 2010）等。其次，金字塔结构可以利用较多层级和控制链条下的公司构成庞大的内部资本市场，通过内部资本市场中共享留存收益和资源灵活配置，满足新建企业更高的融资需求和提高企业集团整体内部融资能力。Almeida 和 Wolfenzon（2006）、Jan 和 Hernan（2011）分别从理论模型和实证分析角度讨论了金字塔结构在建立新企业时具有明显的融资优势。而 Masulis 等（2011）则更多地展示了企业集团在国家和公司两个层面所具有的融资优势。

产品市场竞争程度的高低不仅影响着企业市场势力、企业战略的变化和选择，而且是影响企业财务紧张的重要原因。具体来讲有以下两种传导机制：一是产品市场竞争的风险掠夺机制。由于在产品市场中存在掠夺定价、份额掠夺和进入市场威胁等市场掠夺风险，企业越是处于市场竞争程度激烈的行业，其市场掠夺风险就越大，企业就越需要足够的资金储备以提高产品定价能力、投资竞争性战略项目和抵御外部市场竞争（Campello, 2003；Haushalter et al., 2007；Bates et al., 2009），而这将大大加剧企业财务紧张局面。二是产品市场竞争的均衡利润机制。产品市场竞争越是激烈的行业，其行业平均利润率越接近市场平均利润率，该行业的企业盈利空间相对就越小，就越存在较高的融资约束。已有研究产品市场竞争与融资结构的研究表明，产品市场竞争程度越高，企业资产负债率就越高，即处于市场竞争激烈行业的企业，由于较低的利润获取能力和应对激烈的市场竞争风险，往往通过提高债务比率获得较高的融资水平以抵御面临的市场掠夺风险（Hendel，1996；Clayton，2009）。

按照金字塔结构的融资优势理论，企业面临的融资约束问题越严重，则控股股东越偏好建立复杂的金字塔结构，通过提高债务融资优势和内部资源的有效调配来缓解融资紧张问题。那么，对于处于市场竞争越激烈行业的企业，其面临的融资约束也就会越严重，控股股东就越倾向于建立复杂的金字塔结构来缓解融资约束。

在我国现今的产品市场环境中，由于不确定的影响和固有的民营企业歧视使得民营企业在市场竞争中处于相对的劣势，因而其融资状况也更受到市场竞争的影响。具体来看，首先，在我国并不完善的市场环境中，行业竞争变化较大且不稳定性较高，企业随时面临着较大的市场定价、行业门槛和市场份额丢失等掠夺风险，这进一步刺激了企业需要有足够的资金和流动性来防止这些市场掠夺风险侵害的需求，也更加剧了企业融资的难度。其次，作为我国固有的银行对于民营企业的差别对待，在变化多端的市场环境中对民营企业的放贷变得更加苛刻和严格，另外我国公司债券市场又不是很发达，整体社会信用体系缺乏都使民营企业通过企业之间、企业与民营资本之间获得相应的融通资本变得更加困难。这就迫使我国民营企业必须从内部着眼获得缓解资金紧张的办法。

按照金字塔结构的融资优势理论，企业面临的融资约束问题越严重，则控股股东越偏好建立复杂的金字塔结构，通过提高债务融资优势和内部资源的有效调配来缓解融资紧张问题。那么，对于处于市场竞争越激烈行业的企业，其面临的融资约束也就会越严重（Hendel，1996；

Haushaler et al., 2007；Bates et al., 2009；Clayton，2009），控股股东就越倾向于建立复杂的金字塔结构来缓解融资约束。因此，按照金字塔结构的融资优势理论，产品市场竞争程度越高，金字塔结构层级和复杂度也就越高，表现为显著的正相关关系。李维安和韩忠雪（2013）采用中国民营制造业上市公司2004～2010年共7年的非平衡面板数据，发现对于低利益攫取和高融资约束的金字塔企业集团而言，金字塔结构表现了显著的融资优势效应，进一步验证了金字塔结构的融资优势理论学说。

因此，我们有以下假设：

假设6-6　如果金字塔结构建立主要源于利益攫取动机，则产品市场竞争程度越高，金字塔结构层级和复杂度就越低。

假设6-7　如果金字塔结构建立主要源于融资优势动机，则产品市场竞争程度越高，金字塔结构层级和复杂度就越高。

既然金字塔结构的建立主要源于控股股东的两种动机，即利益攫取与融资优势，那么对于不同利益攫取和融资约束种类的公司，产品市场竞争对金字塔结构的影响则会产生截然不同的影响机制。就利益攫取动机来说，高利益攫取公司表现为较高的控股股东利益攫取行为，产品市场竞争作为有效的公司治理机制，势必在一定程度上起到抑制控股股东获取控制权收益的作用，从而，两者关系表现为产品市场竞争程度越高，金字塔结构的层级和复杂度就越低；低利益攫取公司则由于控股股东较小的利益攫取动机，其建立金字塔结构可能更多的表现为缓解融资约束动机，产品市场竞争也更多地表现为市场掠夺风险，加剧行业资金紧张局面，因而，表现为产品市场竞争程度越高，金字塔结构层级和复杂度就越高。而就融资约束动机来说，高融资约束公司的主要问题是企业资金紧张，建立金字塔结构是为了缓解紧张的融资约束问题，则产品市场竞争更多地表现为加剧企业融资紧张的市场掠夺机制，产品市场竞争程度越高，企业的金字塔结构层级和复杂度就越高；低融资约束公司由于存在较低的融资约束问题，其建立金字塔结构更多的是为了获取控制权私人收益，产品市场竞争也就更多地表现为一种治理制约机制，其竞争程度越高，金字塔结构层级和复杂度则越低。因此，我们有以下假设：

假设6-8 对于高利益攫取公司来说，产品市场竞争程度越高，金字塔结构层级和复杂度就越低；对于低利益攫取公司来说，产品市场竞争程度越高，金字塔结构层级和复杂度就越高。

假设6-9 对于融资约束较高公司来说，产品市场竞争程度越高，金字塔结构层级和复杂度就越高；对于融资约束较低公司来说，产品市场竞争程度越高，金字塔结构层级和复杂度就越低。

6.2 数据选取和变量定义

6.2.1 数据选择

本书选取2004~2016年共13年的沪、深两市所有的除国有和外资以外的民营制造业上市公司作为研究样本，之所以保留集体持股、职工持股会持股等企业，一是因为样本数量的局限，二是因为这些企业与单纯的民营企业一致，其控制运营依然是小利益集团的利益一致行为。为保证数据的使用和精确，我们根据以下原则做了严格筛选：（1）为了保证公司财务指标的一致性，我们选取A股上市非金融公司，同时剔除存在交叉上市的公司；（2）为了保证财务数据的准确性，剔除在2004~2016年中被特殊处理的ST、*ST等公司；（3）剔除13年中有过重大资产重组和财务数据有重大疏漏的公司，同时，为了消除极端值的影响，本书还对处于0~1%和99%~100%之间的极端值样本进行了剔除。最后我们共获得280家公司3 614个公司年的非平衡面板数据。金字塔结构层级、复杂度、控制权与现金流权数据、高管政治背景数据均手工取自于年报股权结构图的测算和相应的解释；制度和市场环境度量指标均取自于樊纲、王小鲁等主编的《中国市场化指数：各地区市场化相对进程2011年报告》和王小鲁、樊纲、余静文统筹撰写的《中国分省份市场化指数报告（2016）》；其他所有公司财务数据都来自于北大 CCER 数据库和国泰安 CSMAR 数据库。

6.2.2 变量定义

1. 金字塔结构的代理变量（见第 4 章）

2. 外部环境的代理变量

本章中外部环境代理变量分别为宏观经济、货币政策、市场制度、金融生态、产业冲击和产品市场竞争等。

（1）宏观经济与货币政策变量。

关于宏观经济与货币政策的代理变量我们采用中国人民银行与国家统计局联合完成的全国银行家问卷调查报告和全国企业家问卷调查报告，宏观经济的代理变量为银行家信心指数（BA_CONF）和企业家信心指数（BA_CONF），这两个指数基于银行家和企业家对当期和预期宏观经济形势的判断计算得出，反映企业家对整体宏观经济的信心。具体说，银行家（企业家）宏观经济信心指数为判断本季度宏观经济形势"正常"的银行家（企业家）占比与预期"正常"占比的算术平均数。货币政策的代理变量为银行家的货币政策感受指数（BA_FEEL）和货币政策偏紧指数（BA_FETI）。货币政策感受指数反映银行家对货币政策感受程度的指数。该指数等于在全部接受调查的银行家中，判断货币政策"适度"的银行家所占的百分比。同时，我们用银行家信心指数和货币政策偏紧指数的三个年度的季度标准差作为衡量宏观经济和货币政策的波动程度。

（2）市场制度与金融生态环境变量。

市场环境代理变量本书采取樊纲、王小鲁编撰的《中国市场化指数：各地区市场化相对进程2011年报告》和王小鲁、樊纲、余静文统筹撰写的《中国分省份市场化指数报告（2016）》中三个指标来替代民营企业集团面临的制度、市场环境。它们分别是总市场化指数（IN_TOT）、非国有经济发展指数（IN_NST）和金融业市场化指数（IN_FIN）。金融生态环境变量我们采用李杨等主编的《中国地区金融生态环境评价2006～2007（2008～2009/2009～2010/2013～2014）》中的五个指标，它们分别是金融生态环境总指数（FI_TOTA）、政府治理分指数（FI_GOVE）、经济基础分指数（FI_ECNO）、金融发展分指数（FI_FIDE）和制度与信用文化分指数（FI_SYST）。

3. 产品市场竞争变量

产品市场竞争的代理变量。本书从"行业间竞争"和"行业内竞争"两个角度来衡量产品市场竞争程度。"行业间竞争"主要反映行业竞争程度差异，由赫芬德尔指数（HHI）来代表，而"行业内竞争"主要反映某个公司垄断势力的强弱，由垄断租金（RENT）来代表[①]。

（1）赫芬德尔指数（HHI）。本书按照Haushalter等（2007）的研究方法，采用赫芬德尔指数来衡量行业间的竞争程度。通常来说，HHI数值越大，表明产品市场竞争程度越低，垄断性就越强。赫芬德尔指数由某公司在某行业中所占市场份额的平方和来计算，为了能充分反映整个行业的市场竞争程度，公式中某行业所有公司不是采用该行业所有上市公司，而是采用中国统计年鉴中"全部国有及规模以上非国有工业企业"[②]的数据。

（2）垄断租金（RENT）。通过垄断租金可以反映某个企业在该行业中所处的垄断地位，进而判断该企业在产品市场上面临的竞争程度。通常来说，垄断租金数值越大，该企业面临的产品市场竞争程度就越

---

① 垄断租金的具体计算公式可参看韩忠雪和周婷婷（2011）。

② 其中，"规模以上企业"指年主营业务收入在500万元以上的企业。鉴于"规模以下非国有工业企业"所占比例和规模都较小，"全部国有及规模以上非国有工业企业"数据基本可以保证衡量产品市场竞争程度的准确性和可靠性。

低，垄断程度就越大。按照 Januszewski 等（2002）、韩忠雪和周婷婷（2011）对垄断租金的计算公式，并根据中国会计准则及资本市场状况对其进行了一定的修正，以期更准确地度量产品市场竞争。具体公式为：垄断租金 =（税前利润 + 当年折旧额 + 财务费用 − 资本总额 × 加权平均资本成本）/销售总额。其中，资本总额 = 权益资本 + 短期债务 + 长期债务，加权平均资本成本 =（权益资本/资本总额）× 权益资本成本 +（短期债务/资本总额）× 短期债务成本 +（长期债务/资本总额）× 长期债务成本。本书采用 CAPM 模型来估计公司的权益资本成本，权益资本成本 = 无风险收益 + 系统风险 × 市场组合的风险溢价，系统风险数据直接取自 CCER 股票价格收益数据库，无风险收益为一年期银行存款利率，市场组合的风险溢价设定为 4%。短期债务成本为当年银行一年期贷款利率，而长期债务成本为当年的三至五年中长期贷款利率。

4. 控制变量

为了尽可能准确地研究金字塔结构缓解融资约束的关系，本书借鉴国内外相关文献的做法选择相应的控制变量，具体有投资支出（INVE）、现金流（FLOW）、净营运资本（WORK）、现金持有比率（CASH）、总资产收益率（ROA）、资产负债率（DEBT）、规模（ASSE）、年度（YEAR）和行业（INDU）虚拟变量等来控制金字塔结构缓解融资约束的公司基本面因素，这些变量的选取和定义都与目前国内外文献中的常用指标保持一致（见表 6 - 1）。

表 6 - 1　　　　　　　　　　　　变量选取与定义

	变量	定义
被解释变量	金字塔结构层级（LEVE）	金字塔结构企业最终控制人主要控制链的层级
	金字塔结构复杂度（LECH）	金字塔结构企业主要控制链层级和控制链条的乘积

续表

变量			定义
外部环境解释变量	宏观经济	银行家信心指数（*BA_CON*）	银行家信心指数的季度指数平均值
		企业家信心指数（*EN_CON*）	企业家信心指数的季度指数平均值
		宏观经济波动（*BA_COF*）	银行家信心指数的三年季度标准差
	货币政策	货币政策感受指数（*BA_FEE*）	货币政策感受指数的季度指数平均值
		货币政策偏紧指数（*BA_FET*）	货币政策偏紧指数的季度指数平均值
		货币政策波动（*BA_FEL*）	货币政策偏紧指数的三年季度标准差
	市场制度	市场化总指数（*MA_TOT*）	各地区市场化总指数
		非国有经济发展指数（*MA_NOS*）	各地区非国有经济发展指数
		金融业市场化指数（*MA_FIM*）	各地区金融业市场化指数
外部环境解释变量	金融生态	金融生态环境总指数（*FE_TOT*）	各城市金融生态环境总指数
		政府治理指数（*FE_GOV*）、	各城市政府治理分指数
		经济基础指数（*FE_ECN*）	各城市经济基础分指数
		金融发展指数（*FE_FID*）	各城市金融发展分指数
	股东保护	中介组织发育和法律制度（*MA_SYS*）	各地区市场中介组织发育和法律制度环境分指数
		制度与信用文化指数（*FE_SYS*）	各城市制度与信用文化分指数
	产品市场竞争	赫芬德尔指数（*HHI*）	某行业中所有公司所占市场份额的平方和
		垄断租金（*RENT*）	（税前利润＋当年折旧额＋财务费用－资本总额×加权平均资本成本）/营业收入
控制变量	现金流量（*FLOW*）		经营现金流量净额/账面总资产
	净运营资本（*WORK*）		净营运资金/账面总资产
	现金持有水平（*CASH*）		期末现金及现金等价物余额/账面总资产
	总资产收益率（*ROA*）		净利润/账面总资产
	规模（*ASSE*）		公司账面总资产的对数
	资产负债率（*DEBT*）		负债总额/账面总资产
	年度哑变量（*YEAR*）		属于该年度为1，否为0
	行业哑变量（*INDU*）		属于该行业为1，否为0（除 *C2* 外共7个虚拟变量）

6.3 数据分析及模型构建

6.3.1 我国民营制造业上市公司主要变量的描述性统计

根据我国民营制造业上市公司样本的数据资料，我们对主要变量指标进行初步的描述性统计，从中可以看出金字塔结构与各变量的初步变化规律。

由表6-2我们可以得出以下结论：（1）我国制造业民营上市公司整体金字塔结构并不十分复杂，层级平均水平为2.420，复杂度平均水平为3.438。这说明，金字塔结构的建立并不像最初的攫取理论那样只是为了获得控制权收益，如果按照那种逻辑，则金字塔结构应该足够复杂才符合攫取理论。（2）从宏观经济信心指数来看，银行家信心指数均值为0.536，企业家信心指数为0.435，银行家信心指数波动标准差为0.162。说明，整体上银行家对宏观经济的信心指数要大于企业家的信心指数，且银行家信心指数波动并不大，表明，我国银行家对于中国总体宏观经济持有相对乐观的态度。（3）从货币政策来看，银行家货币政策感受指数均值为0.574，偏紧感受指数为0.281，感受指数波动的标准差均值为0.126。说明我国银行家总体对货币政策实施感受合适的略偏多数，基本与不合适持平，感受偏紧的比重很低，大多数认为货币政策偏扩张，这可能与发展中国家更偏好经济过度扩张有关。（4）从金融生态环境指数来看，政府治理指数较高，经济基础指数较低，说明我国经济发展汇总政府对经济的主导起着很重要的作用，而经济运行质量则差强人意。（5）从市场制度化指数来看，非国有经济发展指数和金融业市场竞争指数都较高，说明我国非国有经济发展和金融业市场化的进步较快。

表6－2　　我国民营制造业上市公司样本主要变量的描述性统计

	MEAN	*MEDIAN*	*MAX*	*MIN*	*STD.*
LEVE	2. 420	2	6	1	0. 942
LECH	3. 438	2	15	1	2. 575
BA_CON	0. 536	0. 557	0. 755	0. 346	0. 141
EN_CON	0. 435	0. 714	0. 815	0. 000	0. 378
BA_COF	0. 162	0. 158	0. 214	0. 133	0. 029
BA_FEE	0. 574	0. 549	0. 736	0. 388	0. 104
BA_FET	0. 281	0. 260	0. 590	0. 055	0. 157
BA_FEF	0. 126	0. 120	0. 156	0. 114	0. 013
FI_TOT	0. 600	0. 607	0. 927	0. 154	0. 171
FI_GOV	0. 658	0. 676	1. 000	0. 122	0. 169
FI_ECN	0. 542	0. 524	1. 000	0. 020	0. 201
FI_FID	0. 606	0. 611	1. 000	0. 000	0. 196
MA_TOT	8. 447	8. 421	12. 424	1. 550	2. 174
MA_NST	9. 759	9. 942	14. 495	－ 1. 160	2. 954
MA_FIN	8. 801	9. 380	12. 344	1. 580	2. 193
MA_SYS	9. 503	8. 180	25. 244	1. 530	5. 182
FI_SYS	0. 594	0. 593	1. 000	0. 000	0. 187
HHI	0. 001	0. 000	0. 003	0. 000	0. 001
RENT	－ 0. 109	0. 016	2. 210	－ 22. 820	0. 894
DEBT	0. 477	0. 483	0. 900	0. 018	0. 180
INVE	0. 066	0. 049	0. 451	0. 000	0. 062
FLOW	0. 054	0. 053	0. 866	－ 0. 543	0. 083
WORK	0. 110	0. 096	0. 798	－ 0. 723	0. 222
CASH	0. 144	0. 119	0. 722	－ 0. 007	0. 106
ROA	0. 185	0. 088	21. 076	0. 558	0. 825
ASSE	21. 086	21. 016	24. 288	17. 496	0. 871

6.3.2　金字塔结构与融资约束缓解的实证模型构建

下面，我们通过多元回归计量模型来分析金字塔结构与融资约束的关系。由于篇幅的限制，各变量之间相关系数结果未列出。由于样本数据时间序列较短，而截面数据庞大的特征，需要考虑个体可能存在的特殊效应及对模型估计方法的影响，即消除截面数据造成的异方差影响，因此，本书采用面板数据的广义最小二乘法（$EGLS$）进行估计，并同时进行 White 异方差方法进行校正。具体计量模型如下：

$$LEVE_{it}(LECH_{it}) = \alpha_0 + \alpha_1 OUIN_{it} + \alpha_2 FLOW_{it} + \alpha_3 WORK_{it}$$
$$+ \alpha_4 CASH_{it} + \alpha_5 DEBT_{it} + \alpha_6 ASSE_{it} + \alpha_7 ROA_{it} + \alpha_8 INVE_{it}$$
$$+ \alpha_9 \sum_{j=1}^{5} INDU + \alpha_{10} \sum_{j=1}^{5} YEAR + \varepsilon \qquad (6-1)$$

其中，$OUIN_{it}$ 代表影响民营企业集团融资约束的各种外部因素，包括宏观经济、货币政策、市场制度环境、金融生态环境、产品市场冲击与产品市场竞争等。

6.4　结果分析及稳健性检验

6.4.1　宏观经济、货币政策与金字塔结构融资优势

作为影响企业融资的众多外部宏观因素，我们首先考虑整体宏观经济因素，诸如宏观经济形势和货币政策对金字塔结构融资优势的影响，从而探究是否金字塔结构具有相应的融资放大效应。

1. 宏观经济与金字塔结构融资优势

宏观经济形势和波动对于企业融资环境、融资需求有着显著的影

响，考察宏观经济形势的好坏和波动程度的大小对企业融资需求的影响可以探究出金字塔结构股权结构是否具有相应的融资优势。

由表6-3我们可以看到，代表宏观经济形势的银行家信心指数和企业家信心指数都与金字塔结构层级和复杂度呈显著负相关关系。表明，银行家和企业家对宏观经济形势越看好，经济越是处于向好的发展阶段中，市场流动性相对越充足，企业获取资金的便利程度就越高，从而建立具有融资优势的金字塔结构的意愿就越低。另外，宏观经济波动的银行家信心指数的标准差与金字塔结构层级和复杂度呈显著正相关关系，这说明，宏观经济波动的程度越高，市场不确定性越高，企业融资需求难度也就越大，具有融资优势的金字塔结构层级和复杂度也就相应变得更复杂。

表6-3　　宏观经济与金字塔结构融资优势之间的面板回归结果

	LEVE (1)	LECH (1)	LEVE (2)	LECH (2)	LEVE (3)	LECH (3)
C	0.091 (1.369)	-3.976*** (-11.165)	-0.028 (-0.503)	-4.172*** (-10.981)	-4.600*** (-4.901)	-11.746*** (-8.109)
BA_CON	-0.488*** (-4.803)	-0.808*** (6.790)				
EN_CON			-0.233*** (-4.803)	-0.386** (-2.125)		
BA_COF					3.290*** (4.803)	5.450*** (6.790)
FLOW	0.391*** (2.855)	-0.081** (-2.125)	0.391*** (2.855)	-0.081** (-2.125)	0.391*** (2.855)	-0.081** (-2.125)
ROA	-0.783*** (-4.366)	-0.012 (-0.037)	-0.783*** (-4.366)	-0.012 (-0.037)	-0.783*** (-4.366)	-0.012 (-0.037)
INVE	-0.049*** (-3.968)	-0.195*** (-7.614)	-0.049*** (-3.968)	-0.195*** (-7.614)	-0.049*** (-3.968)	-0.195*** (-7.614)
BADE	-0.209*** (-9.681)	-0.868*** (-14.450)	-0.209*** (-9.681)	-0.868*** (-14.450)	-0.209*** (-9.681)	-0.868*** (-14.450)

续表

	LEVE (1)	LECH (1)	LEVE (2)	LECH (2)	LEVE (3)	LECH (3)
DEBT	0.062 ** (2.300)	-0.486 *** (-10.155)	0.062 ** (2.300)	-0.486 *** (-10.155)	0.062 ** (2.300)	-0.486 *** (-10.155)
ASSE	0.131 *** (61.533)	0.404 *** (20.951)	0.131 *** (61.533)	0.404 *** (20.951)	0.131 *** (61.533)	0.404 *** (20.951)
YEAR	YES	YES	YES	YES	YES	YES
INDU	YES	YES	YES	YES	YES	YES
$Adj - R^2$	0.485	0.391	0.485	0.391	0.485	0.391
F	62.512 ***	42.953 ***	62.512 ***	42.953 ***	62.512 ***	42.953 ***
OBS	3 614	3 614	3 614	3 614	3 614	3 614

注：** 、*** 分别表示变量估计系数在 5% 和 1% 置信水平上显著，括号内为 T 值。

2. 货币政策与金字塔结构融资优势

同样，货币政策的实施是伴随着宏观经济形势的变化而变化，且其具有一定的滞后性和不确定性，因此，货币政策的考察也可以反映企业融资需求的变化，从而反映到企业战略结构上来。

由表 6 - 4 可见，金字塔结构层级和复杂度与银行家货币政策感受指数呈显著负相关关系，与银行家感受偏紧指数呈显著正相关关系，说明，银行家对货币政策实施的感受越适度，经济形势一般也就越稳定、越趋于向好，企业融资环境也就相应宽松，金字塔结构层级和复杂度也就越低；而银行家对货币政策感受越偏紧，经济形势越趋于下行，流动性越偏紧，企业融资环境也就越紧张，金字塔结构层级和复杂度就越复杂。另外，代表货币政策波动程度的代理变量与金字塔结构层级和复杂度呈显著正相关关系，说明货币政策波动程度越高，经济形势波动也就越剧烈，企业外部融资需求难度和适应性也就越差，就越偏好于建立复杂的金字塔结构以缓解不确定性带来的融资约束。

表6－4　　　　货币政策与金字塔结构融资优势之间的面板回归结果

	LEVE（1）	LECH（1）	LEVE（2）	LECH（2）	LEVE（3）	LECH（3）
C	0.205 ** （2.480）	－3.787 *** （－11.341）	－0.445 *** （－4.973）	－4.863 *** （－10.381）	－0.526 *** （－5.080）	－4.997 *** （－10.278）
BA_FEE	－0.718 *** （－4.803）	－1.189 *** （－6.790）				
BA_FET			0.704 *** （4.803）	1.166 *** （6.790）		
BA_FEL					2.619 *** （4.803）	4.338 *** （6.790）
FLOW	0.391 *** （2.855）	－0.081 ** （－2.125）	0.391 *** （2.855）	－0.081 ** （－2.125）	0.391 *** （2.855）	－0.081 ** （－2.125）
ROA	－0.783 *** （－4.366）	－0.012 （－0.037）	－0.783 *** （－4.366）	－0.012 （－0.037）	－0.783 *** （－4.366）	－0.012 （－0.037）
INVE	－0.049 *** （－3.968）	－0.195 *** （－7.614）	－0.049 *** （－3.968）	－0.195 *** （－7.614）	－0.049 *** （－3.968）	－0.195 *** （－7.614）
BADE	－0.209 *** （－9.681）	－0.868 *** （－14.450）	－0.209 *** （－9.681）	－0.868 *** （－14.450）	－0.209 *** （－9.681）	－0.868 *** （－14.450）
DEBT	0.062 ** （2.300）	－0.486 *** （－10.155）	0.062 ** （2.300）	－0.486 *** （－10.155）	0.062 ** （2.300）	－0.486 *** （－10.155）
ASSE	0.131 *** （61.533）	0.404 *** （20.951）	0.131 *** （61.533）	0.404 *** （20.951）	0.131 *** （61.533）	0.404 *** （20.951）
YEAR	YES	YES	YES	YES	YES	YES
INDU	YES	YES	YES	YES	YES	YES
$Adj-R^2$	0.485	0.391	0.485	0.391	0.485	0.391
F	62.512 ***	42.953 ***	62.512 ***	42.953 ***	62.512 ***	42.953 ***
OBS	3 614	3 614	3 614	3 614	3 614	3 614

注：**、***分别表示变量估计系数在5%和1%置信水平上显著，括号内为T值。

6.4.2　市场制度、金融生态环境与金字塔结构融资优势

作为企业融资约束的外部环境因素，对金字塔结构的融资优势有着 149

显著的影响，通过考察这些外部环境变量对金字塔结构层级和复杂度的影响可以得出金字塔结构是否具有融资优势。

1. 市场制度环境与金字塔结构融资优势

下面将从市场化总指数、非国有经济发展指数和金融业发展指数来考察市场化环境对金字塔结构层级和复杂度的影响。

从表6-5可以看出，不论是公司所处市场化程度、非国有经济发展程度，还是金融业市场竞争程度，都与金字塔结构层级和复杂度呈现显著的负相关关系，越是市场化程度发达、非国有经济发育和金融市场竞争程度越高的地区，其公司的金字塔结构层级和复杂度越是简单。因为，在良好的市场化发育地区，其对民营经济哺育、资本市场发展都提供了较好的制度和政策环境，有利于当地民营企业获得便利的融资渠道，也就越不需要复杂的金字塔结构来取得较大的债务融资效应。

表6-5　市场制度环境与金字塔结构融资优势之间的回归分析结果

	LEVE (1)	LECH (1)	LEVE (2)	LECH (2)	LEVE (3)	LECH (3)
C	0.068 (1.459)	-0.354 (-1.199)	0.009 (0.154)	-0.291 (-0.933)	-0.104 * (-1.715)	-0.299 (-0.983)
MA_TOT	-0.057 *** (-29.699)	-0.040 *** (-9.743)				
MA_NST			-0.051 *** (-25.422)	-0.033 *** (-6.988)		
MA_FIN					-0.034 *** (-8.467)	-0.018 *** (-7.412)
FLOW	0.094 (0.892)	0.116 (0.448)	0.187 (1.346)	0.168 (0.549)	0.219 (1.576)	0.168 (0.601)
WORK	-0.018 (-0.270)	-0.088 *** (-1.337)	-0.026 (-0.481)	-0.030 (-0.386)	-0.061 (-1.013)	-0.130 ** (-2.165)
CASH	0.183 ** (2.206)	0.963 *** (7.775)	0.159 * (1.609)	0.889 *** (7.125)	0.225 ** (2.319)	0.999 *** (6.984)

续表

	LEVE (1)	LECH (1)	LEVE (2)	LECH (2)	LEVE (3)	LECH (3)
DEBT	0.410 *** (7.798)	0.557 *** (7.213)	0.381 *** (7.235)	0.583 *** (6.165)	0.427 *** (7.109)	0.518 *** (7.517)
ASSE	0.127 *** (31.802)	0.156 *** (11.141)	0.126 *** (24.166)	0.151 *** (9.949)	0.124 *** (31.431)	0.145 *** (10.879)
ROA	−0.060 *** (−5.007)	−0.056 *** (−4.643)	−0.055 *** (−4.390)	−0.053 *** (−4.527)	−0.051 *** (−3.961)	−0.047 *** (−4.438)
INVE	−0.337 *** (−4.304)	−1.000 *** (−3.903)	−0.519 *** (−9.748)	−0.962 *** (−3.648)	−0.534 *** (−9.405)	−1.129 *** (−4.136)
YEAR	YES	YES	YES	YES	YES	YES
INDU	YES	YES	YES	YES	YES	YES
$Adj-R^2$	0.302	0.337	0.321	0.565	0.310	0.337
F	24.010 ***	28.054 ***	26.120 ***	69.871 ***	24.836 ***	27.962 ***
OBS	3 614	3 614	3 614	3 614	3 614	3 614

注：* 、** 、*** 分别表示变量估计系数在10%、5%和1%置信水平上显著，括号内为 T 值。

2. 金融生态环境与金字塔结构融资优势

由于金融生态环境对资本市场获取资源便利程度、降低企业融资成本起着至关重要的作用，所以，考察金融生态环境对金字塔结构层级和复杂度的影响可以发现金字塔结构是否存在融资优势问题。

由表6-6可以看出，代表金融生态环境的相关变量，诸如生态环境总指数、政府治理指数、经济基础指数和金融发展各分指数都与金字塔结构层级和复杂度呈显著的负相关关系，这表明，金融生态环境指数越高，发育的越完善，金字塔结构层级和复杂度也就越简单。因为企业在健康的金融生态环境中存在着较低的融资成本和便利的融资渠道，不需要设立更复杂的股权结构或者组织结构去缓解外部过高的融资交易成本，因此，这种负相关关系证明了金字塔结构设立存在着一定的融资优势根源。

表6-6　金融生态环境与金字塔结构融资优势之间的回归分析结果

	LEVE (1)	LECH (1)	LEVE (2)	LECH (2)	LEVE (3)	LECH (3)	LEVE (4)	LECH (4)
C	-0.420 *** (-4.070)	-5.838 *** (-15.693)	-0.218 * (-1.742)	-5.734 *** (-15.189)	-0.556 *** (-6.543)	-5.924 *** (-15.556)	-0.455 *** (-4.239)	-3.256 *** (-12.424)
FE_TOT	-0.410 *** (-15.243)	-0.203 *** (-2.212)						
FE_GOV			-0.438 *** (-10.566)	-0.815 *** (-8.865)				
FE_ECN					-0.243 *** (-13.458)	-0.185 *** (-3.266)		
FE_FID							-0.250 *** (-11.188)	-0.571 *** (-8.134)
FLOW	0.362 *** (2.598)	-0.444 (-1.532)	0.373 ** (2.304)	-0.389 (-1.514)	0.438 *** (3.345)	-0.427 (-1.391)	0.362 ** (2.543)	-0.365 *** (-3.005)
ROA	-0.550 (-3.542)	0.663 (1.298)	-0.565 *** (-2.956)	0.607 (1.278)	-0.627 ** (-3.988)	0.640 (1.197)	-0.594 *** (-3.768)	0.274 (1.027)
INVE	-0.061 *** (-3.662)	-0.199 *** (-7.424)	-0.058 *** (-2.848)	-0.180 *** (-5.774)	-0.063 *** (-3.624)	-0.196 *** (-7.717)	-0.060 *** (-3.780)	-0.118 *** (-2.924)
BADE	-0.237 *** (-13.915)	-0.906 *** (-14.665)	-0.244 *** (-12.801)	-0.891 *** (-10.356)	-0.204 *** (-9.935)	-0.905 (-17.132)	-0.229 *** (-15.087)	-0.770 *** (-7.239)
DEBT	-0.002 (-0.109)	-0.623 *** (-6.818)	-0.029 (-0.854)	-0.671 *** (-7.087)	-0.026 (-1.273)	-0.646 *** (-7.122)	-0.030 ** (-2.063)	-0.947 *** (-15.234)
ASSE	0.151 *** (33.556)	0.462 *** (26.684)	0.144 * (23.969)	0.476 *** (27.576)	0.153 *** (44.299)	0.456 *** (26.166)	0.151 *** (31.670)	0.304 *** (28.895)
YEAR	YES	YES	YES	YES	YES	YES	YES	YES
INDU	YES	YES	YES	YES	YES	YES	YES	YES
$Adj-R^2$	0.606	0.432	0.544	0.425	0.610	0.443	0.462	0.558
F	85.944 ***	42.894 ***	66.939 ***	41.842 ***	87.129 ***	44.906 ***	46.670 ***	68.279 ***
OBS	3 614	3 614	3 614	3 614	3 614	3 614	3 614	3 614

注：* 、** 、*** 分别表示变量估计系数在10%、5%和1%置信水平上显著，括号内为 T 值。

3. 股东保护与金字塔结构融资优势

尽管股东保护程度的衡量更多地用于解释和分析公司面临的外部治理机制的大小，但另一方面，良好的股东保护制度可以为企业融资搭建更为便利的融资渠道，降低企业与外部融资市场之间较大程度的信息不对称，也有利于企业融资需求的缓解。

从表6-7可以看出，在控制了我国上市民营企业最严重的代理问题—控股股东利益攫取以后，代表股东保护的两个法律制度环境变量均与金字塔结构层级和复杂度呈显著的负相关关系。说明，股东保护程度越高，金字塔结构层级和复杂度越低。良好的股东保护环境有利于降低企业与股东之间的信息不对称，降低企业外部融资的交易成本，从而降低具有融资优势的金字塔结构层级和复杂度。

表6-7　　　股东保护程度与金字塔融资优势之间的面板回归结果

	LEVE (1)	LECH (1)	LEVE (2)	LECH (2)	LEVE (3)	LECH (3)	LEVE (4)	LECH (4)
C	-0.166 *** (-2.895)	-4.824 *** (-10.776)	0.355 *** (3.040)	-4.538 *** (-9.951)	-0.614 *** (-8.384)	-5.773 *** (-15.111)	-0.032 (-0.452)	-5.294 *** (-12.106)
MA_SYS	-0.003 *** (-5.432)	-0.010 *** (-5.221)	-0.003 *** (-8.464)	-0.008 *** (-4.515)				
FI_SYS					-0.320 *** (-15.685)	-0.247 *** (-3.970)	-0.157 *** (-6.919)	-0.148 *** (-2.921)
FLOW	0.392 ** (2.783)	0.345 (1.357)	0.304 ** (2.089)	0.533 *** (2.280)	0.349 ** (2.203)	-0.491 * (-1.756)	0.395 *** (2.982)	-0.041 (-0.156)
ROA	-0.797 *** (-4.527)	0.050 (0.155)	-0.653 *** (-4.387)	-0.111 (-0.322)	-0.586 *** (-3.691)	0.769 (1.528)	-0.611 *** (-4.489)	0.527 (1.094)
INVE	-0.049 *** (-3.921)	-0.209 *** (-6.384)	-0.070 *** (-2.989)	-0.193 *** (-6.337)	-0.063 *** (-4.083)	-0.199 *** (-7.511)	-0.076 *** (-3.092)	-0.177 *** (-5.565)
BADE	-0.206 *** (-9.709)	-0.888 *** (-15.434)	-0.158 *** (-13.184)	-0.938 *** (-21.155)	-0.242 *** (-23.266)	-0.902 *** (-15.435)	-0.247 *** (-15.851)	-0.996 *** (-22.038)
DEBT	0.067 ** (2.523)	-0.730 *** (-20.235)	0.016 (0.432)	-0.706 *** (-19.576)	0.002 (0.134)	-0.603 *** (-6.586)	0.035 (1.478)	-0.442 *** (-4.820)

续表

	LEVE (1)	LECH (1)	LEVE (2)	LECH (2)	LEVE (3)	LECH (3)	LEVE (4)	LECH (4)
ASSE	0.130 *** (58.311)	0.424 *** (20.171)	0.091 *** (17.995)	0.386 *** (18.441)	0.156 *** (45.425)	0.459 *** (26.397)	0.112 *** (38.380)	0.417 *** (20.329)
DIFF			0.122 *** (26.774)	0.108 *** (21.077)			0.119 *** (28.484)	0.108 *** (26.503)
YEAR	YES	YES	YES	YES	YES	YES	YES	YES
INDU	YES	YES	YES	YES	YES	YES	YES	YES
$Adj - R^2$	0.478	0.563	0.474	0.559	0.632	0.437	0.499	0.495
F	58.796 ***	82.362 ***	56.158 ***	78.634 ***	95.562 ***	43.992 ***	54.185 ***	53.324 ***
OBS	3 614	3 614	3 614	3 614	3 614	3 614	3 614	3 614

注：*、**、*** 分别表示变量估计系数在 10%、5% 和 1% 置信水平上显著，括号内为 T 值。

6.4.3 产品市场竞争与金字塔结构融资优势

1. 中国民营制造业上市公司产品市场竞争变量的描述性统计与组间检验

为了进一步考察产品市场竞争与金字塔结构构建动机相互关系，以及有效区分金字塔结构构建的两种动机差异，我们选取现金流权①和规模作为利益攫取和融资约束的划分指标。

考虑到公司数量有限，我们将所有样本数据按照现金流权和规模的大小进行二分位数划分，数值较小部分为高利益攫取和融资约束公司，数值较大部分为低利益攫取和融资非约束公司。根据选取变量，我们对其进行一般描述性统计和两类公司的组间检验，从中可以看出变量的基本特征和两类公司在某些财务指标上的差异（见表 6-8 和表 6-9）。

---

① 学者们普遍认为，在金字塔结构的企业集团内，控股股东现金流权越低，越能激发控股股东的攫取欲望，越有动力获取公司控制权私人收益；而当控股股东现金流权逐渐提高，其与公司利益则逐步趋于一致，其提升公司整体价值欲望则越强（Claessens et al.，2000；La Porta et al.，2002）。因而，现金流权比率可作为衡量利益攫取的一个重要指标。

表6-8 　 按照现金流权分类样本公司变量的描述性统计及组间检验

	高利益攫取公司 （低现金流权）			低利益攫取公司 （高现金流权）			组间检验	
	均值	中值	标准差	均值	中值	标准差	均值 T 检验	中值 Z 检验
LEVE	2.559	2	0.958	2.263	2	0.922	−4.120***	−4.779***
LECH	3.435	2	2.633	3.411	2	2.397	1.713*	−1.063
HHI	0.061	0.012	0.086	0.055	0.012	0.087	1.728*	−1.299
RENT	−0.151	0.006	1.133	−0.158	0.017	1.664	1.054	−2.106**
FLOW	0.056	0.053	0.073	0.059	0.058	0.080	1.094	−1.133
WORK	0.090	0.074	0.206	0.146	0.139	0.219	3.704***	−3.312***
CASH	0.139	0.117	0.104	0.159	0.132	0.107	2.694***	−2.288***
DEBT	0.492	0.493	0.171	0.439	0.464	0.169	−3.995***	−4.113***
ROA	0.142	0.086	0.486	0.187	0.098	1.018	0.676	−1.163
ASSE	21.123	21.109	0.835	21.136	21.013	0.840	0.461	−0.814
INVE	0.065	0.049	0.060	0.071	0.053	0.064	−1.448	−1.814*
OBS	1 807			1 807				

注：组间检验采用均值比较 T 检验，中值采用非参数 Wilcoxon 符号秩检验。*、**、*** 分别表示变量估计系数在 10%、5% 和 1% 置信水平上显著。

　　表6-8给出了按照现金流权分类样本公司的描述性统计和组间检验。我们可以从中看出以下几点数据特征：（1）从金字塔结构层级和复杂度来看，高利益攫取公司显著大于低利益攫取公司，尤其是金字塔层级指标，说明越是高利益攫取的公司其金字塔结构层级和复杂度越高；（2）从产品市场竞争指标来看，高利益攫取公司略微大于低利益攫取公司，说明越是高利益攫取公司，产品市场竞争程度越低，但结果不十分显著。（3）从公司现金流、营运资金、持有现金、投资支出和总资产收益率等其他指标来看，高利益攫取公司都低于低利益攫取公司，表现了高利益攫取公司紧张的财务状况和较差的经营业绩，而债务比重则相反也说明了同样的含义。

表6-9　　　　按照规模分类样本公司变量的描述性统计及组间检验

	融资约束公司（小规模）			融资非约束公司（大规模）			组间检验	
	均值	中值	标准差	均值	中值	标准差	均值 T 检验	中值 Z 检验
LEVE	2.249	2	0.859	2.578	2	0.997	−5.310 ***	−4.758 ***
LECH	3.310	2	2.480	3.534	2	2.604	−1.876 *	−1.383
HHI	0.065	0.013	0.095	0.050	0.012	0.075	3.445 ***	−2.156 **
RENT	−0.204	−0.035	1.175	−0.122	0.031	1.808	−1.574	−8.834 ***
FLOW	0.052	0.049	0.074	0.063	0.058	0.074	−2.433 **	−2.876 ***
WORK	0.166	0.163	0.222	0.075	0.068	0.192	6.779 ***	−6.899 ***
CASH	0.161	0.130	0.120	0.135	0.118	0.089	2.944 ***	−2.245 **
DEBT	0.423	0.420	0.173	0.514	0.525	0.157	−8.255 ***	−7.866 ***
ROA	0.142	0.062	0.449	0.173	0.115	0.352	−1.580	−3.355 ***
ASSE	20.512	20.566	0.493	21.745	21.678	0.629	−61.234 ***	−18.567 ***
INVE	0.067	0.046	0.063	0.071	0.055	0.061	−1.487	−2.099 **
OBS	1 807			1 807				

注：组间检验采用均值比较 T 检验，中值采用非参数 Wilcoxon 符号秩检验。* 、** 、*** 分别表示变量估计系数在 10%、5% 和 1% 置信水平上显著。

表6-9 给出了按照规模分类样本公司的变量统计和组间检验。它们有以下数据特征：（1）从金字塔结构层级和复杂度指标来看，融资约束公司显著小于融资非约束公司，说明越是融资非约束公司，其金字塔结构层级和复杂度就越高，也从整体验证了金字塔结构建立的利益攫取动机。（2）从产品市场竞争程度来看，融资约束公司 HHI 显著大于融资非约束公司，而 RENT 缺乏明确的变化规律。（3）从其他控制变量来看，基本都表现为融资约束公司显著低于融资非约束公司，表明融资约束公司的流动性、盈利性和成长性等基本财务状况都要弱于融资非约束公司。

2. 产品市场竞争、利益攫取、融资约束与金字塔结构的面板数据分析

产品市场竞争反映企业所具有的行业优势和市场垄断势力，其强弱可以显著影响该行业或企业所处的市场风险大小和融资约束程度，因而也是影响金字塔结构融资优势的重要因素。以下我们将给出两者之间的回归结果。

由表 6 - 10 可以看出，在我们未控制控股股东利益攫取之前，除了金字塔结构复杂度与赫芬德尔指数在 10% 显著水平下呈负相关关系以外，其余金字塔结构层级和复杂度与产品市场竞争的两个变量 HHI、$RENT$ 均无显著关系，这可能是由于金字塔结构的两种根源相互冲突导致显著性消失，在我们控制了控股股东利益攫取行为以后，金字塔结构层级和复杂度均与产品市场竞争指标呈显著负相关关系，这说明，产品市场竞争程度越强，金字塔结构层级和复杂度越高，企业通过建立复杂的内部股权结构加强内部资源的有效供给和调配，以规避激烈的外部竞争市场带来的融资成本过高风险，抓住有限的投资机会。

表 6 - 10　　产品市场竞争与金字塔融资优势之间的面板回归结果

	LEVE (1)	LECH (1)	LEVE (2)	LECH (2)	LEVE (3)	LECH (3)	LEVE (4)	LECH (4)
C	−1.667 ** (−10.576)	−5.255 *** (−22.329)	−1.382 *** (−11.636)	−6.083 *** (−14.619)	−1.156 *** (−7.496)	−6.375 *** (−12.205)	−6.083 *** (−14.619)	−6.161 *** (−13.826)
HHI	0.058 (0.348)	−0.978 * (−1.744)	−0.367 ** (−2.103)	−1.304 *** (−2.583)				
RENT					0.013 (1.122)	0.006 (0.156)	−0.704 *** (−4.803)	−0.053 *** (−3.560)
FLOW	0.578 *** (9.454)	0.829 ** (3.016)	0.499 ** (14.130)	0.827 ** (4.846)	0.396 *** (6.405)	0.658 *** (2.760)	0.391 *** (2.855)	1.018 *** (5.502)
ROA	−1.218 *** (−8.909)	−1.204 ** (−2.890)	−1.276 ** (−30.983)	−0.759 ** (−2.114)	−1.093 *** (−10.841)	−0.974 * (−1.670)	−0.783 *** (−4.366)	−0.962 ** (−2.119)
INVE	−0.061 * (−1.675)	−0.408 ** (−6.267)	−0.130 ** (−3.476)	−0.255 ** (−2.508)	−0.047 * (−1.793)	−0.209 (−1.541)	−0.049 ** (−3.968)	−0.220 ** (−2.241)
BADE	−0.099 *** (−3.237)	−0.647 *** (−17.173)	−0.017 (−0.608)	−0.327 *** (−6.485)	0.011 (1.038)	−0.446 *** (−21.693)	−0.209 *** (−9.681)	−0.253 *** (−6.063)
DEBT	0.386 ** (9.349)	−0.532 *** (−5.693)	0.171 *** (4.775)	−0.778 *** (−7.448)	0.248 ** (9.843)	−0.674 *** (−8.635)	0.062 ** (2.300)	−0.820 *** (−7.435)

续表

	LEVE (1)	LECH (1)	LEVE (2)	LECH (2)	LEVE (3)	LECH (3)	LEVE (4)	LECH (4)
ASSE	0.191 *** (24.895)	0.382 *** (42.631)	0.154 *** (23.154)	0.501 *** (32.673)	0.157 *** (19.163)	0.516 *** (21.871)	0.131 *** (61.533)	0.511 *** (27.476)
DIFF			0.098 *** (25.008)	0.106 *** (6.442)			0.097 *** (14.916)	0.097 *** (27.357)
YEAR	YES	YES	YES	YES	YES	YES	YES	YES
INDU	YES	YES	YES	YES	YES	YES	YES	YES
$Adj-R^2$	0.479	0.273	0.535	0.502	0.449	0.413	0.485	0.564
F	47.962 ***	20.215 ***	54.087 ***	47.429 ***	40.497 ***	37.057 ***	62.512 ***	63.653 ***
OBS	3 614	3 614	3 614	3 614	3 614	3 614	3 614	3 614

注：＊、＊＊、＊＊＊分别表示变量估计系数在10%、5%和1%置信水平上显著，括号内为T值。

为探究产品市场竞争这种外在因素对金字塔结构的建立是否存在公司治理机制与市场掠夺风险两种促动作用，并考察不同类型金字塔结构的建立是否具有不同的影响机制。同时，为进一步验证和说明中国民营企业集团金字塔结构的建立主要源于融资优势这一结论的可靠性，我们选取两个指标分别检验在两种动机条件下产品市场竞争程度与金字塔结构之间的关系。

从表6-11可以看到，在低利益攫取（高现金流权）公司的回归结果中，产品市场竞争代理变量HHI和RENT与金字塔结构层级和复杂度均表现为显著的负相关关系。这些结果说明，在低利益攫取公司中，产品市场竞争更多地表现为加剧融资紧张的市场掠夺风险，公司建立金字塔结构更多的源于缓解企业融资约束问题，而不是以利益攫取动机为主，从而表现为产品市场竞争程度越高，金字塔结构层级和复杂度也就越高的现象。而在高利益攫取（低现金流权）公司回归结果中，产品市场竞争代理变量HHI和RENT与金字塔结构层级和复杂度均表现为显著的正相关关系，结果说明，由于公司建立金字塔结构更多的源于利益攫取，产品市场竞争则主要表现为抑制代理行为的治理制约机制，从而表现为产品市场竞争程度越高，企业金字塔结构层级和复杂度也就越低的现象。

表6-11 产品市场竞争、利益攫取与金字塔结构之间的面板回归结果

	低利益攫取（高现金流权）				高利益攫取（低现金流权）			
	LEVE (1)	LEVE (2)	LECH (1)	LECH (2)	LEVE (3)	LEVE (4)	LECH (3)	LECH (4)
C	0.607 *** (3.839)	0.289 ** (2.142)	-0.311 *** (-10.046)	-0.685 *** (-13.495)	-0.663 *** (-17.895)	-0.462 *** (-18.796)	-0.638 (-1.296)	-1.015 *** (-8.098)
HHI	-0.197 *** (-3.004)		-0.391 *** (-3.449)		0.440 *** (3.002)		1.055 *** (3.421)	
RENT		-0.034 *** (-4.553)		-0.110 *** (-5.308)		0.017 *** (14.321)		0.097 ** (2.355)
FLOW	0.160 (0.828)	0.003 (0.017)	0.935 *** (4.190)	0.910 *** (3.247)	0.233 (0.624)	0.194 (0.517)	0.575 *** (2.774)	0.012 (0.310)
CASH	0.304 ** (2.147)	0.356 ** (2.325)	1.161 *** (3.627)	1.293 ** (2.439)	0.230 (1.368)	0.215 (1.279)	0.218 (0.462)	0.075 (1.073)
WORK	-0.074 (-1.533)	-0.073 ** (-2.110)	0.558 *** (3.317)	0.528 *** (3.185)	-0.183 *** (-3.295)	-0.186 *** (-3.155)	-0.063 (-0.344)	-0.105 * (-1.846)
ASSE	0.088 *** (11.733)	0.097 *** (15.397)	0.514 *** (14.391)	0.489 *** (23.511)	0.271 *** (25.410)	0.266 *** (28.883)	0.198 *** (9.663)	0.145 *** (31.792)
ROA	-0.013 (-1.446)	-0.014 ** (-2.089)	-0.126 *** (-9.644)	-0.115 ** (-7.505)	-0.247 *** (-4.024)	-0.242 *** (-3.927)	-0.095 * (-1.905)	-0.091 * (-1.681)
INVE	-0.929 *** (-8.043)	-0.955 *** (-7.000)	-1.062 (-1.541)	-1.039 (-1.364)	-0.935 *** (-5.865)	-0.901 *** (-5.614)	-0.529 *** (-2.845)	-0.438 * (-1.852)
DEBT	0.374 *** (3.229)	0.204 *** (2.985)	0.494 *** (3.477)	0.606 ** (2.506)	0.524 *** (9.423)	0.526 *** (9.802)	-0.682 *** (-3.137)	0.055 *** (3.326)
YEAR	YES	YES	YES	YES	YES	YES	YES	YES
INDU	YES	YES	YES	YES	YES	YES	YES	YES
Adj - R²	0.163	0.145	0.403	0.451	0.432	0.440	0.271	0.424
F	6.170 ***	5.105 ***	18.895 ***	20.822 ***	20.190 ***	20.780 ***	10.392 ***	19.574 ***
OBS	1 807	1 807	1 807	1 807	1 807	1 807	1 807	1 807

注：LEVE (1)、LEVE (2)、LECH (1) 和 LECH (2) 分别为低利益攫取公司 HHI 和 RENT 与 LEVE 和 LECH 的回归方程；LEVE (3)、LEVE (4)、LECH (3) 和 LECH (4) 分别为高利益攫取公司 HHI 和 RENT 与 LEVE 和 LECH 的回归方程。* 、** 、*** 分别表示变量估计系数在10%、5%和1%置信水平上显著，括号内为 T 值。

由表 6－12 可以看到，在融资约束（小规模）公司的回归结果中，产品市场竞争代理变量 HHI 和 RENT 均与金字塔结构层级和复杂度表现为显著的负相关关系。这些回归结果说明，在融资约束公司中，公司面临最大的问题是财务紧张问题，而不是利益攫取问题，因此，公司建立金字塔结构主要用来缓解公司面临的内外部融资短缺，产品市场竞争对金字塔结构的影响也更多地表现为加剧融资紧张的市场掠夺风险，从而表现为产品市场竞争程度越高，金字塔结构层级和复杂度也就越高的现象。而在融资非约束（大规模）公司回归结果中，产品市场竞争代理变量 HHI 和 RENT 与金字塔结构层级和复杂度均表现为显著的正相关关系，这说明，对于融资较为宽松的公司来说，公司建立金字塔结构更多的源于利益攫取，而不是缓解融资约束，产品市场竞争则更多地表现为治理制约机制，从而回归结果表现为产品市场竞争程度越高，金字塔结构层级和复杂度也就越低的现象。

表 6－12　　产品市场竞争、融资约束与金字塔结构之间的面板回归结果

	融资约束（小规模）				融资非约束（大规模）			
	$LEVE$ (5)	$LEVE$ (6)	$LECH$ (5)	$LECH$ (6)	$LEVE$ (7)	$LEVE$ (8)	$LECH$ (7)	$LECH$ (8)
C	1.034 *** (6.264)	0.279 *** (3.210)	−0.652 (−0.927)	−0.653 *** (−4.836)	−0.119 (−0.560)	−0.394 (−0.592)	−3.238 *** (−27.954)	−3.022 *** (−14.421)
HHI	−0.185 *** (−2.907)		−0.297 ** (−2.253)		0.592 *** (15.070)		1.669 *** (7.162)	
$RENT$		−0.008 ** (−2.070)		−0.014 *** (−2.651)		0.001 *** (8.702)		0.002 *** (7.894)
$FLOW$	−0.011 (−0.300)	−0.023 (−1.028)	0.259 (1.053)	−0.044 *** (−2.683)	0.176 *** (2.679)	0.425 ** (2.381)	0.404 *** (3.142)	0.889 *** (4.563)
$CASH$	−0.237 *** (−6.523)	−0.120 *** (−5.140)	−0.435 (−1.566)	−0.058 ** (−1.995)	0.438 *** (4.560)	0.927 *** (5.255)	0.626 ** (4.531)	0.457 *** (3.897)
$WORK$	0.127 *** (9.862)	0.075 *** (8.102)	0.165 *** (19.517)	0.106 *** (3.976)	−0.266 *** (−10.416)	−0.561 *** (−8.816)	−0.334 *** (−11.157)	−0.522 *** (−6.133)
$ASSE$	0.050 *** (7.485)	0.018 *** (4.508)	0.201 *** (6.518)	0.076 *** (12.444)	0.045 *** (4.320)	0.148 *** (4.611)	0.189 *** (33.195)	0.682 *** (16.825)

续表

	融资约束（小规模）				融资非约束（大规模）			
	LEVE（5）	*LEVE*（6）	*LECH*（5）	*LECH*（6）	*LEVE*（7）	*LEVE*（8）	*LECH*（7）	*LECH*（8）
ROA	−0.011 （−0.260）	0.001 （0.036）	−0.783 （−4.825）	0.013 （0.647）	−0.032 （−1.547）	−0.024 （−1.608）	−0.120 *** （−3.165）	−0.083 *** （−10.125）
INVE	−0.619 *** （−7.617）	−0.157 *** （−3.418）	−0.032 （−0.837）	0.006 （0.112）	−0.571 *** （−6.453）	−1.762 ** （−6.536）	−0.965 *** （−8.473）	−0.787 *** （−6.637）
DEBT	0.254 *** （13.144）	0.146 *** （13.500）	0.126 *** （7.855）	0.080 *** （2.772）	0.155 *** （9.326）	0.217 *** （3.213）	−0.047 （−0.848）	0.021 （0.251）
YEAR	YES	YES	YES	YES	YES	YES	YES	YES
INDU	YES	YES	YES	YES	YES	YES	YES	YES
$Adj - R^2$	0.216	0.171	0.518	0.366	0.499	0.584	0.309	0.239
F	7.743 ***	6.039 ***	27.213 ***	15.077 ***	26.721 ***	38.234 ***	12.531 ***	9.335 ***
OBS	1 807	1 807	1 807	1 807	1 807	1 807	1 807	1 807

注：*LEVE*（5）、*LEVE*（6）、*LECH*（5）和 *LECH*（6）分别为低利益攫取公司 *HHI* 和 *RENT* 与 *LEVE* 和 *LECH* 的回归方程；*LEVE*（7）、*LEVE*（8）、*LECH*（7）和 *LECH*（8）分别为高利益攫取公司 *HHI* 和 *RENT* 与 *LEVE* 和 *LECH* 的回归方程。** 、*** 分别表示变量估计系数在 5% 和 1% 置信水平上显著，括号内为 T 值。

6.4.4　稳健性分析

鉴于金字塔结构缓解融资约束涉及众多的影响因素，以及实证分析中相关的准确性、科学性的分析，我们从以下几个方面进行进一步的结果稳健性检验。

（1）除了本书中金字塔结构融资优势动机以外，攫取动机也是金字塔结构形成的重要根源之一。因此，我们在以上所有回归模型中均加入控制权与现金流权偏离度（*DIFF*，控制权与现金流权的比值）作为控制变量以消除控股股东利益攫取对我们实证结果的影响，最终回归结果保持一致。由于篇幅关系，我们只列出较具有代表性的市场制度环境变量作为例子予以展示。我们知道，市场制度环境变量与金字塔结构层级和复杂度之间呈显著负相关关系，除了因为完善的市场制度环境有利于民营企业集团获得公平的融资机会和便利的融资渠道以外，也有可能基于外部良好的市场制度环境抑制了民营企业集团控股股东利益攫取的动机，从而降低了金字塔结构的层级和复杂度。因此，我们在回归模型中加入控制权与现金流权偏离度后进行回归分析，其他控制指标（CONT）不变。

从表6-13结果可以看出，在控制了控股股东攫取利益变量以后，制度市场化环境指数与金字塔结构负相关关系的显著度略有所下降，但依然表现出显著的相关关系，进一步验证了我们假设的正确性。同时，我们也看到，制度市场化环境指数与金字塔结构显著度的降低，控制权与现金流权偏离度与金字塔结构的显著正相关也说明我国民营企业集团建立金字塔结构的另一重要目的——利益攫取行为依然存在。

表6-13　　市场制度环境与金字塔结构缓解融资稳健性检验的面板回归结果

	LEVE（1）	LECH（1）	LEVE（2）	LECH（2）	LEVE（3）	LECH（3）
C	0.316 *** (3.620)	-0.366 * (-1.768)	0.284 *** (2.995)	-0.291 * (-1.834)	-0.113 * (-1.788)	-0.305 * (-1.883)
MA_TOT	-0.029 *** (-14.354)	-0.025 *** (-4.393)				
MA_NST			-0.034 *** (-11.125)	-0.026 *** (-5.058)		
MA_FIN					-0.015 *** (-6.136)	-0.010 ** (-2.135)
DIFF	0.117 *** (24.676)	0.041 *** (10.855)	0.116 *** (40.060)	0.145 *** (20.909)	0.119 *** (30.768)	0.136 *** (17.865)
FLOW	0.025 (0.414)	0.148 * (1.938)	0.024 (0.301)	0.135 (1.634)	0.023 (0.266)	0.190 * (1.812)
WORK	0.001 (0.042)	0.011 (0.401)	0.003 (0.187)	0.021 (0.809)	-0.023 (-1.185)	-0.013 (-0.486)
CASH	0.124 *** (4.038)	0.164 *** (3.269)	0.119 *** (3.850)	0.166 *** (3.641)	0.105 ** (2.989)	0.171 *** (3.259)
DEBT	0.340 *** (8.910)	0.073 *** (3.786)	0.336 *** (10.584)	0.086 *** (4.192)	0.323 *** (7.917)	0.066 *** (5.875)

续表

	LEVE（1）	LECH（1）	LEVE（2）	LECH（2）	LEVE（3）	LECH（3）
ASSE	0.092 *** （16.862）	0.072 *** （10.800）	0.096 *** （17.337）	0.067 *** （10.652）	0.093 *** （18.426）	0.077 *** （11.754）
ROA	− 0.038 *** （− 4.607）	− 0.022 *** （− 6.861）	− 0.038 *** （− 5.333）	− 0.024 *** （− 6.047）	− 0.037 *** （− 3.712）	− 0.019 *** （− 6.663）
INVE	− 0.386 *** （− 4.723）	− 0.433 *** （− 5.333）	− 0.395 *** （− 8.524）	− 0.420 *** （− 5.125）	− 0.506 *** （− 10.942）	− 0.471 *** （− 5.367）
YEAR	YES	YES	YES	YES	YES	YES
INDU	YES	YES	YES	YES	YES	YES
$Adj - R^2$	0.333	0.474	0.329	0.561	0.345	0.582
F	26.178 ***	46.547 ***	25.709 ***	65.508 ***	27.515 ***	71.278 ***
OBS	3 614	3 614	3 614	3 614	3 614	3 614

注：*、**、*** 分别表示变量估计系数在10%、5%和1%置信水平上显著，括号内为T值。

（2）为了更进一步剖析金字塔结构及所形成的内部资本市场，在已有两种衡量金字塔结构层级和复杂度指标的基础上，我们加入了最终控制人最终控制公司个数[①]，以反映控股股东控制和操纵内部资本市场的规模大小。通常来说，可控制公司数目越多，其债务融资规模也就越大，其结果基本与上述实证结果相一致。

（3）产品市场竞争与金字塔结构的稳健性检验。

①对产品市场竞争影响金字塔结构建立动机的分类考察，本书仅考虑了现金流权和规模来表征攫取利益程度和融资约束程度大小，为了更有效地说明这种分类考察的稳健性，我们进一步用控制权与现金流权分离度（控制权/现金流权，DIFF）以及红利支付率（DIVI）作为分类标准的补充，其结果依然支持我们的理论假设。

②本书在计算行业内竞争变量垄断租金时，预设市场组合的风险溢

---

① 最终控制人控制公司数目来自于公司年报中股权结构图的手工计算而得，其结果尽管较金字塔层级和复杂度作为指标的显著度略微下降，但总体保持大致一致的结果。它的结果更多地反映了内部资本市场规模形成融资优势。

价为4%，这可能会造成一定的计算偏差。为了避免其对模型可能带来的影响，我们又采用市场份额（MS）和行业中公司数目（NUM）作为行业内、间的竞争变量。MS 由该企业的主营业务收入与该行业全部国有及规模以上非国有工业企业主营业务收入之比来衡量。市场份额越大，表明该企业在行业内的谈判地位越高，越有可能获得较高的垄断势力。NUM 用该行业中所有公司（全部国有及规模以上非国有工业企业）总体数目的自然对数作为替代变量，同 HHI 一样，数据取自《中国统计年鉴2005～2017》，回归结果与本书的结论大致相同。

③为了更进一步确证产品市场竞争影响金字塔结构层级和复杂度的攫取利益和融资优势动机，我们加入关联交易总额（TRAN）。关联交易既可以反映控股股东掠取小股东的侵害程度，同时也反映企业内部资本市场的规模大小。如果产品市场竞争影响下的金字塔结构以攫取利益动机为主导，则关联交易的增加将加剧产品市场竞争的治理机制效应，即产品市场竞争代表指标和关联交易的交互项与金字塔结构层级和复杂度呈现显著的正相关关系；但如果产品市场竞争影响下的金字塔结构以融资优势动机为主导，则关联交易的增加将规避产品市场竞争的风险掠夺效应，即产品市场竞争代表指标和关联交易的交互项与金字塔结构层级和复杂度呈现显著的负相关关系（见表6－14）。

表6－14　产品市场竞争、关联交易与金字塔结构的面板回归结果

	LEVE (1)	LECH (1)	LEVE (2)	LECH (2)	LEVE (3)	LECH (3)	LEVE (4)	LECH (4)
C	−0.478 *** (−10.240)	−0.966 *** (−9.221)	0.075 *** (5.262)	−0.896 *** (−9.462)	0.194 ** (2.428)	−0.699 *** (−5.217)	0.159 *** (7.822)	−0.644 *** (−4.732)
HHI	0.536 *** (13.551)	0.524 *** (9.176)			0.243 * (1.834)	0.350 *** (3.730)		
TRAN	−0.001 (−0.646)	0.015 *** (5.161)	0.000 (0.886)	0.000 (0.511)	0.002 ** (2.442)	0.020 *** (4.370)	0.000 (0.808)	0.000 (0.696)
HHI * TRAN	0.007 (1.149)	−0.089 ** (−2.112)			−0.011 ** (−2.042)	−0.112 *** (−4.351)		

续表

	LEVE (1)	LECH (1)	LEVE (2)	LECH (2)	LEVE (3)	LECH (3)	LEVE (4)	LECH (4)
RENT			0.001 *** (15.793)	0.001 *** (7.096)			0.000 *** (28.605)	0.001 *** (8.359)
RENT * TRAN			−0.001 (−0.209)	−0.002 (−0.246)			−0.001 ** (−2.240)	−0.005 *** (−2.626)
DIFF					0.119 *** (31.210)	0.042 *** (11.535)	0.039 *** (35.345)	0.041 *** (11.366)
FLOW	0.254 (1.482)	0.241 ** (2.473)	0.075 * (1.777)	0.215 ** (2.198)	−0.002 (−0.023)	0.175 ** (2.008)	−0.014 (−0.537)	0.144 * (1.850)
WORK	−0.034 (−0.675)	0.067 *** (2.703)	0.001 (0.092)	0.064 *** (2.708)	−0.059 * (−4.011)	0.002 (0.099)	−0.015 ** (−2.57)	0.004 (0.149)
CASH	0.195 (1.260)	0.256 *** (3.944)	0.010 (0.278)	0.251 *** (4.152)	0.078 ** (1.837)	0.166 *** (3.183)	0.003 (0.178)	0.156 ** (3.328)
DEBT	0.447 *** (9.324)	0.150 *** (4.446)	0.137 *** (15.230)	0.168 *** (5.275)	0.310 *** (7.979)	0.064 *** (5.265)	0.080 *** (9.441)	0.077 *** (6.191)
ASSE	0.122 *** (57.834)	0.085 *** (19.808)	0.030 *** (34.110)	0.086 *** (17.197)	0.085 *** (21.827)	0.072 *** (11.771)	0.025 *** (21.230)	0.073 *** (11.628)
ROA	−0.041 *** (−2.619)	−0.027 *** (−10.739)	−0.010 ** (−2.429)	−0.028 *** (−8.542)	−0.029 *** (−3.533)	−0.021 *** (−7.786)	−0.007 *** (−2.633)	−0.022 *** (−6.854)
INVE	−0.822 *** (−9.164)	−0.484 *** (−5.697)	−0.270 *** (−18.940)	−0.462 *** (−5.317)	−0.582 *** (−19.242)	−0.502 *** (−6.431)	−0.206 *** (−8.752)	−0.440 *** (−5.412)
YEAR	YES	YES	YES	YES	YES	YES	YEAR	YES
INDU	YES	YES	YES	YES	YES	YES	YES	YES
$Adj-R^2$	0.449	0.276	0.227	0.277	0.350	0.450	0.246	0.478
F	40.199 ***	19.289 ***	15.148 ***	19.449 ***	25.733 ***	38.522 ***	15.965 ***	42.937 ***
OBS	3 614	3 614	3 614	3 614	3 614	3 614	3 614	3 614

注：*、**、*** 分别表示变量估计系数在10%、5%和1%置信水平上显著，括号内为T值。LEVE（1）、LEVE（3）和 LECH（1）、LECH（3）分别是 HHI 和 LEVE 与 LECH 的回归方程；LEVE（2）、LEVE（4）和 LECH（2）、LECH（4）分别是 RENT 和 LEVE 与 LECH 的回归方程。

由表 6 - 14，可以看到，当未控制控股股东利益攫取行为时，除了产品市场竞争指标 HHI 以及关联交易交互项与金字塔结构复杂度显著负相关以外，其他三项均无显著关系，当进一步控制了利益攫取行为以后，所有产品市场竞争以及关联交易交互项均与金字塔结构层级和复杂度均呈显著的负相关关系，这说明，随着产品市场竞争程度的加强，关联交易总额的提高伴随着金字塔结构层级和复杂度的提高，关联交易凸显的是内部资本市场的资源配置作用，而不是控股股东的利益掠夺行为，因此，这进一步证明了金字塔结构融资优势的存在。

6.5 本章小结

既然金字塔结构存在相应的债务融资优势，那么为进一步考证这种融资优势的存在，我们从外部影响企业融资的诸多环境因素入手，来考察宏观经济、货币政策、市场制度环境、股东保护程度和产品市场竞争等对金字塔结构融资优势的影响。实证分析说明，在控制了相关的公司特征以外，这些外部环境因素确实与金字塔结构层级和复杂度呈显著的相关关系，从而证明了金字塔结构融资优势效应的存在。具体结果分析如下：

（1）代表宏观经济形势的银行家信心指数和企业家信心指数都与金字塔结构层级和复杂度呈显著负相关关系，代表宏观经济波动的银行家信心指数的标准差与金字塔结构层级和复杂度呈显著正相关关系，这些都说明，宏观经济形势越好，经济波动程度越低，企业市场融资成本就越低，企业建立复杂的金字塔结构意愿也就越低。同样，金字塔结构层级和复杂度与银行家货币政策感受指数呈显著负相关关系，与银行家感受偏紧指数及其标准差呈显著正相关关系，说明，银行家对货币政策实施的感受越适度，偏紧指数越低，偏紧指数的标准差越小，经济形势一般也就越稳定、越趋于向好，企业融资环境也就相应宽松，金字塔结构层级和复杂度也就越低，反之，企业就越偏好于建立复杂的金字塔结构以缓解不确定性带来的融资约束。

（2）公司所处外部环境市场化程度、非国有经济发展程度和金融业市场竞争程度都与金字塔结构层级和复杂度呈现显著的负相关关系，所处生态环境总指数、政府治理指数、经济基础指数和金融发展各分指数都与金字塔结构层级和复杂度呈显著的负相关关系，这表明，公司所处地区市场化程度越高、金融生态环境越好，金字塔结构层级和复杂度也就越低。反之，金字塔结构层级和复杂度就越高。

（3）在控制了我国上市民营企业最严重的代理问题——控股股东利益攫取以后，金字塔结构层级和复杂度与代表股东保护的两个法律制度环境变量呈显著的负相关关系。说明，在不考虑控股股东利益攫取的情况下，公司所处资本市场股东保护程度越高，金字塔结构层级和复杂度越低。

（4）在未控制控股股东利益攫取之前，金字塔结构层级和复杂度与产品市场竞争的指标均无显著关系，在我们控制了控股股东利益攫取行为以后，金字塔结构层级和复杂度均与产品市场竞争指标呈显著负相关关系，说明企业通过建立复杂的内部资本市场缓解企业面临的融资约束问题，降低外部产品市场带来的掠夺风险。继而通过分离攫取行为和融资约束行为，我们发现金字塔结构同时具有利益攫取与融资约束两种动机，不同的外部和内部特征表现为不同的建构动机。

从以上各种外部宏观环境与金字塔结构的实证分析中，我们可以看出，外部宏观经济、货币政策、市场化程度、金融生态环境和股东保护越好，产品市场竞争程度越低，金字塔结构层级和复杂度就越低，反之，当外部环境越恶劣，产品市场竞争越高，金字塔结构就越复杂，其融资优势就越突出，验证了金字塔结构具有的融资优势。

第 7 章

金字塔结构融资优势与公司过度投资的实证分析

7.1 理 论 假 设

正如第 3 章的过度投资和金字塔结构理论所分析的那样，金字塔结构由于存在显著的债务融资放大效应，其可以起到显著的债务融资治理作用，从而抑制公司过度投资的产生。

在我国转轨市场经济中，信息流动不畅，资本市场存在许多不完善的地方，为了规避外部融资成本过高，企业往往采取金字塔股权结构，利用金字塔结构层级和复杂度建立的内部资本市场，来缓解市场不完善带来的融资约束。但同时，金字塔结构也是控股股东掠夺中小股东的一种主要攫取方式，通过设立金字塔结构，控股股东通过加大控制权与现金流权的偏离程度，以较小的现金流权控制较多的公司资产，这使他们更偏好实施过度投资、盈余管理、占用资金等方式直接获得控制权收益，而不是通过分红获取企业收益。

通过以上的理论和实证分析，我国民营上市公司中的金字塔结构企业存在显著的债务融资放大效应，而债务融资本身则具有显著的治理机制效应（Myers，1977；Jensen，1986；Stulz，1990；D'Mello and Miranda，2010；Boubaker et al.，2018），它可以通过两种制约机制影响金字塔结构存在的利益攫取行为。首先，债务融资中债权人的进入可以产生相机治理作用，债权人为了保证自身债务的本息安全，势必对放贷企业经常进行相应的业绩和财务考量，尤其在企业面临重大问题时，债权人享有较高的处置和建议权；其次，较高的债务融资加剧了公司财务紧张和破产的风险，使得控股股东与公司经理为了资产安全和职业声誉的考虑，缺乏足够的现金去进行过度投资和其他损害公司利益的行为。尽管，国有企业中债务软约束可能造成债务的治理机制难以有效发挥，但我国民营企业的债务治理机制则颇为有效，这在很多我国上市公司实证研究中获得了证实。唐雪松等（2007）发现，举借债务是过度投资行为的有效制约机制。廖义刚（2012）发现，银行借款可以显著地缓解自由现金流过度投资问题，该缓解效应主要来自于短期借款，且其更显著地存在于金融发展程度高的非国有上市公司中。赵卿（2012）研究发现，企业融资性负债可以有效地抑制公司的过度投资，主要为短期负债，且仅限于非国有上市公司中，外部金融发展水平越高，这种制约作用越明显。黄珺和黄妮（2012）利用我国房地产上市公司作为样本，发现债务融资对房地产企业过度投资行为具有抑制作用，但只有商业信用能起到相应的作用，银行借款则缺乏这种效应。D'Mello 和 Miranda（2010）验证了债务对过度投资的抑制作用，并指出，这种抑制作用体现在债务协议的强制性要求和管理层可自由支配现金的减少。Boubaker 等（2018）利用美国公司的数据发现，美国企业为了躲避银行债务的治理监管，尽可能地进行非银行借贷行为，尤其对于产品市场竞争压力较大、融资约束较严重和公司治理较差的企业更是如此，这进一步突出了银行借贷治理的重要性。

由前几章的分析可以知道，金字塔结构的融资优势主要来自于债务融资放大效应，且主要来自于企业之间的短期负债，那么如果这一结果确实存在，金字塔结构就对企业过度投资有显著的制约作用，也就是说，金字塔结构层级和复杂度将与企业过度投资呈显著负相关关系，因此，我们有以下假设：

假设 7 - 1　金字塔结构层级和复杂度与企业过度投资呈显著负相关关系。

良好的市场制度环境有着相对完善的市场秩序，信息流通顺畅，社会信用体系逐步建立，资本市场不对称程度降低，从而可以有效地发挥市场监督和治理机制的作用，保护中小投资者利益。在金融发展水平较高的地区，负债合约的第三方监督履约机制就能自动发挥作用，迫使债务人不得不重视声誉，此时负债依靠声誉的自动履约机制产生的约束力更强，促进负债终极控制人关注自身财务金融发展、债务治理及上市公司过度投资行为风险，避免过度投资。同时，在金融发展较好地区，金融机构、企业的产权关系相对比较清晰，银行及其他金融机构，甚至包括借贷企业、担保企业等作为较为独立的市场参与主体，较少受到政府干预等非利益最大化因素的干扰，其贷款决策的收益和成本由其自身承担。而且，随着国有银行的市场化改革更加深入，与其他银行之间的相互竞争以及对盈利目标的追求也会硬化国有银行对上市公司的预算约束（Brandt and Li，2003）。因此，在金融发展水平较高的地区，国有银行在事前和事中更有动力和能力对上市公司进行监督和控制，事后对上市公司因经营不善而导致破产的威慑作用也更大，从而能够强化融资性负债对于上市公司的过度投资的约束。另外，在银行等机构的监督和必须定期还款付息的压力下，企业必然更注意贷款资金的使用效率，从而减少过度投资行为。相反，在金融发展水平低的地区，由于法律执行较弱，且中介机构不健全，因此外部交易成本较高，债务治理作用将会大大削弱。进一步，国有控制的上市公司受到的政府干预相对更为严重、法律约束更难对其发挥作用，因此在国有控制的公司中金融发展水平的提高对上市公司过度投资的影响应该更为明显。

La Porta 等（1999）指出，国家的法律体系在很大程度上决定了治理结构和水平，良好的公司治理结构要以有效的投资者法律保护为基础。夏立军和方轶强（2005）也发现，公司治理环境是比公司内部与外部治理机制更为基础的层面，治理环境要素影响公司契约的顺利签订和执行，进而决定公司治理的效率。总体上，现有文献均发现，我国上市公司所处地区的市场化程度越好，政府干预越少，对投资者保护越有力，其公司治理质量越高，越有助于增加公司价值，降低中小投资者所面临的代理成本（如夏立军和方轶强，2005；辛宇和徐莉萍，2007；罗党论和唐清泉，2007）。金融生态环境能够对债务合约履约机制做出较好的综合评价，是市场运行的"基础设施"，其本身具有更为基础的"治理效应"，影响着负债治理效应的发挥（谢德仁和陈运森，2009）。因此，基于上述分析，我们提出以下假设：

假设 7 - 2 市场制度环境越好的地区，金字塔结构债务融资治理机制越能发挥有利作用。

既然金字塔结构债务融资具有显著的放大效应，并同时发挥着债务的相机治理作用，那么，对于代理成本较高的公司来说，其治理机制作用就会更大，也更大程度上抑制公司过度投资程度，从而金字塔结构层级和复杂度与过度投资之间将表现为显著的负相关关系；反之，如果对于公司内部代理问题较低的公司来说，债务的治理机制很难发挥相应的作用，从而也不能有效地抑制控股股东与公司经理的过度投资程度。因此，我们有以下假设：

假设 7 - 3 代理问题越高的公司，金字塔结构抑制公司过度投资作用越显著，反之，则缺乏相应的抑制作用。

7.2 数据选取和变量定义

7.2.1 数据选择

本书选取 2004~2016 年共 13 年的沪、深两市所有的除国有和外资

以外的民营制造业上市公司作为研究样本，之所以保留集体持股、职工
持股会持股等企业，一是因为样本数量的局限，二是因为这些企业与单
纯的民营企业一致，其控制运营依然是小利益集团的利益一致行为。为
保证数据的使用和精确，我们根据以下原则做了严格剔出：（1）为了保
证公司财务指标的一致性，我们选取 A 股上市非金融公司，同时剔除存
在交叉上市的公司；（2）为了保证财务数据的准确性，剔除在 2004 ~
2016 年中被特殊处理的 ST、*ST 等公司；（3）剔除 13 年中有过重大资
产重组和财务数据有重大疏漏的公司，同时，为了消除极端值的影响，
本书还对处于 0 ~ 1% 和 99% ~ 100% 之间的极端值样本进行了剔除，最
后我们共获得 280 家 3 614 个公司年的非平衡面板数据。金字塔结构层
级、复杂度、控制权与现金流权数据、高管政治背景数据均手工取自于
年报股权结构图的测算和相应的解释；制度和市场环境度量指标均取自
于樊纲、王小鲁等主编的《中国市场化指数：各地区市场化相对进程
2011 年报告》和王小鲁、樊纲、余静文统筹撰写的《中国分省份市场
化指数报告（2016）》；其他所有公司财务数据都来自于北大 CCER 数据
库和国泰安 CSMAR 数据库。

7.2.2　变量定义

1. 金字塔结构的代理变量

具体金字塔结构变量选取标准见以上章节。

2. 过度投资

过度投资的衡量我们采用 Richardson（2006）、程仲鸣等（2008）
的投资分析模型，将公司的新增投资支出分为非效率投资支出和预期投
资支出。过度投资是企业的实际新增投资支出超过预期投资支出的部
分，而投资不足为企业实际投资支出低于预期投资支出的部分。

具体公司预期投资估计模型如下：

$$INVE_t = \alpha_0 + \alpha_1 DEBT_{t-1} + \alpha_2 CASH_{t-1} + \alpha_3 GROW_{t-1} + \alpha_4 RETU_{t-1}$$

$$+ \alpha_5 AGE_{t-1} + \alpha_6 INVE_{t-1} + \sum INDU + \sum YEAR + \varphi \quad (7-1)$$

其中，因变量 $INVE_t$ 表示实际新增投资支出，$DEBT$ 为资产负债率，$CASH$ 为年末现金及现金等价物与总资产的比率，$GROW$ 的代理变量为总资产增长率或营业收入增长率，$RETU$ 为股票的年度回报率，AGE 为上市公司的时间，$INVE_{t-1}$ 为滞后一期实际新增投资支出，$INDU$ 为行业哑变量，$YEAR$ 为年度哑变量。变量说明具体见表 7-1。

表 7-1　　　　　　　　　　变量选取与定义

	变量		定义
被解释变量	投资支出（INVE）		购建固定资产、无形资产和其他长期资产支付的现金/账面总资产
	过度投资残差（RESI）		过度投资模型中回归残差
	过度投资（RE_OV）		过度投资模型中回归残差大于 0 的数值
解释变量	金字塔结构	金字塔结构层级（LEVE）	金字塔结构企业最终控制人主要控制链的层级
		金字塔结构复杂度（LECH）	金字塔结构企业主要控制链层级和控制链条的乘积
		金字塔结构偏离度（DIFF）	金字塔结构控制权与现金流的比值
	市场环境	市场化总指数（IN_TOT）	各地区市场化总指数
		非国有经济发展指数（IN_NST）	各地区非国有经济发展指数
		金融业市场化指数（IN_FIN）	各地区金融业市场化指数
控制变量	滞后一期投资支出（INVE_{t-1}）		滞后一期投资支出
	管理费用率（MACO）		滞后一期管理费用与总资产的比值
	控股股东资金占用（OCCU）		滞后一期其他应付款与总资产的比值
	公司市场收益（RETU）		滞后一期公司年度股票超额收益率
	现金流量（FLOW）		滞后一期经营活动产生的现金流量净额/总资产

续表

变量		定义
控制变量	现金持有水平（CASH）	滞后一期期末现金及现金等价物余额/总资产
	企业成长性（GROW）	总资产增长率或主营业务增长率
	总资产收益率（ROA）	滞后一期净利润/总资产
	规模（ASSE）	滞后一期总资产的对数
	资产负债率（DEBT）	滞后一期负债总额/总资产
	年度哑变量（YEAR）	属于该年度为1，否为0
	行业哑变量（INDU）	属于该行业为1，否为0

3. 控制变量

为了尽可能准确地研究金字塔结构缓解融资约束的关系，本书借鉴国内外相关文献的做法选择相应的控制变量，除了以上过度投资模型中用到的变量以外，我们还采用了自由现金流（CAFL）、管理费用率（MACA）、大股东占款（OCCU）等变量。

7.3　数据分析及模型构建

7.3.1　过度投资指标的测算

表7-2给出了过度投资模型的回归结果，由以上两个回归方程，我们可以看出，采用总资产增长率的方程显著度和解释力更好一些，且各变量均与新增投资支出呈显著相关关系，符合我们的预期假设。故我们将模型 INVE（1）的回归残差作为以下过度投资的数值。

表 7 - 2　　　　　　　　　　　过度投资模型回归结果

变量	预期符号	INVE（1） Growth：总资产增长率	INVE（2） Growth：营业收入增长率
C		0.059 *** （3.146）	0.065 *** （3.422）
$INVE_{t-1}$	+	0.376 *** （11.822）	0.326 *** （10.971）
$DEBT_{t-1}$	−	− 0.080 *** （− 2.919）	− 0.094 *** （− 3.411）
$CASH_{t-1}$	+	0.226 *** （5.603）	0.215 *** （5.293）
$GROW_{t-1}$	−	− 0.048 *** （− 4.21）	− 0.002 （− 0.569）
$RETU_{t-1}$	+	0.011 *** （2.582）	0.008 ** （2.000）
$TIME_{t-1}$	+	0.003 *** （2.662）	0.003 *** （2.633）
INDU		YES	YES
YEAR		YES	YES
$Adj - R^2$		0.167	0.153
F		35.861	32.420

注：*、**、***分别表示变量估计系数在10%、5%和1%置信水平上显著，括号内为T值。

7.3.2　主要变量的描述性统计及分组检验

根据我国民营制造业上市公司样本的数据资料，我们对主要变量指标进行初步的描述性统计，从中可以看出金字塔结构与各变量的初步变化规律。

由表 7 - 3 可以看出，我国民营上市公司平均过度投资水平为

0.071，中值为 -0.013，说明我国民营上市公司整体过度投资水平比投资不足水平程度高，但其家数不如投资不足的企业家数多。

表 7 - 3   主要变量的描述性统计

	MEAN	MEDIAN	MIN	MAX	STD. DEV.
RESI	0.071	-0.013	-0.341	7.129	0.405
LEVE	2.450	2	1	8	1.032
LECH	3.510	2	1	64	3.548
MACO	0.045	0.039	-0.029	0.336	0.032
CAFL	0.055	0.054	-0.500	1.020	0.086
OCCU	0.036	0.023	0.00003	0.881	0.044
TIME	7.810	8.000	0	20	4.030
ASGR	0.169	0.102	-0.558	7.527	38.577
DEBT	0.467	0.479	0.979	1.820	16.943
RETU	-0.212	-0.292	-8.998	0.104	2.191
CASH	0.169	0.142	0.000	0.824	0.116
INVE	0.063	0.043	0.000	0.483	0.064
SIZE	21.252	21.148	19.021	24.600	0.914

在了解了过度投资整体水平以后，我们进一步通过过度投资与投资不足的分类来考察两类企业的异同。

由表 7 - 4 可以看出，金字塔结构的代理变量，不论是金字塔结构层级和复杂度，还是金字塔结构的两权偏离度，过度投资企业均小于投资不足企业，且其均值 T 检验和中值 Z 检验的结果基本都显著差异。就管理费用和资金占用两个指标来说，投资过度企业均小于投资不足企业，说明过度投资企业内部的代理问题显著小于投资不足企业的代理问题。这与我们的假设相一致。另外，就自由现金流来说，过度投资企业高于投资不足企业，符合 Jensen（1986）的自由现金流理论，即企业自由现金流水平越高，过度投资程度就越高。

表 7 - 4　　　　　　　　　　过度投资的分组检验

	过度投资			投资不足			差值	
	均值	中值	标准差	均值	中值	标准差	均值 T 检验	中值 Z 检验
LEVE	2.34	2	0.851	2.45	2	1.018	- 2.687 ***	- 1.165 *
LECH	3.19	2	2.335	3.43	2	3.264	- 1.844 *	- 0.655
DIFF	2.127	1.324	1.632	2.331	1.495	3.573	- 1.675 *	- 2.439 **
MACO	0.044	0.038	0.034	0.047	0.040	0.031	- 1.677 *	- 2.811 ***
CAFL	0.058	0.057	0.088	0.051	0.050	0.084	1.616	- 1.660 *
OCCU	0.034	0.022	0.040	0.037	0.024	0.047	- 1.679 *	- 1.872 *

注：*、**、*** 分别表示变量估计系数在 10%、5% 和 1% 置信水平上显著。

7.3.3　模型构建

在得出过度投资指标以后，我们通过回归分析考察过度投资与金字塔结构层级和复杂度之间的关系，由此获得金字塔结构对企业过度投资的影响。

$$RESI_t = \alpha_0 + \alpha_1 PYRA_t + \alpha_2 CAFL_{t-1} + \alpha_3 OCCU_{t-1} + \alpha_4 MACA_{t-1}$$
$$+ \sum INDU + \sum YEAR + \varepsilon \qquad (7-2)$$

其中，*RESI* 为投资过度或投资不足，*PYRA* 表示金字塔结构衡量指标，由金字塔结构层级 *LEVE*、金字塔结构复杂度 *LECH* 和金字塔结构偏离度 *DIFF* 来反映，*CAFL* 为自由现金流，*OCCU* 为大股东占款，*MACA* 为管理费用。

$$RESI_t = \alpha_0 + \alpha_1 PYRA_t + \alpha_2 MAIN_t + \alpha_3 PYRA_t \times MAIN_t + \alpha_4 CAFL_{t-1}$$
$$+ \alpha_5 OCCU_{t-1} + \alpha_6 MACo_{t-1} + \sum INDU + \sum YEAR + \varepsilon$$
$$(7-3)$$

其中，$MAIN_t$ 为市场制度环境指数，包括市场总体环境指数、非国有经济发展指数和金融业市场竞争指数等。

7.4 回归结果及稳健性检验

7.4.1 回归结果

1. 公司过度投资与金字塔结构的回归分析

按照过度投资与金字塔结构之间的回归关系模型，我们给出表7-5的回归分析结果。

表7-5　　　　公司过度投资与金字塔结构之间的回归结果

	RESI (1)	RESI (2)	RESI (3)	RE_OV (1)	RE_OV (2)	RE_OV (3)
C	0.131 *** (4.738)	0.053 (1.594)	0.053 (1.594)	0.386 *** (4.081)	0.231 *** (3.276)	0.302 *** (3.692)
LEVE	- 0.014 *** (- 2.980)			- 0.032 *** (- 2.964)		
LECH		- 0.004 *** (- 3.729)			- 0.009 *** (- 3.042)	
DIFF			- 0.004 *** (- 3.029)			- 0.014 *** (- 2.990)
MACO	- 0.841 *** (- 3.538)	- 0.620 *** (- 2.942)	- 0.620 *** (- 2.942)	- 1.706 *** (- 3.262)	- 1.132 *** (- 2.649)	- 1.176 ** (- 2.388)
CAFL	0.301 *** (3.581)	0.216 *** (2.973)	0.216 *** (2.973)	0.672 *** (3.668)	0.445 *** (2.979)	0.480 *** (2.768)
OCCU	- 0.270 * (- 1.654)	- 0.089 (- 0.617)	- 0.089 (- 0.617)	- 0.024 (- 0.055)	0.096 (0.275)	- 0.394 (- 0.962)

	RESI（1）	RESI（2）	RESI（3）	RE_OV（1）	RE_OV（2）	RE_OV（3）
INDU	YES	YES	YES	YES	YES	YES
YEAR	YES	YES	YES	YES	YES	YES
$Adj - R^2$	0.097	0.094	0.095	0.156	0.178	0.134
F	4.708***	4.261***	4.261***	5.783***	5.739***	6.025***
OBS	3 614	3 614	3 614	1 457	1 457	1 457

注：*、**、***分别表示变量估计系数在10%、5%和1%置信水平上显著，括号内为T值。

由表7-5可以看出，不论是所有回归残差表示的过度投资，还是回归残差大于0表示的过度投资，其与金字塔结构层级和复杂度均呈显著的负相关关系，即随着金字塔结构层级和复杂度的提高，过度投资水平反而降低。说明，由于金字塔结构存在显著的债务融资放大效应，发挥较大的治理机制，有效地制约了企业过度投资水平，符合我们的理论假设。

2. 外部市场制度环境下金字塔结构与公司过度投资的回归分析

为了进一步考察金字塔结构债务融资对过度投资的治理机制作用，我们将市场制度环境引入，如果外部市场制度环境指数较高的话，外部较好的市场制度环境将改善资本市场市场化程度，通过降低信息不对称和代理问题，使企业外部市场融资环境得到极大改善，信息不对称的降低也使得金字塔结构的债务治理机制得到加强。

由表7-6可以看出，在加入市场制度环境包括市场化总指数、非国有经济发展指数和金融业市场竞争指数以后，其与公司过度投资呈显著负相关关系，说明市场制度环境对公司过度投资有着一定的抑制作用。当在金字塔结构中考虑市场制度环境时，我们发现，市场制度环境指数与金字塔结构层级和复杂度均呈显著的负相关关系。说明，越是在市场制度环境良好的地区，金字塔结构放大的债务对公司过度投资起着越显著的治理作用，符合我们的研究假设。

表7-6　在不同市场制度环境下金字塔结构与公司过度投资的回归分析结果

	RESI	RESI	RESI
IN_TOT			
C	0.748 ** (2.722)	0.748 ** (2.222)	0.764 * (1.845)
LEVE		-0.043 ** (-2.316)	
LECH			-0.028 ** (-2.344)
IN_TOT	-0.018 *** (-2.725)		
IN_TOLEVE		-0.005 *** (2.913)	
IN_TOLECH			-0.004 *** (2.761)
OCCU	0.516 (0.930)	-0.082 (-0.219)	-0.045 (-0.095)
MACO	-1.806 *** (-2.944)	-1.039 ** (-2.452)	-1.472 *** (-2.797)
CAFL	0.799 *** (3.762)	0.504 *** (3.384)	0.599 *** (3.249)
INDU(YEAR)	YES	YES	YES
$Adj - R^2$	0.124	0.168	0.197
F	5.750 ***	7.102 ***	7.213 ***
IN_NOS			
C	0.791 *** (2.933)	0.448 (1.181)	0.791 * (1.933)
LEVE		-0.058 *** (-2.896)	
LECH			-0.025 ** (-2.397)
IN_NOS	-0.014 *** (-3.722)		
IN_NOLEVE		-0.003 ** (2.427)	

续表

	RESI	RESI	RESI
IN_NOLECH			− 0. 002 ** (2. 450)
OCCU	0. 471 (0. 871)	0. 117 (0. 269)	0. 003 (0. 006)
MACO	− 1. 722 *** (− 2. 914)	− 1. 379 *** (− 2. 894)	− 1. 344 *** (− 2. 591)
CAFL	0. 801 *** (3. 835)	0. 591 *** (3. 528)	0. 561 *** (3. 087)
INDU(YEAR)	YES	YES	YES
$Adj - R^2$	0. 113	0. 178	0. 167
F	6. 074 ***	6. 555 ***	6. 549 ***
IN_FIM			
C	0. 631 ** (2. 407)	0. 631 * (1. 907)	0. 533 (2. 268)
LEVE		− 0. 058 *** (− 2. 611)	
LECH			− 0. 037 *** (− 2. 702)
IN_FIN	− 0. 020 *** (− 2. 690)		
IN_FILEVE		− 0. 006 *** (2. 831)	
IN_FILECH			− 0. 005 *** (3. 876)
OCCU	0. 623 (1. 189)	− 0. 101 (− 0. 267)	− 0. 042 (− 0. 088)
MACO	− 1. 454 ** (− 2. 480)	− 1. 130 *** (− 2. 720)	− 1. 568 *** (− 2. 947)
CAFL	0. 790 *** (3. 901)	0. 459 *** (3. 138)	0. 576 *** (3. 092)
INDU(YEAR)	YES	YES	YES
$Adj - R^2$	0. 134	0. 211	0. 215
F	6. 010 ***	7. 101 ***	7. 115 ***
OBS	1 457	1 457	1 457

注：* 、** 、*** 分别表示变量估计系数在 10% 、5% 和 1% 置信水平上显著，括号内为 T 值。

3. 公司代理问题分类后金字塔结构与公司过度投资的回归分析

既然金字塔结构放大债务具有治理作用，那么对于不同代理问题的公司，其债务治理机制发挥作用的程度显然不同。通过考察不同程度代理问题的公司金字塔结构对过度投资的抑制作用，可以探究金字塔结构的债务融资放大效应是否具有抑制过度投资的效应。

由表 7-7 可以看出，对于低偏离度公司而言，金字塔结构层级和复杂度与过度投资没有显著相关关系，而对于高偏离度公司来说，金字塔结构层级和复杂度与过度投资呈显著负相关关系。这说明，由于金字塔结构放大债务的治理机制在低偏离度公司中并没有发挥相应的治理机制作用，因而，在控制相应的代理问题以后，并没有表现出显著的相关关系。而对于有着较高代理问题的公司来说，金字塔结构的放大债务则发挥出一定的治理作用，降低了公司过度投资水平。符合我们的理论假设。

表 7-7　　不同偏离度公司金字塔结构与过度投资的回归分析结果

	低偏离度		高偏离度	
C	0.505 *** (2.851)	0.457 *** (2.706)	0.141 (0.283)	0.109 (1.523)
LEVE	-0.008 (-0.265)		-0.038 ** (-2.211)	
LECH		0.012 (1.133)		-0.006 ** (-2.434)
OCCU	-0.550 (-1.458)	-0.595 (-1.431)	0.953 ** (1.983)	0.725 ** (1.988)
MACO	-1.770 *** (-2.804)	-1.911 *** (-2.869)	-1.016 ** (-1.737)	-0.804 * (-1.740)
CAFL	0.538 *** (2.936)	0.536 *** (3.032)	0.529 *** (2.744)	0.341 *** (2.765)
IND	YES	YES	YES	YES
YEAR	YES	YES	YES	YES

续表

	低偏离度		高偏离度	
$Adj - R2$	0.143	0.146	0.119	0.097
F	6.363 ***	6.417 ***	5.743 ***	5.446 ***
OBS	729	729	728	728

注：*、**、***分别表示变量估计系数在10%、5%和1%置信水平上显著，括号内为T值。

7.4.2　稳健性分析

1. 公司过度投资不足的考察

前述我们对过度投资与金字塔结构层级和复杂度进行了回归分析，验证了金字塔结构债务融资效应的扩大有利于发挥债务融资的治理机制作用。为了更进一步证明这种治理机制的存在，我们考察投资不足与金字塔结构的层级和复杂度有着怎样的关系，如果投资不足与金字塔结构层级和复杂度呈显著正相关关系，则说明金字塔结构层级和复杂度越高，其债务融资的治理机制越有效，投资不足程度也就越高。我们将投资不足设为 RE_UN，回归结果见表7-8。

表7-8　　　　　　金字塔结构与公司投资不足的回归分析结果

控制	RE_UN	RE_UN
C	-0.062 *** (-8.183)	-0.058 *** (-8.505)
$LEVE$	0.003 *** (2.880)	
$LECH$		0.001 ** (2.418)
$MACO$	0.077 ** (2.238)	0.100 *** (2.914)
$CAFL$	-0.026 ** (-1.920)	-0.033 *** (-2.783)

续表

控 制	RE_UN	RE_UN
OCCU	0.029 (1.064)	0.027 (1.109)
INDU	YES	YES
YEAR	YES	YES
$Adj - R^2$	0.154	0.168
F	8.234 ***	8.977 ***
OBS	2 157	2 157

注：** 、 *** 分别表示变量估计系数在5%和1%置信水平上显著，括号内为T值。

由表7-8可以看出，金字塔结构层级和复杂度与公司过度投资均呈显著的正相关关系，即随着金字塔结构层级和复杂度的提高，投资不足水平也随之提高。这说明，金字塔结构的债务融资效应有效地抑制了公司内部代理问题，降低了公司过度投资水平，甚至使得投资不足程度也逐步增强。同时，金字塔结构较为复杂的上市公司有着较高的融资约束，其财务紧张也在一定程度上抑制了过度投资的发生，导致了更大程度上的投资不足。这也从反面证明了金字塔结构融资优势效应的存在。

2. 公司代理问题分类的考察

在以上公司代理问题分类的考察中，我们使用两权偏离度来进行分类，为了避免单一变量分类的误差和不足，进一步按照现金流进行分类，其回归结果见表7-9。

表7-9　不同现金流权公司金字塔结构与过度投资的回归分析结果

	低现金流权		高现金流权	
C	0.218 *** (3.411)	0.161 ** (2.307)	0.620 *** (3.254)	0.549 *** (3.054)
LEVE	- 0.022 ** (- 2.409)		- 0.014 (- 0.784)	

	低现金流权		高现金流权	
LECH		-0.010^{**} (-1.987)		0.006 (1.401)
*OCCU*21	0.052 (1.144)	0.852^{***} (2.980)	-0.726 (-1.074)	-0.739 (-1.095)
*MACO*11	-0.918^{**} (-2.319)	-1.181^{***} (-2.824)	-2.121^{***} (-3.716)	-2.164^{***} (-3.769)
*CAFL*11	0.255^{***} (2.735)	0.218^{**} (1.929)	0.787^{***} (2.905)	0.771^{***} (2.857)
IND	YES	YES	YES	YES
YEAR	YES	YES	YES	YES
$Adj-R^2$	0.189	0.165	0.254	0.289
F	6.029^{***}	5.382^{***}	6.846^{***}	6.883^{***}
OBS	728	728	729	729

注：**、***分别表示变量估计系数在5%和1%置信水平上显著，括号内为T值。

由表7-9可知，低现金流权的公司中，金字塔结构层级和复杂度与过度投资呈显著负相关关系，而在高现金流权的公司中，两者并没有显著的相关关系。这一结果与两权偏离度的分类回归结果一致，都证明了金字塔结构债务融资放大效应及其治理效应的存在。

7.5　本章小结

本章在过度投资理论分析的基础上，指出金字塔结构放大的债务融资具有一定的治理机制作用，能够有效地抑制公司过度投资，且在市场制度环境越好的地区，债务的治理效应发挥的越好。这些实证分析在验证金字塔结构的债务治理效应的同时，也证明了金字塔结构债务融资放大效应的存在。具体分析结果如下：

首先，根据金字塔结构层级和复杂度与公司过度投资的回归分析，我们发现两者之间呈显著的负相关关系，随着金字塔结构层级和复杂度的提高，公司过度投资水平反而降低。这说明，金字塔结构的债务融资有效地起到了治理机制的作用，抑制了公司过度投资，也验证了金字塔结构的债务融资放大效应的存在。

其次，通过加入外部市场制度环境，我们考察了外部市场制度环境对金字塔结构企业抑制过度投资的作用。其一，市场制度环境本身与过度投资呈显著的负相关关系，说明，良好的市场制度环境能够有效地抑制公司内部代理问题，从而抑制公司过度投资；其二，我们发现，在考虑金字塔结构层级和复杂度的基础上，引入外部市场制度环境因素，其交互项与公司过度投资呈显著的负相关关系，说明金字塔结构的债务治理机制在良好的市场制度环境地区能发挥更有效的作用。

最后，通过对公司内部代理问题的分类，我们发现，代理问题较高的公司，其过度投资水平与金字塔结构层级和复杂度呈显著的负相关关系；而对于代理问题较低的公司，其过度投资水平与金字塔结构层级和复杂度没有显著的相关关系。这说明，代理问题越高的公司，其债务治理效应越显著，代理问题越低的公司，其债务治理越难发挥相应的作用，这在证明债务治理机制的同时，也证明了金字塔结构债务融资放大效应的存在。

第*8*章

政策建议和研究结论

8.1 政 策 建 议

8.1.1 合理利用金字塔结构，强化公司内部治理机制

1. 适度发展金字塔结构，缓解企业融资约束

在我国并不完善的市场化制度环境下，民营企业获取市场融资将可能承受更大的融资成本，为了规避不完善市场中较大的融资交易成本，提高企业市场竞争能力，企业在规模、产业发展和资金允许的条件下，应适度发展金字塔结构，以便将较高的外部交易成本内部化，提高企业自我融资水平，强化激烈市场竞争中的自我防御能力。具体来说，应从以下几点着眼：

（1）控制金字塔结构层级和复杂度，降低债务风险。

金字塔结构具有显著的债务融资放大效应，可以有效缓解企业面临的融资约束问题。但是随着金字塔结构层级和复杂度的提升，其债务放

大效应也逐渐扩张，债务风险随之加大。金字塔结构设立初衷是通过改变内部股权结构缓解企业内部融资约束，结果因为过高的层级和复杂度使债务风险和企业破产成本随之增加，并非控股股东和广大投资者希望看到的。因此，适度发展金字塔结构规模，将其控制在内部资本市场融资成本与外部资本市场融资成本相等的时候，金字塔结构就不宜再度扩大规模。过度发展金字塔结构，在缓解融资约束的同时，不仅使企业本身面临较高的债务风险和破产成本，而且也会造成社会资源的极大浪费和整个资本市场的风险加剧。

在当前资本市场环境下，通过投资控股，直接或间接控制具有强大融资能力或充沛现金流的企业；通过构建曲折复杂的股权控制关系及组织结构，延长融资链条；通过运用杠杆融资的原理实现融资规模倍数级放大是企业最典型的融资模式创新。但这种通过将融资链条迂回、曲折，使信息传递路线加长，信息失真加大的创新模式将使企业的财务杠杆效应成倍放大，大量社会资金迅速集聚于少数企业集团手中，提高了整个社会的信贷风险乃至整个资本市场的风险集中度（李焰，2006）。同时鉴于集团延长的控股链，即使其下属的上市公司和融资平台出现问题，集团公司往往通过其控制链条设置的防火墙功能，确保自身安然无恙，而最终套牢的却是银行和投资者。因此，转型经济时期特有的资本市场环境决定了我们不能单纯从单个企业来看问题，而应该通过股权和实质控制关系来考察作为集团的整体的融资行为和扩张动机，对企业风险的识别也应该基于集团整体的角度出发，实施风险总控。

（2）利用金字塔结构，加大权益融资比重和内部资源配置能力。

金字塔结构的建立通过债务融资放大效应提高了企业融资能力，降低了融资成本，但是，并没有提高相应的权益融资和内源融资。因此，控股股东在发展金字塔结构的同时，不能因为债务融资更加便利而不断加大债务融资规模，也要适度提高权益融资比重，尤其是要通过金字塔结构中的内部资本市场灵活配置资源能力来强化权益融资和内源融资的融资比重，缓解单独加大债务融资带来的还债风险和破产风险。因为，权益融资比重的增加，有助于降低控股股东持股比例，提高股权多元化程度，避免传统"一股独大"所带来的代理问题风险。

2. 适度控制金字塔结构，提高公司治理水平

但是随着金字塔结构层级水平的提高，也会带来相应的管理和代理成本上升。一方面，随着层级的提高，企业控制层次和公司个数也在逐渐增大，尽管控股股东只关注重大投资和重大决策，但必然会增加精力和成本的投入，造成实际中的规模不经济。另一方面，随着层级和复杂度的提高，控股股东需要更多的资金来进行控制，囿于控股股东资金的有限，必然造成控制权和现金流权的偏离度随之加大，而两权偏离的控制极容易引致控股股东利益攫取的欲望。这是因为，当很小的资金控制很大的资产规模时，一方面控股股东以极小的成本获得了较大的控制权，很容易使得公司投资偏向于有利于个人利益的方向发展；另一方面，由于持有较小比例的现金流权，控股股东只能获得较小比例的现金分红，但通过控制公司能获得较大的控制权收益，因此，其必然产生攫取利益的冲动。因此，公司在发展金字塔结构的同时，必须同时提高公司内部治理水平。

（1）降低控股股东持股比例，引入多方面的监督机制。

控股股东利益攫取更可能发生在"一股独大"的股权结构企业中，持股比重较高的控股股东往往有较大的欲望和动力通过掠夺金字塔结构下的企业来维护母公司利益，因此，实施股权多元化，降低控股股东持股比例，是控制金字塔结构风险的重要手段。通过资本市场和其他协议购买方式，对金字塔结构母公司和子公司实施股权多元化，既可以引入国有股东，以利于国有资源的便利索取和使用；也可以引入外国战略投资者，在获得相应资金的同时，引入市场化的管理和监督；同时还可以引入一定的机构投资者，在做好市场监督工作的同时，还可以通过他们做好企业和投资者沟通的纽带。总之，无论引入何种投资者，其目的就是降低控股股东持股比例，多元化持股结构，以便企业能够健康发展。

（2）建立有效的激励和约束机制，抑制金字塔结构过度扩张。

在调整股权结构，逐渐增加和改变所有者身份后，公司管理人员的激励和约束问题将变得更加直接、容易。要建立良好的公司经理激励机制，逐步按照经理人市场和创造财富的能力来评价和选拔公司的管理人员，市场化的管理对于公司经理自我代理问题自然产生有效的制约作用。同时，将中国企业"官本位"中隐性的在职消费逐渐显性化，然后逐步建立与企业业绩相连的综合报酬计划，如年薪制、期股制等。但期股制的实行应在公司股权多元化之后，存在多方监督机制之下，因为，在一个无法实施有效监管的内外部环境下，公司管理人员最明智的做法就是公司资产的掠夺。公司经理的选取最好直接从经理人市场选拔，摒弃行政背景的色彩，这样才可能有效抑制控股股东和公司经理的在职消费和过度投资，尤其是金字塔结构过度扩张问题。

在内部监管方面还应该解决几个问题，即如何设计机制解决董事会与监事会在监督上的相互关系和监事会的弱势地位；如何设计其他机制如独立董事的地位和监管问题；如何约束经理人员的内部人控制，尤其是过度投资问题。

（3）推进经理人市场、中介市场、产权交易市场等中介体系的建立，加强市场监控。

由政府推动，民间发起，推进经理人市场的建立，建立人力资本评价、期权估价等数据库，放开经理人竞争市场，提供公开竞争、公平竞争的交易平台，包括国有公司也应争取在这种公开的市场中招聘遴选，推动这一市场的建立。通过这样，经理人势必注意自己的经理人声誉和未来人力资本期权，在经营中规避不良行为，有效遏制企业过度投资行为。

强化公司内部审计和会计核算的监督机制，也是约束控股股东和公司经理攫取私利的必要举措。作为外部监管体系的设立，应该纳入市场中介体系建设，强化对审计、会计等事务所的法规监督。如果出现严重的失实和虚假报告，将通过严格执法和加强处罚等措施加以监控，斩断公司与这些服务的机构的合谋操作，这样的措施显然要比政府介入有效、清晰得多，而且，这也是今后市场经济发展的方向。产权交易市场的建立，也是规范经理人行为，实现资本最优配置效率的交易平台。通过产权交易平台的设立，可以以市场公平的价格交易各种产权，也可以寻求到最优的资源配置，同时，敌对的资源接管市场也可以规范经理人的行为，体现他们的人力资本价值。

8.1.2 完善市场制度环境，保护中小股东权益

按照 LLSV 的研究，世界各国上市公司的所有权集中度、资本市场的广度与深度、红利政策以及外部融资途径的巨大差异，可以用法律如何保护投资者即出资者与债权人的权益不被公司经理和控股股东剥夺来解释。他们认为，在许多国家，小股东和债权人的权利被控股股东剥夺的现象普遍存在，因此，保护投资者的利益是至关重要的。LLSV 通过数据的收集和整理得出结论，与投资者保护强的国家相比，投资者保护较弱的国家中公司控制权更为集中，即便是最大的公司一般也是由建立或收购这些企业的政府或者家族控制；而在投资者保护较强的国家中，股东分散及职业经理控制公司的现象更为普遍。哥伦比亚大学法学院教授约翰·科菲也指出："只要市场不透明，对少数股东的保护又几乎不存在，剥夺财富就比创造财富要容易而且有利可图得多。"

1. 提高证券市场的行动能力，保护中小股东的利益

在我国证券市场存在二元股权结构的大背景下，通过向社会公众股东提供有效的保护，以达成与其控股股东的利益平衡关系，目前已经成为业内共识。建立并完善公众股东权益保护机制，应着重把握四个要点：一是要保障公众投资者对重大事项的决策权。如进一步拓展"重大事项"的内涵，赋予公众股东更广泛的话语权；适当降低公众投资者请求召开临时股东大会或者在股东大会上提出临时议案持股比例要求等。二是要保障公众投资者的知情权。如要求上市公司除履行强制性信息披露义务外，还应披露各董事或监视提名人的基本情况、直接或间接持股

比例，提名人与各董事或监事之间、各提名人之间的关联关系，以及上市公司最终实际控制人的详细资料。三是要保障公众投资者分享公司增长的成果。如鼓励上市公司以现金形式进行利润分配。四是要发挥独立董事保护公众投资者权益的作用。具体有以下几种措施：建立累积投票制度和比例董事制度；委托投票制度和电子邮件/网上投票制度；建立股东表决权排除制度即回避表决制度；建立派生诉讼制度。

总之，要有效发挥金字塔结构融资放大效应，需要有效地保护小股东利益，除了以上各种维护小股东权益以外，还要设立一些基本的小股东利益救济和补偿机制，例如，在一些根本性的安排比如并购、资产处置以及改变重组方面，享有具有挑战公司董事会的权力；要求公司以公允的价格回购他们所持有的股票等。同时，在设立相应保护中小股东利益制度的同时，要提高法律的执行能力，规避多种行政干预和寻租现象，做到依法办事、按章办事，才可以保持资本市场的健康发展，切实保护中小股东利益。

2. 加强和完善证券市场的有效性，提高证券市场的评价能力

证券市场作为一个资源交易的平台，起着沟通、监督上市公司与投资者之间的作用，只有完善的市场信息传导，透明的信息披露制度，才能保证资本市场起到融资、监督的作用。只有通过制度性的安排保障给予投资者以完整、及时、透明的信息，才能够使得投资者对于上市公司的信息有全面、客观的了解，有效遏制公司内部代理问题的产生。

首先，完善现有的信息披露制度，加强信息披露的法律监管，提高上市公司信息披露的意识。完善的信息披露制度是证券市场有效性的基础。健全股份公司财务会计制度，减少与国际公认会计准则的差异；增加公司定期披露财务报告的次数，也是完善我国信息披露制度的重要内容。加强对于信息披露违规公司的查处力度，强化其信息披露义务的外部约束力。信息披露制度的有效实施是建立在对于违规者严厉惩处的基础上的。改善股权结构，提高我国上市公司社会化、公众化的程度，多元的股权结构有利于形成有效的公司监控体系，增强信息披露的管理意识。因此，减少国有股权的比重，促使公司股权全部上市流通，既是改善股权结构的关键因素，同时也是增强发行人信息披露意识、提高市场有效性水平的重要措施。

其次，减少政府直接干预市场的行政行为，提高信息传播的规范性。政府过多的行政干预和不规范的信息披露，在很大的程度上损害了投资者尤其是中小投资者的利益，从而使他们的投资行为异化。因此，在中国股市的现阶段，任何政府有关股票市场的政策信息披露均应当通过规范的形式进行，避免"政策市"的大起大落。要开创新的上市公司信息披露方式，增加信息传播的渠道。上市公司除了在指定报刊上披露财务报告并置于证券经营场所等传统方式，还应当充分应用现代信息传播技术，实现电子化媒体信息披露。采取网上信息披露，既可以发挥电子媒体时效性强、容量大的特点，又可以解决全国各地投资者查阅上市公司信息不方便的困难。这对于提高信息传播效率、增强市场的透明度和有效性具有十分重要的意义。规范、整顿各种非正式的证券信息传播渠道以及信息中介机构。我国目前各类证券传播媒体鱼龙混杂、良莠不齐，有部分媒体甚至沦落为机构大户操盘坐庄的工具，不少投资者深受其害。因此，对证券信息传播业进行清理整顿十分必要。对于传播虚假信息、造谣惑众而扰乱股市，或者利用有关信息非法牟利的媒体、机构或者个人要严格按照有关规定惩处，绝不放任自流。

最后，要鼓励更多的机构投资者进入，培育成熟的证券投资市场。应当放松对于机构投资者的入市管制。除了专业证券投资基金以外，还应当允许保险基金、养老基金、民间私募基金等以适当的、有法律明文规定的方式参与证券市场，以迅速扩大机构投资者占有市场的份额，从而培育起成熟的投资者市场。鼓励设立权威证券评级机构和信息服务机构，国外同类机构大多采用股份公司的形式，完全由民间资金组建而成，汇集了证券分析、企业评估、会计统计、电子计算机等各个领域的专家学者，通过这些机构理性的分析和明智的判断，不仅提供给证券市场透明、清晰的市场信息，而且，促使上市公司在这种严格、透明的市场环境中，提高公司经营能力，注重公司经营业绩。

3. 加强银行债权人角色，完善银行外部监管

许多学者认为，债务的刚性约束可以有效地制约公司经理的代理行为和非效率投资行为。Hellman、Murdock 和 Stiglitz（1994）指出，金融制度不健全、信息不完全、金融自由化程度低的发展中国家在经济自由化过程中要实行金融约束政策，充分发挥银行的信息和监督优势。因此，正如青木昌彦所指出的，针对中国现有的较为严重的内部人控制问题，引入银行的相机治理机制是较为有效的治理方法。银行对于公司管理层的约束作用来自于两个方面，作为投资债权人，银行应确保债务的按期偿还和利息支付，这使他有责任监督公司的运营，避免有损公司价值的现象出现；公司作为债务人，要遵守相应的债务契约，受债务和利息支付的影响，公司管理层要保证有足够的自由现金流来偿还债务，因而会削弱过度投资的动机。这两方面的制约可以有效弥补外部股东的监督工作，缓解各种可能的代理问题。

首先，摆脱商业银行国有绝对控制状况，引入多元战略投资人，加强其经营的独立性。要实现银行的商业化转变，就必须消除所有的政策性贷款业务，清理资产负债表并稳步实现国有银行上市。通过成立股份有限公司，促使股权多元化，抑制政府的行政性干预，强化公司治理结构的监管。其次，借鉴德日的"主银行"治理模式，允许银行作为债权人，持股并派驻董事来监管公司运营。日德公司的负债绝大多都来自于银行，银行与公司具有非常紧密的关系，银行向公司派出董事进行监督管理。所以当我国国有银行的商业化改造措施逐步到位后，适时地修改《商业银行法》和《证券法》的有关条款，利用银行在公司治理中具有的信息优势和较强的监控能力，使商业银行战略性持股得到法律许可，通过债权和股权的共同约束，在公司治理中发挥更大的作用。最后，引入银行相机治理机制，完善公司破产和退出机制。在我国引入相机治理机制，必须建立完善的公司破产和退出机制，到目前为止，我国还没有建立公司破产和退出的法律法规，还缺少实际可操作的实施手段。同

时，银行还应按照以下流程参与公司管理和监督：（1）事前监督。完善企业信用评级指标体系，加强银行对企业贷款项目的审查和评估，增强企业贷款的透明度；（2）事中监督。通过允许银行加入监事会、委托投票制度、允许银行进入董事会等来实施；（3）事后监督。我国的破产程序并没有明确赋予债权人重组企业的权利。针对国有上市公司和国有商业银行的特殊关系，在申请破产并经过与债务人和解后，如果对于重组方案不满意，银行也可以联合其他的金融机构组成财团，对公司进行接管。

4. 发展多层次的资本市场，建立多种市场监督体制

资本市场既是资本性资源有效配置的基本场所，也是出资人或债权人对公司经营进行监督和约束的市场。除了继续扩大证券市场规模外，积极稳妥发展债券市场，允许地方政府、国有企业等发行各种形式的政府和企业债券，包括可转换债券，积极探索资产证券化、房地产抵押贷款证券化等方式，建立全国、区域性的产权市场，提供多方面多层次的产权交易。大力发展投资基金市场，推进以开放式基金为主的证券投资基金的发展，丰富基金品种。同时，要大力发展创业投资基金、风险投资基金等各种私募基金形式。通过丰富公司融资方式的多样性、融资机制的灵活性，可以有效地发挥各级资本市场对公司监督和制约的作用。

8.2　研　究　结　论

8.2.1　主要内容和结论

针对资本市场中普遍存在的金字塔企业利益攫取理论与现实相悖现象，本书探究了金字塔结构除利益攫取理论外的利益支持学说，为阐释这种悖论提供了金字塔融资放大效应理论。本书首先通过考察我国民营企业是否存在融资约束问题入手，继而从金字塔结构缓解融资约束，缓解融资约束的资金来源得出金字塔结构存在显著的债务融资效应。之后，本书通过考察影响公司金字塔结构融资放大效应的内外部因素和公司过度投资行为，来探究金字塔结构是否存在显著的债务融资放大效应。具体内容和结论如下：

1. 金字塔结构债务融资效应的理论研究

本部分主要围绕金字塔结构融资债务放大效应理论展开论述，通过回顾已有的融资理论和金字塔结构特征的基础上，我们构建了一个简单的金字塔结构内外部债务融资放大效应模型，通过模型展示和理论描述，揭示了金字塔结构具有显著的内外部债务融资放大效应，继而，通过对影响金字塔结构企业融资约束的内外部影响因素的分析，最终证明了金字塔结构债务融资放大效应的存在。

首先，本章阐述了公司融资基本理论，包括一般公司通常具有的静态均衡理论和优序融资理论，以及企业多元化集团存在的内部资本市场理论。一般融资理论强调了企业最优资本结构的存在以及企业融资来源的优劣顺序；而内部资本市场理论强调了多元化企业集团特有的多行业内部资本资源的互补和多企业之间资源的有效调配。这为我们进一步研究金字塔结构融资优势提供了基本的理论保证。

其次，在已有融资理论的基础上，我们构建了一个基本的债务融资模型，通过模型分析，我们知道，随着金字塔结构企业层级和链条的增加，企业可以获得更多的债务融资和控制更多的资产规模，其持股比例越低，获得的债务融资和资产规模就越大，这为金字塔结构债务融资放大效应理论提供了基本的理论基础。

再其次，我们通过分析影响金字塔结构企业融资约束的诸多内外部影响，来分析这些因素在影响企业融资约束的情况下，是否会影响到金字塔结构的复杂程度，从而对金字塔结构企业的融资约束放大效应理论进一步进行了佐证分析。

最后，根据金字塔结构债务融资放大的情况，结合债务融资的治理效应，我们从债务相机治理的角度分析了金字塔结构债务融资对过度投资的影响，如果金字塔结构具有债务融资放大效应，其债务治理机制也会随之增大，那么过度投资在一定程度上也会受到一定程度上抑制。

2. 金字塔结构债务融资效应的实证研究

针对转轨经济中我国民营企业集团金字塔结构构建的普遍趋势，已有的攫取理论并不能完全解释现实与理论的悖论现象，本章以我国民营上市制造业公司2004～2016年共13个年度3 614个公司年数据作为研究样本，利用金字塔层级和金字塔结构复杂度两个指标来反映金字塔结构，通过分析金字塔结构缓解融资约束效应和缓解融资约束的根源——内外部两种资本市场债务融资放大效应，较为全面的分析和阐述了我国民营企业集团金字塔结构的特性和缓解融资约束的效应。

首先，我国民营制造业上市公司投资与现金流显著呈正相关关系，表明这些企业普遍存在严重的融资约束问题，在进一步的金字塔结构与投资现金流的回归结果分析中，我们发现，金字塔结构可以有效地缓解民营企业面临的融资约束问题。

其次，通过考察金字塔结构缓解融资约束的资金来源，我们发现，权益融资和内源融资都不能有效地解决企业的融资约束问题，且与金字塔结构层级和复杂度呈显著负相关关系，这说明，金字塔结构缓解融资约束并没有依赖于权益融资和内源融资，而是通过其他的融资来源来补偿这两者融资来源，从而提高了企业整体融资水平。

最后，通过考察金字塔结构层级和复杂度与企业债务融资的关系，我们发现，缓解融资约束的根源主要来自于金字塔结构的债务融资放大效应，这种放大效应不仅来自于金字塔结构的外部杠杆效应，而且更多的来自于内部资本市场所形成的内部债务融资放大效应。其中，外部杠杆效应主要表现在银行的长期债务方面，内部杠杆效应主要表现在短期内部债务方面。随后基于关联担保和应付账款的考察也验证了该结果的稳健性。

3. 金字塔结构债务融资效应的内外部影响因素的研究

为了进一步考证金字塔结构债务融资放大效应的存在，我们从影响金字塔结构企业融资的内外部因素来确证。公司内部特性包括公司所处行业性质、行业多元化程度、政治关联、金融关联和公司现金持有水平；外部影响企业融资的环境因素包括宏观经济、货币政策、市场制度环境、股东保护程度和产品市场竞争等。实证分析说明，在控制了相关的公司特征以外，这些内外部公司特征和环境因素确实与金字塔结构层级和复杂度呈显著的相关关系，从而证明了金字塔结构融资优势效应的存在。具体结果分析如下：

（1）我国民营企业越是处于高风险、高资金密集的行业，行业资本劳动比率越高，金字塔结构层级和复杂度也越复杂。这说明越是高资金密集、高风险行业的民营企业集团，越需要更高的资金需求，也就越需要建立更高层次和更复杂的金字塔结构来缓解这种融资约束。同样，我国民营企业行业多元化数目越多，行业赫芬德尔指数越低，金字塔结构层级和复杂度也就越复杂，这说明，随着公司多元化程度的增强，其受到内外部融资约束越强，也就越需要内部资本市场规避风险和自我融资，因而，民营企业集团金字塔结构层级和复杂度也随之增大。

（2）我国民营企业政治关联的相关变量与金字塔结构层级和复杂度均呈显著的负相关关系，说明，政治关联越广泛的民营企业集团，其资金获取能力越强，依赖金字塔结构融资优势的动力越弱，间接证明了民营企业集团建立金字塔结构主要源于融资优势的理论假设。其中董事长或总经理有政治关联的企业、政治关联为现任政府官员的企业，有着比政治关联为曾任政府官员的企业更显著的相关关系，说明，在我国民营上市公司政治关联的联系渠道中，董事长或总经理等关键职位和现任官员比曾任官员有着明显的权力优势和政治资源获取能力。

（3）在控制控股股东利益攫取行为之前，我国民营上市公司现金持有水平与金字塔结构层级和复杂度均呈显著正相关关系，说明金字塔结构存在严重的利益攫取行为。当控制了控股股东利益攫取以后，现金持有水平与金字塔结构层级和复杂度呈显著负相关关系，说明金字塔结构的内部资本市场缓解了企业资金紧张问题，降低了对持有现金的需求。在区分融资约束和利益攫取分类以后，将两种金字塔结构建立根源进一步区分开来，高利益攫取和融资非约束公司更多地表现为利益攫取行为；低利益攫取和融资约束公司更多地表现为融资优势效应。进一步持有现金的市场价值考量也更加说明了这两种建立根源的表现差异。

（4）代表宏观经济形势的银行家信心指数和企业家信心指数都与金字塔结构层级和复杂度呈显著负相关关系，代表宏观经济波动的银行家信心指数的标准差与金字塔结构层级和复杂度呈显著正相关关系，这些都说明，宏观经济形势越好，经济波动程度越低，企业市场融资成本就越低，企业建立复杂的金字塔结构意愿也就越低。同样，金字塔结构层级和复杂度与银行家货币政策感受指数呈显著负相关关系，与银行家感受偏紧指数及其标准差呈显著正相关关系，说明，银行家对货币政策实施的感受越适度，偏紧指数越低，偏紧指数的标准差越小，经济形势一般也就越稳定、越趋于向好，企业融资环境也就相应宽松，金字塔结构层级和复杂度也就越低；反之，企业就越偏好于建立复杂的金字塔结构以缓解不确定性带来的融资约束。

（5）公司所处外部环境市场化程度、非国有经济发展程度和金融业市场竞争程度都与金字塔结构层级和复杂度呈现显著的负相关关系；所处生态环境总指数、政府治理指数、经济基础指数和金融发展各分指数都与金字塔结构层级和复杂度呈显著的负相关关系，这表明，公司所处地区市场化程度越高、金融生态环境越好，金字塔结构层级和复杂度也就越简单。反之，金字塔结构层级和复杂度就越复杂。

（6）在控制了我国上市民营企业最严重的代理问题——控股股东利益攫取以后，金字塔结构层级和复杂度与代表股东保护的两个法律制度环境变量、产品市场竞争变量均呈显著的负相关关系。说明，在不考虑控股股东利益攫取的情况下，公司所处资本市场股东保护程度越高，产品市场竞争程度越低，金字塔结构层级和复杂度越低。针对产品市场竞争这一重要外部变量，通过区分利益攫取和融资约束，将金字塔结构建立的两种根源进一步区分开来，高利益攫取和融资非约束公司表现为显著地利益攫取动机；低利益攫取和融资约束公司表现为显著的融资优势效应。

4. 金字塔结构债务融资效应的过度投资行为研究

在过度投资理论分析的基础上，指出金字塔结构放大的债务融资具有一定的治理机制作用，能够有效地抑制公司过度投资，且在市场制度环境越好的地区，债务的治理效应发挥的越好。这些实证分析在验证金字塔结构的债务治理效应的同时，也证明了金字塔结构债务融资放大效应的存在。具体分析结果如下：

首先，根据金字塔结构层级和复杂度与公司过度投资的回归分析，我们发现两者之间呈显著的负相关关系，随着金字塔结构层级和复杂度的提高，公司过度投资水平反而降低。这说明，金字塔结构的债务融资有效地起到了治理机制的作用，抑制了公司过度投资，也验证了金字塔结构的债务融资放大效应的存在。

其次，通过加入外部市场制度环境，我们考察了外部市场制度环境对金字塔结构企业抑制过度投资的作用。其一，市场制度环境本身与过度投资呈显著的负相关关系，这说明，良好的市场制度环境能够有效地抑制公司内部代理问题，从而抑制公司过度投资；其二，我们发现，在考虑金字塔结构层级和复杂度的基础上，引入外部市场制度环境因素，其交互项与公司过度投资呈显著的负相关关系，说明金字塔结构的债务治理机制在良好的市场制度环境地区能发挥更有效的作用。

最后，通过对公司内部代理问题的分类，我们发现，代理问题较高的公司，其过度投资水平与金字塔结构层级和复杂度呈显著的负相关关系；而对于代理问题较低的公司，其过度投资水平与金字塔结构层级和复杂度没有显著的相关关系。这说明，代理问题越高的公司，其债务治理效应越显著，代理问题越低的公司，其债务治理越难发挥相应的作用，这在证明债务治理机制的同时，也证明了金字塔结构债务融资放大效应的存在。

8.2.2 进一步展望

1. 本研究的局限性

关于金字塔结构构建根源的研究，其产生根源应该是多方面的、多元的，也应包括很多外部环境、制度因素的影响，单纯地从融资优势角度对其进行研究，也仅仅是一管之窥，很难究其全貌，还可能由于研究方法、研究深度以及数据限制等因素的影响，出现很多纰漏和瑕疵，具体来说，本书的研究存在以下局限性：

（1）就研究理论的深度而言，本书虽然构建了一个简单的数学模型，但大部分都是定性的理论框架的建立，缺乏对该理论体系进行整体数学模型的构建，如何使理论核心和这些影响因素能统一在一个模型框架中，并通过数学模型完整表达出来，将是今后我们需要深入研究的重要内容。

（2）就研究方法来说，本书的研究主要基于比较传统的回归分析来展现金字塔结构与各种变量因素的相互关系，缺乏运用多种复杂、考虑内生性的回归分析方法，诸如 GMM 回归分析，联立方程模型等。

（3）因为统计数据的局限，仅仅集中在 200 多家民营上市公司中，一则民营企业的数量和年限相对有限，其多元统计结果在经过多次分类后会受到数据量的影响而出现误差；二则占我国大半江山的国有企业没有纳入本书的研究范围，尽管已有研究表明，国有企业可能存在着规避政府干预而建立金字塔结构的初衷，但并不能完全排除其融资优势的构建根源。今后，纳入所有公司进入统一研究体系中，并分门别类，对比检验理论的正确性也是需要重视的问题。

2. 研究的进一步展望

（1）金字塔结构的产生是世界众多国家普遍的产物，如何结合我国特有的政治制度和文化环境来考察金字塔结构构建的根本原因，将是今后的一个重要研究课题。在该领域具体分析应该还有很多值得进一步研究的内容。

（2）金字塔结构产生的两个重要原因——利益攫取和融资优势，实际上是一个统一的整体，不能简单地划分。因为金字塔结构的债务融资优势在带来债务融资提高的同时，也带来了相应的债务风险，如何区分债务融资提高的目的是为了缓解企业融资约束，还是控股股东的利益攫取，将是未来重要的研究方向。

（3）金字塔结构的产生根源并不仅仅局限在利益攫取和融资优势，其产生的制度背景和文化环境将是今后研究金字塔结构产生根源的重要考虑因素。区分不同制度路径下的金字塔结构的融资、经营和投资行为将是今后金字塔结构研究的主要脉络。

附表　外文人名对照表

A

Ammann	安曼
Aggarwal	艾格瓦
Ahn	安
Alchian	艾智仁
Allen	艾伦
Almeida	阿尔梅达
Amihud	艾米哈德
Amsden	安斯登
Anderson	安德森
Ansoff	安索夫
Aron	阿伦

B

Bae	比
Baker	贝克
Balkin	巴尔金
Baumol	鲍摩尔
Baysinger	贝辛格
Bebchuk	贝伯夏克
Berger	格吉尔

Berkovitch	波克维奇
Berle	伯利
Bertrand	伯特兰
Bhide	拜德
Bianchi	比安奇
Blanchard	布兰卡德
Bozec	波塞克
Bradley	布兰得利
Brusco	布鲁斯科

C

Campa	卡姆帕
Cestone	切斯托内
Claessens	克莱森
Cocco	寇科
Cordeiro	高尼路

D

Daley	戴利
Dalton	道尔顿
Datta	达塔
Denis	丹尼斯
Desai	德赛
Dewatripont	德瓦特里庞
Domowitz	多莫维茨
Donaldson	唐纳森
Dunn	邓恩
Duru	杜鲁

F

Faccio	法西奥
Fan J	范博宏
Fama	法码
Fee	费
Fernandez	费尔南德斯
Fluck	佛拉克
Francis	弗朗西斯

G

Gertner	格特纳
Gedajlovic	格达罗维克
Giroud	吉鲁
Gibbons	吉本斯
Gillan	吉兰
Gompers	冈珀斯
Goel	戈尔
Gort	高特
Grant	格兰特
Graham	格雷厄姆
Gregory	格雷戈里
Gribbin	格里宾

H

Hadlock	海德罗克
Hart	哈特
Haushalter	豪沙尔特
Heaton	希顿

Hellmann	赫尔曼
He	贺
Hill	希尔
Holmstrom	霍姆斯特姆
Hou	侯
Hubbard	哈伯德
Huyghebaert	胡耶巴尔特
Hyland	海兰

I

| Inderst | 恩德斯特 |

J

Januszewski	亚努塞夫斯基
Jensen	詹森
Jiraporn	吉瑞普
John	约翰
Johnson	约翰逊
Joh	约

K

| Khanna | 卡纳 |
| Kim | 金 |

L

Lamon	拉蒙
Lang	兰
Lecraw	利柯鲁

Lemmon	莱蒙
Lewellen	卢埃林
Lichtenberg	利希滕贝格
Liebeskind	里伯斯金
Li	李
Lins	林斯
Lipton	李普顿

M

Maksimovic	马克西莫维奇
Markides	马凯兹
Martin	马丁
Matsusaka	松坂
Masulis	马苏利斯
May	梅
Megginson	麦金森
Milgrom	米尔格罗姆
Mishra	米什拉
Mitchell	米切尔
Montgomery	蒙哥马利
Morck	默克
Myers	迈尔斯

N

Nelson	尼尔森
Nickell	尼克尔

O

Ozbas	奥兹巴斯

P

Palia	帕丽亚
Parrino	帕里诺
Pi	皮

R

Rajan	拉詹
Ramanujam	拉马努詹
Rau	劳
Roll	罗
Rose	罗斯
Rotemberg	罗森伯格
Rumelt	鲁梅尔特

S

Sabri	萨布里
Sanders	桑德斯
Sayrak	萨拉克
Scharfstein	沙尔夫斯坦
Schmidt	施密特
Seth	赛斯
Shin	信
Shleifer	施莱弗
Singh	辛格
Stein	施泰因
Stulz	斯图斯
Sundarmurthy	桑德马季

T

Teece	提斯
Tenev	特内夫
Thomas	托马斯
Tian	田

V

Vander	范德
Villalonga	维拉隆加
Volpin	沃尔平

W

Wernerfelt	沃纳菲尔特
Whited	怀特德
Williamson	威廉姆森
Wolfenzon	沃尔芬森

Y

Yeh	叶

参 考 文 献

[1] 蔡安辉. 实际控制人类型、市场化程度与民营企业金字塔结构的经济后果 [J]. 管理评论, 2011, 23 (8): 9-20.

[2] 陈德球, 金鑫, 刘馨. 政府质量、社会资本与金字塔结构 [J]. 中国工业经济, 2011 (7): 129-139.

[3] 陈冬华. 地方政府、公司治理与补贴收入——来自我国证券市场的经验证据 [J]. 财经研究, 2003 (9): 15-21.

[4] 程建伟, 周伟贤. 上市公司现金持有: 权衡理论还是啄食理论 [J]. 中国工业经济, 2007 (4): 104-110.

[5] 程仲鸣, 夏新平, 余明桂. 政府干预、金字塔结构与地方国有上市公司投资 [J]. 管理世界, 2008 (9): 37-47.

[6] 陈晓红, 尹哲, 吴旭雷. 金字塔结构、家族控制与企业价值——基于沪深股市的实证分析 [J]. 南开管理评论, 2007, 10 (5): 47-54.

[7] 陈运森, 朱松. 政治关系、制度环境与上市公司资本投资 [J]. 财经研究, 2009 (12): 27-39.

[8] 戴亦一, 潘越. 金字塔结构、最终控制者性质与盈余操纵 [J]. 经济管理, 2009 (10): 115-120.

[9] 邓建平, 曾勇. 金融关联能否缓解民营企业的融资约束 [J]. 金融研究, 2011 (8): 78-92.

[10] 邓可斌, 曾海舰. 中国企业的融资约束: 特征现象与成因检验 [J]. 经济研究, 2014 (2): 47-59.

[11] 顾乃康, 孙进军. 融资约束、现金流风险与现金持有的预防

性动机 [J]. 商业经济与管理, 2009 (4): 73-81.

[12] 韩亮亮, 李凯, 方圆. 金字塔股权结构、终极股东控制与资本结构 [J]. 管理评论, 2009 (5): 35-41.

[13] 韩志丽, 杨淑娥, 史浩江. 企业终极所有者"掏空"行为的影响因素 [J]. 系统工程, 2006 (9): 43-47.

[14] 韩忠雪, 尚娟, 程蕾. 公司持有现金和负债是相互替代的吗 [J]. 管理评论, 2012 (4): 150-160.

[15] 韩忠雪, 周婷婷. 产品市场竞争、融资约束与公司现金持有: 基于中国制造业上市公司的实证分析 [J]. 南开管理评论, 2011 (4): 149-160.

[16] 韩忠雪, 崔建伟. 金字塔结构、利益攫取与现金持有——基于中国民营上市公司的实证分析 [J]. 管理评论, 2014, 26 (11): 190-200.

[17] 胡旭阳. 民营企业家的政治身份与民营企业的融资便利——以浙江省民营百强企业为例 [J]. 管理世界, 2006 (5): 107-113.

[18] 黄珺, 黄妮. 过度投资、债务结构与治理效应 [J]. 会计研究, 2012 (9): 67-72.

[19] 黄乾富, 沈红波. 债务来源、债务期限结构与现金流的过度投资 [J]. 金融研究, 2009 (9): 143-155.

[20] 江龙, 刘笑松. 经济周期波动与上市公司现金持有行为研究 [J]. 会计研究, 2011 (9): 40-46.

[21] 蒋水全, 刘星, 王雷. 金融关联、融资优势与投资效率 [J]. 金融经济学研究, 2017 (2): 52-65.

[22] 李维安, 韩忠雪. 民营企业金字塔结构与产品市场竞争 [J]. 中国工业经济, 2013 (1): 77-89.

[23] 廖义刚. 债务治理、高质量审计与自由现金流过度投资 [J]. 山西财经大学学报, 2012 (9): 74-84.

[24] 刘立燕, 熊胜绪. 金字塔结构、法律环境与超控制权收益 [J].

商业经济与管理, 2011 (8): 30-35.

[25] 刘启亮, 李增泉, 姚易伟. 投资者保护、控制权私利与金字塔结构 [J]. 管理世界, 2008 (12): 139-148.

[26] 刘行, 李小荣. 金字塔结构、税收负担与企业价值: 基于地方国有企业的证据 [J]. 管理世界, 2012 (8): 91-105.

[27] 刘运国, 吴小云. 终极控制人、金字塔控制与控股股东的"掏空"行为研究 [J]. 管理学报, 2009 (12): 1661-1669.

[28] 李焰等. 集团化运作、融资约束与财务风险 [J]. 管理世界, 2007 (12): 117-135.

[29] 李增泉, 辛显刚, 于旭辉. 金融发展、债务融资约束与金字塔结构——来自民营企业集团的证据 [J]. 管理世界, 2008 (1): 123-135.

[30] 柳建华. 控股股东持股比例、组织形式与现金股利政策 [J]. 审计与经济研究, 2007 (5): 101-107.

[31] 柳建华, 魏明海, 郑国坚. 大股东控制下的关联投资: "效率促进"抑或"转移资源" [J]. 管理世界, 2008 (3): 133-141.

[32] 罗党论, 唐清泉. 市场环境与控股股东"掏空"行为研究 [J]. 会计研究, 2007 (4): 69-74.

[33] 罗党论, 唐清泉. 金字塔结构、所有制与中小股东利益保护——来自中国上市公司的经验证据 [J]. 财经研究, 2008 (9): 132-143.

[34] 罗琦, 胡志强. 控股股东道德风险与公司现金策略 [J]. 经济研究, 2011 (2): 125-137.

[35] 李丹蒙. 金字塔控股结构与公司透明度 [J]. 经济评论, 2008 (3): 71-77.

[36] 罗琦, 张标. 公司持有现金的对冲作用 [J]. 统计研究, 2012 (2): 58-65.

[37] 孟祥展, 张俊瑞, 程子健. 金字塔结构、投资者保护与关联担保 [J]. 山西财经大学学报, 2015, 37 (8): 11-20.

[38] 潘越，戴亦一，李财喜. 政治关联与财务困公司境的政府补贴——来自中国 ST 公司的经验证据 [J]. 南开管理评论，2009（5）：6－17.

[39] 彭桃英，周伟. 中国上市公司高额现金持有动因研究：代理理论抑或权衡理论 [J]. 会计研究，2006（5）：42－49.

[40] 饶品贵，姜国华. 货币政策信贷传导机制——基于商业信用与企业产权性质的证据 [R]. 暨南大学工作论文，2010.

[41] 孙进军，顾乃康. 产品市场竞争影响企业现金持有量吗？——基于掠夺理论的实证研究 [J]. 投资研究，2012（8）：18－29.

[42] 马忠，吴翔宇. 金字塔结构对自愿性信息披露程度的影响：来自家族控股上市公司的经验验证 [J]. 会计研究，2007（1）：44－50.

[43] 彭文伟，冉茂盛，周姝. 最终控制权、现金流权与上市公司过度投资 [J]. 软科学，2009，23（12）：126－129.

[44] 宋小保，刘星，陈其安. 控股股东代理的激励与侵占效应分析 [J]. 管理工程学报，2009（1）：53－57.

[45] 王化成，李春玲，卢闯. 控股股东对上市公司现金股利政策影响的实证研究 [J]. 管理世界，2007（1）：122－127.

[46] 王明琳，周生春. 家族金字塔控股结构存在原因探析 [J]. 外国经济与管理，2006（2）：38－43.

[47] 邬国梅. 集团大股东代理问题与上市公司过度投资的实证 [J]. 统计与决策，2009（6）：135－137.

[48] 吴文锋，吴冲锋，芮萌. 中国上市公司高管的政府背景与税收优惠 [J]. 管理世界，2009（3）：34－42.

[49] 夏立军，方轶强. 政府控制、治理环境与公司价值 [J]. 经济研究，2005（5）：40－51.

[50] 谢德仁，陈运森. 金融生态环境、产权性质与负债的治理效应 [J]. 经济研究，2009（5）：118－129.

[51] 辛清泉，林斌，王彦超. 政府控制、经理薪酬与资本投资 [J].

经济研究，2007（8）：110 - 122.

[52] 辛宇，徐丽萍. 上市公司现金持有水平的影响因素：财务特征、股权结构及治理环境 [J]. 中国会计评论，2006（2）：307 - 320.

[53] 辛宇，徐莉萍. 投资者保护视角下治理环境与股改对价之间的关系研究 [J]. 经济研究，2007（9）：121 - 133.

[54] 徐慧. 控制人行为、金融关联与民营企业融资约束 [J]. 宏观经济研究，2015（1）：133 - 143.

[55] 叶勇，刘波，黄雷. 终极控制权、现金流量权与企业价值——基于隐性终极控制论的中国上市公司治理实证研究 [J]. 管理科学学报，2007（2）：66 - 79.

[56] 游家兴，罗胜强. 金字塔股权结构、地方政府税收努力与控股股东资金占用 [J]. 管理科学，2007，20（1）：89 - 96.

[57] 余明桂，回雅甫，潘红波. 政治联系、寻租与地方政府财政补贴有效性 [J]. 经济研究，2010（3）：65 - 77.

[58] 余明桂，潘红波. 政治关系、制度环境与民营企业银行贷款 [J]. 管理世界，2008（8）：9 - 21.

[59] 杨兴全，吴昊旻. 行业特征、产品市场竞争与公司现金持有量——来自中国上市公司的经验证据 [J]. 经济评论，2009（1）：69 - 76.

[60] 张敏，黄继承. 政治关联、多元化与企业风险——来自我国证券市场的经验证据 [J]. 管理世界，2009（7）：156 - 164.

[61] 赵卿. 金融发展、债务治理与上市公司过度投资行为 [J]. 南方经济，2012（11）：67 - 79.

[62] 甄红线，杨慧芳，王晓枫. 金字塔结构下企业集团的支撑效应——来自中国集团上市公司盈余公告效应的经验研究 [J]. 会计研究，2015（8）：73 - 79.

[63] 周婷婷，韩忠雪. 产品市场竞争与现金持有 [J]. 管理科学，2010（6）：2 - 13.

[64] 周伟，谢诗蕾. 中国上市公司持有高额现金的原因 [J]. 世

界经济，2007（3）：67-74.

[65] 朱红军，何贤杰，陈信元. 金融发展、预算软约束与企业投资 [J]. 会计研究，2006（10）：64-71.

[66] 祝继高，陆正飞. 货币政策、企业成长与现金持有水平变化 [J]. 管理世界，2009（3）：152-158.

[67] 俞红海，徐龙炳，陈百助. 终极控股股东控制权与自由现金流过度投资 [J]. 经济研究，2010，8：103-114.

[68] Acharya V. V. , Almeida H. , Campello M. Is Cash Negative Debt? A Hedging Perspective on Corporate Financial Policies [J]. Journal of Financial Intermediation, 2007, 16 (4): 515-554.

[69] Agrawal A. , Jaffe J. F. , Mandelker G. N. The Post - Merger Performance of Acquiring Firms: A Re-examination of an Anomaly [J]. Journal of Finance, 1992, 47 (4): 1605-1621.

[70] Akhigbe A. , Whyte A. M. SEO announcement returns and internal capital market efficiency [J]. Journal of Corporate Finance, 2015, 31 (6): 271-283.

[71] Alchain A. Corporate management and property rights, In: Manne, H. (Ed.), Economic Policy and the Regulation of Corporate Securities, American Enterprise Institute, Washington, DC, 1969, 337-360.

[72] Allen F, , Qian J, , Qian M, J. Law, Finance and Economics Growth in China [J]. Journal of Financial Economics, 2005, 77 (1): 57-116.

[73] Almeida H. , Wolfenzon D. A. , Theory of Pyramidal Ownership and Family Business Groups [J]. Journal of Finance, 2006, 61 (6): 2637-2680.

[74] Almeida H. , Campello M. , Weisbach M. S. The Cash Flow Sensitivity of Cash [J]. Journal of Finance, 2004, 59 (4): 1777-1804.

[75] Almeida H. , Park S. Y. , Marti S. , Wolfenzon D. The Structure

and Formation of Business Groups: Evidence from Korean Chaebols [J]. Journal of Financial Economics, 2011, 99 (2): 447 – 475.

[76] Almeida H., Wolfenzon D. Should Business Groups be Dismantled? The Equilibrium Costs of Efficient Internal Capital Markets [J]. Journal of Financial Economics, 2006, 79 (1): 99 – 144.

[77] Almeida H., Kim C., Kim H. B. Internal Capital Markets in Business Groups: Evidence from the Asian Financial Crisis [J] The Journalof Finance, 2015, 70 (6): 2539 – 2586.

[78] Attig N., Fong W. M., Gadhoum Y., Lang L. H. P. Effects of Large Shareholding on Information Asymmetry and Stock Liquidity [J]. Journal of Banking and Finance, 2006, 30 (10): 2875 – 2892.

[79] Bae K. H., Kang J. K., Kim J. M. Tunneling or Value added? Evidence from Mergers by Korean Business Groups [J]. Journal of Finance, 2002, 57 (6): 2695 – 2740.

[80] Baek J., Kang J. K., Lee I. Business Groups and Tunneling: Evidence from Private Securities Offerings by Korean Chaebols [J]. Journal of Finance, 2006, 61 (5): 2415 – 2449.

[81] Barca F., Becht M. The Control of Corporate Europe [M]. Oxford University Press, 2001.

[82] Barca F. On Corporate Governance in Italy: Issues, Facts and Agenda [R]. FEEM Working paper, 1998.

[83] Bates T., Kahle K., Stulz R. Why Do U. S. Firms Hold So Much More Cash than They Used To [J]. The Journal of Finance, 2009, 64 (5): 1985 – 2021.

[84] Boubaker S., Cellier A., Rouatbi W. The sources of shareholder wealth gains from going private transactions: The role of controlling shareholders [J]. Journal of Banking & Finance 2014, 43 (1): 226 – 246.

[85] Boutin et al. The deep-pocket effect of internal capital markets [J].

Journal of Financial Economics, 2013, 109 (1): 122 – 145.

[86] Bebchuk L. , Kraakman R. , Triantis G. Stock Pyramids, Cross – Ownership and Dual Class Equity: The Mechanisms and Agency Costs of Separating Control From Cash – Flow Rights [M]. University of Chicago Press, 2000, (1): 445 – 460.

[87] Bena J. , Ortiz – Molina H. Pyramidal Ownership and the Creation of New Firms [J]. Journal of Financial Economics, 2013, 108 (3): 798 – 921.

[88] Bertrand M. , Para S. M. , Sendhil M. Ferreting out Tunneling: An Application to Indian Business Groups [J]. Quarterly Journal of Economics, 2002, 117 (1): 121 – 148.

[89] Bessembinder H. Forward Contracts and·Firm Value: Investment Incentive and Contracting Effects [J]. Journal of Financial and Quantitative Analysis, 1991, 26 (4): 519 – 532.

[90] Beyer B. , Downes J. , Rapleyc E. T. Internal capital market inefficiencies, shareholder payout, and abnormal leverage [J]. Journal of Corporate Finance, 2017, 43 (1): 39 – 57.

[91] Bhide A. Reversing Corporate Diversification [J]. Journal of Applied Corporate Finance, 1990, 3 (2): 70 – 81.

[92] Bolton P. , Scharfstein D. S. A Theory of Predation based on Agency Problems in Financial Contracting [J]. American Economic Review, 1990, 80 (1): 93 – 106.

[93] Boubaker S. , Saffar W. , Sassi S. Product Market Competition and Debt Choice [J]. Journal of Corporate Finance, 2018, 49 (4): 204 – 224.

[94] Boubakri N. , Cosset J. C. , Saffar W. Political Connections of Newly Privatized Firms [J]. Journal of Corporate Finance, 2008, 14 (5): 654 – 673.

［95］Bradford W. , Chen C. , Zhu S. Cash Dividend Policy, Corporate Pyramids, and Ownership Structure: Evidence from China ［J］. International Review of Economics & Finance, 2013, 27 (4): 445 – 464.

［96］Brusco S. , Fausto P. Reallocation of Corporate Resources and Managerial Incentives in Internal Capital Markets ［J］. European Economic Review, 2002, 49 (3): 659 – 681.

［97］Byun H. Y. Business Group Affiliation, Ownership Structure and the Cost of Debt ［J］. Journal of Corporate Finance, 2013, 23 (4): 311 – 331.

［98］Campello M. Capital Structure and Product Markets Interactions: Evidence from Business Cycles ［J］. Journal of Financial Economics, 2003, 68 (3): 353 – 378.

［99］Campello M. Debt Financing: Does It Hurt or Boost Firm Performance in Product Markets ［J］. Journal of Financial Economics, 2006, 82 (1): 135 – 172.

［100］Cestone G. , Fumagalli C. The Strategic Impact of Resource Flexibility in Business Groups ［J］. The RAND Journal of Economics, 2005, 36 (4): 193 – 214.

［101］Chan H. , Lu Y. , Zhang H. The effect of financial constraints, investment policy, product market competition and corporate governance on the value of cash holdings ［J］. Accounting and Finance, 2014, 53 (2): 339 – 366.

［102］Charumilind C. , Kali R. , Wiwattanakantang Y. Connected lending: Thailand before the Financial Crisis ［J］. Journal of Business, 2006, 79 (1): 181 – 217.

［103］Chen C. W. , Chen Z. H. , Wei K. C. Disclosure, Corporate Governance, and The Cost of Equity Capital: Evidence from Asia's Emerging Markets ［J］. Working Paper, 2003.

［104］ Cheng J. , Wu R. Internal Capital Market Efficiency and the Diversification Discount: The Role of Financial Statement Comparability ［J］. Journal of Bussinese Finance and Accounting, 2018, 45 (5 -6): 572 -603.

［105］ Cheung Y. L. , Rau P. R. , Stouraitis A. Tunneling, Propping, and Expropriation: Evidence from Connected Party Transactions in Hong Kong ［J］. Journal of Financial Economics, 2006, 82 (2): 343 -386.

［106］ Chong B. S. The Impact of Divergence in Voting and Cash-flow Rights on the Use of Bank Debt ［J］. Pacific - Basin Finance Journal, 2010, 18 (2): 158 -174.

［107］ Claessens S. , Djankov S. , Fan J. , Lang P. Disentangling the Incentive and Entrenchment Effects of Large Shareholdings ［J］. Journal of Finance, 2002, 57 (6): 2741 -2771.

［108］ Claessens S. , Djankov S. , Lang L. The Separation of Ownership and Control in East Asia Corporations ［J］. Journal of Financial Economics, 2000, 58 (1 -2): 81 -112.

［109］ Claessens S. , Kose M. A. , Terrones M. E. What happens during recessions, crunches, and busts ［R］. Economic Policy, 2009, 24 (60): 653 -700.

［110］ Clayton J. , Ling D. C. , Naranjo A. Commercial Real Estate Valuation: Fundamentals Versus Investor Sentiment ［J］. The Journal of Real Estate Finance and Economics, 2009, 38 (1): 5 -37.

［111］ Collett P. , Hrasky S. Voluntary Disclosure of Corporate Governance Practices by Listed Australian Companies ［J］. Corporate Governance: An International Review, 2005, 13 (2): 188 -196.

［112］ Denis D. K. , Mcconnell J. J. International Corporate Governance ［J］. Journal of Financial and Quantitative Analysis, 2003, 38 (1): 1 -36.

［113］ Denis J. D. , Sibilkov V. Financial Constraints, Investment and the Value of Cash Holdings ［J］. Review of Financial Studies, 2010, 23

(1): 247 – 269.

[114] Diamond D. Financial Intermediation and Delegated Monitoring [J]. Review of Economic Studies, 1984, 51 (3): 393 – 414.

[115] Dimitrov V., Tice S. Corporate Diversification and Credit Constraints: Real Effects across the Business Cycle [J]. The Review of Financial Studies, 2006, 19 (4): 1465 – 1498.

[116] Dittmar A., Mahrt – Smith J., Servaes H. International Corporate Governance and Corporate Cash Holdings [J]. Journal of Financial and Quantitative Analysis, 2003, 38 (1): 111 – 133.

[117] Dittmar A., Mahrt – Smith J. Corporate Governance and the Value of Cash Holdings [J]. Journal of Financial Economics, 2007, 83 (3): 599 – 634.

[118] Donaldson G. Financial Goals: Management versus Stockholders [J]. Harvard Business Review, 1963, 41 (3): 116 – 129.

[119] Donaldson G. Managing corporate wealth: The Operation of a Comprehensive Financial Goals System [M]. New York, Praeger, 1984.

[120] Dyck A., Zingales L. Private Benefits of Control: An International Comparison [J]. The Journal of Finance, 2004, 59 (2): 537 – 600.

[121] Dyck A. Ownership Structure, Legal Protections and Corporate Governance [R]. Annual World Bank Conference on Development Economics, 2001, (8): 291 – 330.

[122] D'Mello R., Miranda M. Long-term Debt and Overinvestment Agency Problem [J]. Journal of Banking & Finance, 2010, 34 (2): 324 – 335.

[123] Faccio M., Lang L. The Ultimate Ownership of Western European Corporations [J]. Journal of Financial Economics, 2002, 65 (3): 365 – 395.

[124] Faccio M. Politically Connected Firms [J]. American Economic Review, 2006, 96 (1): 369 – 386.

［125］ Faleye O. Cash and Corporate Control ［J］. Journal of Finance, 2004, 59 (6): 2041 – 2060.

［126］ Fama E. , French K. Taxes, Financing Decisions and Firm Value ［J］. Journal of Finance, 1998, 53 (3): 819 – 843.

［127］ Fan J. , Huang J. , Morck R. , Bernard Y. Institutional Determinants of Vertical Integration: Evidence from China ［R］. NBER Working Paper, 2008.

［128］ Fan J. , Wong T. J. , Zhang T. Institutions and Organizational Structure: the Case of State – Owned Corporate Pyramids ［J］. The Journal of Law, Economics and Organization, 2013, 29 (6): 1217 – 1252.

［129］ Faulkender M. , Wang R. Corporate Financial Policy and the Value of Cash, Journal of Finance, 2006, 61 (4): 1957 – 1990.

［130］ Ferreira M. , Vilela A. Why do Firms Hold Cash? Evidence from EMU Countries ［J］. European Financial Management, 2004, 10 (2): 295 – 319.

［131］ Fluck Z. , Lynch A. W. Why Firms Merge and then Divest? A Theory of Financial Synergy ［J］. Journal of Business, 1999, 72 (3): 319 – 346.

［132］ Fogel K. Oligarchic Family Control, Social Economic Outcomes, and the Quality of Government ［J］. Journal of International Business Studies, 2006, 37 (5): 603 – 622.

［133］ Francis J. , Schipper K. , Linda V. Earnings and Dividend Informativeness when Cash Flows Rights are Separated from Voting Rights ［J］. Journal of Accounting and Economics, 2005, 39 (2): 329 – 360.

［134］ Francis B. B. , Hasan I. , Sun X. Political Connections and the Process of Going Public: Evidence from China ［J］. Bank of Finland Research Discussion Paper, 2009 (7): 696 – 719.

［135］ Franks J. , Mayer C. Ownership and Control of German Corporations. Review of Financial Studies [J]. 2001, 14 (4): 943 – 977.

[136] Fraser E. D. , Dougill A. J. , Mabee W. E. , Reed M. , McAlpine P. Bottom Up and Top Down: Analysis of Participatory Processes for Sustainability Indicator Identification as A Pathway to Community Empowerment and Sustainable Environmental Management [J]. Journal of Environmental Management, 2006, 78 (2): 114 – 127.

[137] Frenkel J. , Jovanovic B. On the Transactions and Precautionary Demand for Money [J]. Quarterly Journal of Economics, 1980, 95 (1): 25 – 43.

[138] Fresard L. , Salva C. Does Cross – Listing in the U. S. Really Improve Corporate Governance? Evidence from the Value of Corporate Liquidity [R]. Working Paper, 2007.

[139] Fresard L. Financial Strength and Product Market Behaviors: The Real Effects of Corporate Cash Holdings [J]. The Journal of Finance, 2010, 65 (3): 1097 – 1122.

[140] Friedman E. , Johnson S. , Mitton T. Propping & Tunneling [J]. Journal of Comparative Economics, 2003, 31 (4): 732 – 750.

[141] Gaiotti E. , Generale A. Does Monetary Policy Have Asymmetric Effects? A Look at the Investment Decision of Italian Firms [J]. Giornale Degli Economisti E Annali Di Economia, 2002, 61 (1): 29 – 59.

[142] Gomes A. Going Public without Governance: Managerial Reputation effects [J]. Journal of Finance, 2000, 55 (2): 615 – 646.

[143] Gopalan R. , Nanda K. , Amit S. Reputation and Spillovers: Evidence from Indian Business Groups [J]. Journal of Financial Economics, 2007, 86: 759 – 795.

[144] Gopalan R. , Nanda K. , Amit S. Internal Capital Market and Dividend Policies: Evidence From Business Groups [J]. Review of Financial Studies, 2014, 27 (4): 1102 – 1142.

［145］ Grossman S. , Hart O. Corporate Financial Structure and Manage-rial Incentives ［M］. The Economics of Information and Uncertainty, Chicago: University of Chicago Press. 1982: 107 – 137.

［146］ Güner A. B. , Malmendier U. , Tate G. Financial Expertise of Directors ［J］. Journal of Financial Economics, 2008, 88 （2）: 323 – 354.

［147］ Hadlock C. , Ryngaert M. , Thomas S. Corporate Structure and Equity Offerings: Are There Benefits To Diversification ［J］. Journal of Business, 2001, 74 （4）: 613 – 635.

［148］ Han J. , Zhang G. Politically Connected Boards, Value or Cost: Evidence from a Natural Experiment in China ［J］. Accounting and Finance, 2018, 58 （1）: 149 – 169.

［149］ Han S. J. , Qin J. P. Corporate Precautionary Cash Flow for Investment ［J］. Journal of Monetary Economics, 2007, 36: 541 – 572.

［150］ Hann R. , Oneva M. , Ozbas O. Corporate Diversification and the Cost of Capital ［J］. The Journal of Finance, 2013, 68 （5）: 1961 – 1999.

［151］ Harford J. Corporate Cash Reserves and Acquisitions ［J］. Journal of Finance, 1999, 54 （6）: 1969 – 1997.

［152］ Harford J. , Mansi S. A. , Maxwell W. F. Corporate Governance and Firm Cash Holdings in the US ［J］. Journal of Financial Economics, 2008, 87 （3）: 535 – 555.

［153］ Harford J. , Mikkelson W. , Partch M. The Effect of Cash Reserves on Corporate Investment and Performance in Industry Downturns, University of Oregon, Working paper, 2003.

［154］ Harvey K. D. , Shrieves R. E. Executive Compensation Structure and Corporate Governance Choices ［R］. Working paper, The University of Tennessee. 2000.

［155］ Haushalter D. , Klasa S. , Maxwell W. F. The Influence of Product Market Dynamics on a Firm's Cash Holdings and Hedging Behavior ［J］.

Journal of Financial Economics, 2007, 84 (3): 797 – 825.

［156］ Haw I. M. , Bingbing H. , Lee S. H. , Woody W. Ultimate Own-ership, Income Management, and Legal and Extra – Legal Institutions ［J］. Journal of Accounting Research, 2004, 42 (2): 423 – 462.

［157］ He D. , Wang. H. Dual-track Interest Rates and the Conduct of Monetary Policy in China ［J］. China Economic Review, 2012, 23 (4): 928 – 947.

［158］ He J. , Mao X. Y. , Rui O. M. , Zha X. L. Business Groups in China ［J］. Journal of Corporate Finance, 2013, 22 (5): 166 – 192.

［159］ Hendel I. Competition under Financial Distress ［J］. Journal of Industrial Economics, 1996, 44 (3): 309 – 324.

［160］ Holmén M. , Högfeldt P. Pyramidal Discounts: Tunneling or Overinvestment ［J］. International Review of Finance, 2009, 9 (1 – 2): 133 – 175.

［161］ Holod D. Agency and Internal Capital Market Inefficiency: Evi-dence from Banking Organizations ［J］. Financial Management, 2012, 41 (1): 35 – 53.

［162］ Hoshi T. , Kashyap A. , Scharfstein D. Corporate Structure, Liq-uidity, and Investment: Evidence from Japanese Industrial Groups ［J］. Quar-terly Journal of Economics, 1991, 106 (1): 33 – 60.

［163］ Hubbard R. G. , Palia D. A Re-examination of the Conglomerate Merger Wave in the 1960s: An Internal Capital Markets View ［J］. Journal of Finance, 1999, 54 (3): 1131 – 1152.

［164］ Hwang S. , Kim W. When heirs become major shareholders: Ev-idence on pyramiding financed by related-party sales ［J］. Journal of Corporate Finance, 2016, 41 (1): 23 – 42.

［165］ Jameson M. , Prevost A. , Puthenpurackal J. Controlling share-holders, board structure, and firm performance: Evidence from India ［J］.

Journal of Corporate Finance, 2014, 27 (1): 1 – 20.

[166] Jan B. , Hernán O. Pyramidal Ownership and the Creation of New Firms [R]. Working paper, 2011.

[167] Januszewski S. I. , Koke J. , Winter J. K. Product Market Competition, Corporate Governance and Firm Performance: An Empirical Analysis for Germany [J]. Research in Economics, 2002, 56 (3): 299 – 332.

[168] Jensen M. C. Agency Costs of Free Cash Flow, Corporate Finance, and Takeovers [J]. American Economic Review, 1986, 76 (2): 323 – 329.

[169] Jensen M. C. Organization Theory and Methodology [J]. The Accounting Review, 1983, 58 (2): 319 – 339.

[170] Jensen, M. C. , Meckling, W. H. Knowledge, control and organizational structure: Parts I and II [R]. In Contract economics, 1992, (1): 251 – 274. Basil Blackwell, Cambridge, MA.

[171] Joh S. W. Corporate Governance and Firm Profitability: Evidence from Korea Before the Economic Crisis [J]. The Journal of Financial Economics, 2003, 68 (2): 287 – 322.

[172] Joh S. W. , Kim M. A. The Drivers and the Stock Market Assessment of Internal Capital Market: Evidence from Business Groups in Korea [J]. Asia – Pacific Journal of Financial Studies, 2013, 42 (2): 287 – 313.

[173] Johnson S. , La Porta R. , Florencio L. , Shleifer A. Tunneling [J]. American Economic Review. 2000, 90 (2): 22 – 27.

[174] Johnson S. , Mitton T. Cronyism and Capital Controls: Evidence from Malaysia [J]. Journal of Financial Economics, 2003, 67 (2): 351 – 382.

[175] Kalcheva I. , Lins K. V. International Evidence on Cash Holdings and Expected Managerial Agency Problems [J]. Review of Financial Studies, 2007, 20 (4): 1087 – 1112.

[176] Kalckreuth U. V. Monetary Transmission in Germany: New Per-

spectives on Financial Constraints and Investment Spending [R]. Bundesbank Discussion 2001.

[177] Kang et al. Controlling shareholders'value, long-run firm value and short-term performance [J]. Journal of Corporate Finance, 2017, 43 (1): 340 – 353.

[178] Keynes J. M. The General Theory of Employment Interest and Money [M]. New York: Harcourt Brace, 1936.

[179] Khanna T. , Krishna P. Emerging Market Business Groups, Foreign Intermediaries, and Corporate Governance [R]. NBER Conference Report series, Chicago and London: University of Chicago Press, 2000, (2): 65 – 92.

[180] Khanna T. , Yafeh Y. Business Groups and Risk Sharing around the World [J]. Journal of Business, 2005, 78 (1): 301 – 340.

[181] Khanna T. , Krishna P. The Future of Business Groups in Emerging Markets: Long – Run Evidence from Chile [J]. The Academy of Management Journal, 2000, 43: 268 – 285.

[182] Khwaja A. I. , Mian A. Do Lenders Favor Politically Connected Firms? Rent Provision in an Emerging Financial Market [J]. Quarterly Journal of Economics, 2005, 120 (4): 1371 – 1411.

[183] Kim C. , Mauer D. C. , Sherman A. E. The Determinants of Corporate Liquidity: Theory and Evidence [J]. Journal of Financial and Quantitative Analysis, 1998, 33 (3): 335 – 359.

[184] Kim R. Financial Weakness and Product Market Performance: Internal Capital Market Evidence Journal of Fincial and Quantitative Analysis, 2016, 51 (1): 307 – 332.

[185] Kusnadi Y. Do Corporate Government Mechanisms Matter for Cash Holdings and Firm Value [J]. Pacific – Basin Finance Journal, 2011, 19 (5): 554 – 570.

[186] Kusnadi Y. , Wei K. C. J. The determinants of corporate cash management policies: Evidence from around the world [J]. Journal of Corporate Finance, 2011, 17 (3): 725 – 740.

[187] La Porta R. , Florencio L. , Shleifer A. Corporate Ownership around the World [J]. Journal of Finance, 1999, 54 (2): 471 – 517.

[188] La Porta R. , Lope F. , Schleifer A. , Vishny R. Legal Determinants of External Finance [J]. Journal of Finance, 1997, 52 (3): 1131 – 1150.

[189] Lang M. , Lundholm R. Corporate Disclosure Policy and Analyst Behavior [J]. The Accounting Review, 1996, 71 (4): 467 – 492.

[190] Lee C. J. , Xiao X. Tunneling Dividends [R]. Working paper, 2004.

[191] Leuz C. , Oberholzer G. F. Political Relationships, Global Financing, and Corporate Transparency [J] . Journal of Financial Economics, 2006, 81 (2): 411 – 439.

[192] Lewellen W. A Pure Financial Rationale for the Conglomerate Merger [J]. Journal of Finance. 1971, 26 (2): 521 – 537.

[193] Li H. B. , Meng L. , Wang Q. , Zhou L. A. Political Connections, Financing and Firm Performance: Evidence from Chinese Private Firms [J]. Journal of Development Economics. 2008, 87 (2): 283 – 299.

[194] Lins K. V. Equity Ownership and Firm Value in Emerging Markets [J]. Journal of Financial and Quantitative Analysis, 2002, 38 (1): 159 – 184.

[195] Liu Q. , Tian G. Controlling shareholder, Expropriations and Firm's Leverage Decision: Evidence from Chinese Non-tradable Share Reform [J]. Journal of Corporate Finance, 2012, 18 (6): 782 – 803.

[196] Luo M. A Bright Side of Financial Constraints in Cash Management [J]. Journal of Corporate Finance, 2011, 17 (5): 1430 – 1444.

[197] Manos R. , Murinde V. , Christopher J. G. Leverage and Business Groups: Evidence from Indian Firms [J]. Journal of Economics and Bus-

iness, 2007, 59 (5): 443 – 465.

[198] Marchica M. T. , Mura R. Direct and Ultimate Ownership Structures in the UK: An Inter-temporal Perspective over the Last Decade [J]. Corporate Governance: In International Review, 2005, 13 (1): 26 – 45.

[199] Martin X. , Drive O. B. Product Market Competition and the Valuation of Firm Cash Holdings [R]. Working Paper, 2008.

[200] Masulis R. W. , Wang C. , Xie F. Agency Problems at Dual – Class Companies [J]. Journal of Finance, 2009, 64 (4): 1697 – 1727.

[201] Masulis R. W. , Pham P. K. , Zein J. Family Business Groups around the World: Financing Advantages, Control Motivations and Organizational Choices [J]. Review of Financial Studies, 2011, 24 (11): 3556 – 3600.

[202] Masulis R. W. , Pham P. K. , Zein J. Does Internal Capital Support Facilitate Access to External Financing? Evidence from IPOs by Family Business Groups [R]. Working Paper, 2013.

[203] Matsusaka J. G. , Nanda V. Internal Capital Markets and Corporate Refocusing [J]. The Journal of Financial Intermediation, 2002, 11 (2): 176 – 211.

[204] Matsusaka J. G. , Takeover Motives During the Conglomerate Merger Wave [J]. The RAND Journal of Economics, 1993, 24 (3): 358 – 379.

[205] Mcconnell J. J. , Servaes H. Equity Ownership and the Two Faces of Debt [J]. Journal of Financial Economics, 1995, 39 (1): 131 – 157.

[206] Mikkelson W. H. , Partch M. M. Do Persistent Large Cash Reserve Hinder Performance [J]. Journal of Financial and Quantitative Analysis, 2003, 38 (2): 275 – 294.

[207] Minton B. , Schrand C. The Impact of Cash Flow Volatility on Discretionary Investment and the Costs of Debt and Equity Financing [J]. Journal of Financial Economics, 1999, 54 (3): 423 – 460.

[208] Mitchell K. , Walker M. D. Bankers on Boards, Financial Con-

straints and Financial Distress, Working Paper, 2010.

[209] Morck R. K. , Stangeland D. A. , Yeung B. Inherited Wealth, Corporate Control, and Economic Growth: The Canadian Disease? In Concentrated Corporate Ownership [R]. NBER Conference Report series. Chicago and London: University of Chicago Press, 2000.

[210] Morck R. K. , Wolfenzon D. , Yeung B. Corporate Governance, Economic Entrenchment and Growth [J]. Journal of Economic Literature, 2005, 43 (3): 655 – 720.

[211] Myers S. C. Determinants of Corporate Hedging [J]. Journal of Financial Economics, 1977 (5): 147 – 175.

[212] Myers S. C. , Majluf N. S. Corporate Financing and Investment Decisions When Firms Have Information That Investors Do Not Have [J]. Journal of Financial Economics, 1984, 13 (2): 187 – 221.

[213] Nikolovy B. Cash Holdings and Competition [R]. Working Paper, 2009.

[214] Opler T. , Pinkowitz L. Stulz R. , Williamson R. The Determinants and Implications of Corporate Cash Holdings [J]. Journal of Financial Economics, 1999, 52 (1): 3 – 46.

[215] Ozkan A. , Ozkan N. Corporate Cash Holdings: An Empirical Investigation of UK Companies [J]. Journal of Banking and Finance, 2004, 28 (9): 2103 – 2134.

[216] Pawlina G. , Renneboog L. Is Investment – Cash Flow Sensitivity Caused by Agency Costs or Asymmetric Information [J]. European Financial Management, 2005, 11 (4): 483 – 513.

[217] Pinkowitz L. , Stulz R. , Williamson R. Do Firms in Countries with Poor Protection of Investor Rights Hold More Cash?, Working Paper, Social Science Research Network, 2004.

[218] Pinkowitz L. , Stulz R. , Williamson R. Does the Contribution of

Corporate Cash Holdings and Dividends to Firm Value Depend on Governance? A Cross-country Analysis [J]. Journal of Finance, 2006, 61 (6): 2725 – 2751.

[219] Richardson S. Over-investment of Free Cash Flow [J]. Review of Accounting Studies, 2006, 11 (2 – 3): 159 – 189.

[220] Robichek A. A., Myers S. C. Problems in the Theory of Optimal Capital Structure [J]. Journal of Financial and Quantitative Analysis, 1966, 1 (2): 1 – 35.

[221] Ryianto Y. E., Toolsema L. A. Tunneling and Propping: A Justification for Pyramidal Ownership. Journal of Banking and Finance, 2008, 32 (10): 2178 – 2187.

[222] Scharfstein D. S., Stein J. C. The Dark Side of Internal Capital Markets: Divisional Rent Seeking and Inefficient Investment [J]. Journal of Finance, 2000, 55 (6): 2537 – 2564.

[223] Shin J. Y. et al. The Effects of Politically Connected Outside Directors on Firm Performance: Evidence from Korean Chaebol Firms [J]. Corporate Governance: in International Review, 2018; 26 (3): 23 – 44.

[224] Shleifer A., Vishny R. W. A Survey of Corporate Governance [J]. Journal of Finance, 1997, 52 (2): 737 – 783.

[225] Shleifer A., Vishny R. W. Management Entrenchment: The Case of Manager – Specific Investments [J]. Journal of Financial Economics, 1989, 25 (1): 123 – 139.

[226] Skinner D. J. Why Firms Voluntarily Disclose Bad News [J]. Journal of Accounting Research, 1994, 32 (1): 38 – 60.

[227] Stein J. C. Internal Capital Markets and the Competition for Corporate Resources [J]. Journal of Finance, 1997, 52 (1): 111 – 133.

[228] Prowse S. D. The Structure of Corporate Ownership in Japan [J]. The Journal of Finance, 1992, 47 (3): 1121 – 1140.

[229] Stiglitz J. E. , Weiss A. Credit Rationing in Markets with Imperfect Information [J]. American Economic Review, 1981, 71 (3): 393 – 410.

[230] Stulz R. M. Managerial Discretion and Optimal Financing Policies [J]. Journal of Financial Economics, 1990, 26 (1): 3 – 27.

[231] Stulz R. M. The Limits of Financial Globalization [J]. Journal of Finance, 2005, 60 (4): 1595 – 1638.

[232] Stulz R. M. Does Financial Structure Matter for economic Growth, A Corporate Finance Perspective [R]. Ohio State University, Working Paper, 2000.

[233] Suijs J. Voluntary Disclosure of Bad News [J]. Journal of Business Finance and Accounting, 2005, 32 (7 – 8): 1423 – 1435.

[234] Volkov N. I. , Smith G. C. Corporate Diversification and Firm Value during Economic Downturns [J]. The Quarterly Review of Economics and Finance, 2015, 55 (2): 160 – 175.

[235] Verschueren I. , Deloof M. How does Intragroup Financing Affect Leverage: Belgian Evidence [J]. Journal of Accounting Auditing and Finance, 2006, 21 (1): 83 – 108.

[236] Wang H. , Lin C. Debt Financing and Earnings Management: An Internal Capital Market Perspective [J]. Journal of Business Finance & Accounting, 2013, 40 (7 – 8): 842 – 868.

[237] Wei K. , John C. , Zhang Y. Ownership Structure, Cash Flow, and Capital Investment: Evidence from East Asian Economies before the Financial Crisis [J]. Journal of corporate finance, 2008, 14 (2): 118 – 132.

[238] Weston J. F. The Nature and Significance of Conglomerate Firms [J]. St. John's Law Review, 1970, 44 (5): 66 – 80.

[239] Williamson O. E. Corporate Finance and Corporate Governance [J]. Journal of Finance, 1988, 43 (3): 567 – 591.

[240] Williamson O. Markets and Hierarchies: Analysis and Antitrust

Implications［M］. Collier Macmillian Publishers, New York, 1975.

　　［241］ Zhang M. Controlling Shareholder – Manager Collusion and Tunneling: Evidence from China ［J］. Corporate Governance: An International Review, 2014, 22 (6): 440 –459.